# La formación del pensamiento económico de Carlos Marx

De 1843 a la redacción de *El capital*

# La formación del pensamiento económico de Carlos Marx

## De 1843 a la redacción de *El capital*

Ernest Mandel

New York • Oakland • London

Derechos © 2014 Ocean Press y Ocean Sur

Todos los derechos reservados. Ninguna parte de esta publicación puede ser reproducida, conservada en un sistema reproductor o transmitirse en cualquier forma o por cualquier medio electrónico, mecánico, fotocopia, grabación o cualquier otro, sin previa autorización del editor.

Seven Stories Press/Ocean Sur
140 Watts Street
New York, NY 10013
www.sevenstories.com

ISBN: 978-1-925019-62-9

# Índice

Capítulo I. De la crítica de la propiedad
   privada a la crítica del capitalismo     1

Capítulo II: De la condenación del capitalismo
   a la justificación socioeconómica
   del comunismo     19

Capítulo III. Del rechazo a la aceptación
   de la teoría del valor-trabajo     31

Capítulo IV. Un primer análisis de conjunto
   del sistema de producción capitalista     43

Capítulo V. El problema de las crisis periódicas     59

Capítulo VI. El perfeccionamiento de la teoría
   del valor, de la teoría de la plusvalía y
   de la teoría de la moneda     71

Capítulo VII. Los *Grundrisse* o la dialéctica
   del tiempo de trabajo y del tiempo libre     93

Capítulo VIII. El «modo de producción asiático»
   y las precondiciones históricas
   del desarrollo del capital     111

Capítulo IX. Rectificación de la teoría de los salarios     129

Capítulo X. De los *Manuscritos económicos y filosóficos de 1844* a los *Grundrisse*: de una concepción antropológica a una concepción histórica de la enajenación  143

Capítulo XI. ¿Desenajenación progresiva por la construcción de la sociedad socialista o bien enajenación inevitable en la «sociedad industrial»?  171

Notas  193

Bibliografía  241

Cronología mínima de Carlos Marx  261

# Capítulo 1
# De la crítica de la propiedad privada a la crítica del capitalismo

Marx y Engels recorrieron distintos caminos para llegar a una concepción idéntica. «Tenían en común el punto de partida filosófico: la dialéctica de Hegel, la conciencia de sí de [Bruno] Bauer, el humanismo de [Ludwig] Feuerbach; después conocieron el socialismo inglés y el francés, lo cual se convirtió para Marx en la forma de ponerse de acuerdo consigo mismo a propósito de las luchas y de las aspiraciones de la época, mientras que, en el caso de Engels, fue la industria inglesa la que desempeñó este papel».[1]

La diferencia proviene, sin duda, de los distintos caracteres y temperamentos de ambos, de la naturaleza más especulativa del genio de Marx, y más impetuosa del genio de Engels. Pero el azar y las circunstancias materiales de la vida desempeñaron también un papel. Mientras que Marx emigró de Alemania a Francia, Engels fue enviado a Inglaterra para aprender cosas de negocios. Entró en contacto con la realidad de la gran industria capitalista. El choque provocado por este encuentro con las contradicciones de la sociedad burguesa determinará el curso de sus pensamientos para el resto de sus días.[2]

Si Marx desarrolló casi por sí solo el aspecto económico de la teoría marxista, es a Engels a quien corresponde el honor de haber sido el primero que llevó a Marx a estudiar la economía política y de haber comprendido, en un «esbozo genial», la importancia capital que esta ciencia tiene para el comunismo.³ Este esbozo, redactado hacia 1843, constituye la primera obra económica de los dos amigos; Riazanov le atribuye, con razón, una «importancia capital en la historia del desarrollo [de la génesis] del marxismo».⁴ Es necesario subrayar que es igualmente Engels, no obstante ser dos años más joven que Marx, el que se declara primero abiertamente comunista y considera necesaria e inevitable una revolución radical que habría de eliminar la propiedad privada.

Desde fines de 1842 (en esa fecha tenía apenas 22 años), Engels concluyó la redacción de un artículo en que trataba de la monarquía prusiana haciendo la predicción de una revolución burguesa, y en las primeras líneas de otro artículo, en el que trataba de Inglaterra, hacía el anuncio de una revolución social.⁵ En la misma fecha, en un artículo publicado en la *Rheinische Zeitung* («Der Kommunismus und die Augsburger Allgemeine Zeitung»), Marx rechaza todavía el comunismo, aunque afirma la necesidad de estudiarlo en profundidad para poderlo utilizar adecuadamente.⁶ Pero los dos fundadores del socialismo científico enfocaban ya el problema desde el mismo ángulo: el de la crítica de la concepción neohegeliana del Estado, del descubrimiento de la existencia de las clases sociales y del análisis de los efectos inhumanos de la propiedad privada y de la competencia.

En los dos casos podemos recorrer paso a paso la trayectoria del pensamiento: de la crítica de la religión a la crítica de la filosofía; de la crítica de la filosofía a la crítica del Estado; de la crítica del Estado a la crítica de la sociedad, es decir, de la crítica de la política a la de la economía política, que culmina en la crítica de la propiedad privada.

Pero, en Marx, el aspecto puramente teórico predominará durante este período, y la evolución desembocará en la «Introducción a la crítica de la filosofía del derecho de Hegel» (fines de 1843-comienzos de 1844). En Engels, es el aspecto práctico, la crítica de la sociedad burguesa inglesa, lo que predomina, tanto en los *Umrisse zu einer Kritik der Nationalökonomie* como en *Die Lage Englands*, que aparecerán en los *Deutsch-Französische Jahrbücher*, en el mismo momento que el célebre artículo de Marx.

Se reconoce generalmente que durante sus estudios universitarios Marx casi no se interesó en la economía política. La lista que se conserva de los libros que estudió en Berlín no contiene ningún título consagrado a esta disciplina.[7] En su carta a Franz Mehring, del 28 de septiembre de 1892, Engels, al hablar de los años de estudios universitarios de Marx, en Bonn y en Berlín, escribió: «...no sabía absolutamente nada de economía...».[8]

Sin embargo, Pierre Naville tiene razón cuando se esfuerza en atenuar el carácter demasiado absoluto de estas opiniones. En efecto, el propio Hegel había quedado profundamente marcado, en su juventud, por los estudios económicos y, sobre todo, por el de Adam Smith;[9] Marx entendió el sistema hegeliano como una verdadera filosofía del trabajo. «Al estudiar la *Fenomenología del espíritu*, la *Filosofía del derecho* e inclusive la *Ciencia de la lógica*, Marx no solo descubrió a Hegel sino también, a través de él, a una parte de la economía clásica que había sido asimilada y filosóficamente traducida, de manera que Marx no se hubiese lanzado a su crítica sistemática de la sociedad civil y del Estado según Hegel si no hubiese encontrado ya en él algunos elementos que quedaban vivos, como la teoría de las necesidades, la de la apropiación o el análisis de la división del trabajo».[10]

Desde la filosofía hasta la política, Carlos Marx había recorrido ya esta primera etapa de su historia intelectual cuando pasó a ser redactor de la *Rheinische Zeitung* (*Gaceta Renana*) en 1842. Su posición fundamental sigue siendo la de la lucha por un Estado «humano»; se sitúa todavía en el plano de los «derechos humanos» en general, en el plano de la lucha contra los residuos feudales. Lo mismo que Hegel, considera que el Estado debería ser «la realización de la libertad».[11] Pero descubre ya una contradicción entre esta concepción ideal del Estado y el hecho de que los *Stände*, representados en la Dieta provincial de Renania, se esfuerzan por «degradar el Estado a la idea del interés privado». Es decir, que en cuanto aborda un problema político del momento, el de la nueva legislación sobre el robo de leña, tropieza con el problema de las clases sociales: el Estado, que debería ser la encarnación del «interés general», parece obrar en interés solamente de la propiedad privada, y para hacerlo viola no solo la lógica del Derecho, sino también principios humanos evidentes.[12]

Marx se percata de que la propiedad privada, a cuya defensa parece consagrarse exclusivamente el Estado burgués, es resultado de una apropiación privada, monopolizadora de un bien común.[13] Y descubre en una disposición penal, que atribuye al propietario el *trabajo* del ladrón para compensar sus pérdidas, la clave principal de su futura teoría de la plusvalía: es el trabajo forzado, no retribuido, el que constituye la fuente de los porcentajes, es decir, del interés, es decir, de la ganancia.[14]

Desde esta entrada en materia, la crítica política condujo al joven Marx al umbral de una crítica de la «sociedad civil», a la crítica de la economía política.[15] Pero antes de cruzar este umbral y de sumirse en el tema que habría de constituir la preocupación principal de su vida de sabio, tal parece como si hubiese sentido la necesidad de mirar constantemente hacia atrás, de desandar sus pasos, para asegurarse de que no había descuidado ninguna otra solución posible, de determinar el valor definitivo de todas las ideologías que acababa de superar. Entre octubre de 1842, fecha del comienzo de sus artículos relativos a los *Debatten über das Holzdiebstahlgesetz*, y el comienzo de sus estudios de Economía Política en París, se intercalan dos años durante los cuales el joven Marx hará el balance de dos movimientos —la filosofía hegeliana y el socialismo utópico— que superará para formular su doctrina en una forma definitiva. El término «superar» debe entenderse aquí en su sentido hegeliano, dialéctico, que implica que todo lo que es válido en las posiciones superadas queda conservado en las nuevas posiciones.

Para comprender la evolución de las ideas económicas del joven Marx es interesante indagar la génesis del interés de Marx por el problema social. Habiéndolo descubierto a través de la miseria de los vendimiadores del Mosela y los debates concernientes a los ladrones de leña, comienza a tropezar con él a cada paso, cuando emprende una crítica detallada de la filosofía de Hegel. Descubre que «el estado del trabajo inmediato» (*der Stånd der ummittelbaren Arbeit*), es decir, de la masa de quienes nada poseen, constituye en realidad la condición previa de la existencia de la sociedad burguesa.[16] Y opone a esta «pobreza artificialmente provocada» el disfrute considerado como fin verdadero de la humanidad. En escrito dirigido a [A.] Ruge, el editor de los *Deutsch-Französische Jahrbücher*, afirma que «de este conflicto del Estado político consigo mismo se puede deducir por doquier la verdad social».[17] Pero aunque se proclama adversario ya de la propiedad privada —a la cual califica, en la crítica de la teoría y de la práctica del derecho, de fuente de toda injusticia— se niega todavía a declararse comunista.

El estudio de los problemas de la filosofía del Estado desemboca en el estudio de Rousseau, de Montesquieu, de Maquiavelo y, sobre todo, de diversos historiadores de la Revolución Francesa, que influyeron en él profundamente y lo condujeron al estudio del socialismo francés nacido de las corrientes que esta Revolución había liberado.

Su último rechazo del comunismo data de la carta, anteriormente citada, dirigida a Ruge, es decir, de septiembre de 1843; su primera profesión de fe comunista data de marzo de 1844. Entre estas dos fechas se llevó a cabo una evolución política que habría de ser determinante para el resto de su vida.[18]

¿Cuál fue el factor decisivo que precipitó esta evolución? Es difícil aislar un solo elemento en un conjunto de influencias. Pero por importante que haya sido la lectura de autores como Moses Hess —cuya influencia es indudable— o el estudio de la Revolución Francesa, fueron el clima global de la sociedad francesa durante el gobierno de Luis Felipe, la efervescencia de ideas progresistas, la actividad de las diversas sectas socialistas, el primer contacto vívido con la clase obrera y con la condición proletaria, los que permitieron cristalizar estas influencias literarias.[19]

En el primero de los artículos dedicados al problema judío, Marx se puso ya como meta examinar las relaciones entre la emancipación política y la emancipación humana sin más, conclusión lógica de su crítica de las teorías políticas constitucionales. De pasada, une el dinero a la propiedad privada como fuente de la enajenación humana.[20] Pero descubrió, al mismo tiempo, al trabajo, al trabajador, al proletario, considerados como encarnación de esa humanidad alienada que había que emancipar. Y en su «Introducción a la Crítica de la Filosofía del Derecho de Hegel», convertirá a este proletario en autor de su autoemancipación, que por eso mismo se convierte en la emancipación de la humanidad entera.

Y es que se ha vuelto consciente de que «la relación de la industria, y del mundo de la riqueza en general, con el mundo político es un gran problema de la época moderna». Pero esta relación, captada y criticada por el pensamiento teórico, no puede modificarse sino con la práctica.[21] Porque, si bien «el arma de la crítica no puede sustituir a la crítica de las armas», «la teoría se convierte en una fuerza material en cuanto llega a las masas».[22] Y estas masas son las masas proletarias cuya aparición crea la posibilidad de una revolución alemana. Esta revolución no puede ser sino una revolución radical; no se puede limitar a la esfera política (burguesa). «La posibilidad positiva de la emancipación alemana» depende precisamente de la formación de una clase «de cadenas radicales» que, al querer desprenderse de estas cadenas, rechazará todas las cadenas sociales al suprimir la propiedad privada: «al reclamar la negación de la propiedad privada, el proletariado eleva a nivel de principio de la sociedad lo que la sociedad le ha impuesto como principio, lo que ya está encarnado en él, a pesar de él, como resultado negativo de la sociedad».[23]

Es cierto que este descubrimiento del papel revolucionario del proletariado como negador de la propiedad privada se sitúa todavía en los límites filosóficos no separados de un humanismo sentimental: el principio antropológico de Feuerbach. Engels dirá más tarde que el humanismo de Feuerbach parte de un hombre abstracto, ahistórico, puesto que nunca se habla del mundo (de las condiciones sociales concretas) en el cual vive este hombre.[24] La condición proletaria es condenada como «injusta» por estar fundada en la injusticia, por ser inmoral. De acuerdo con Feuerbach, Marx proclama todavía que si el proletario es el corazón de la emancipación, la filosofía constituye la cabeza de la misma. Todavía no entiende que la posición del proletariado en el proceso de producción es el fundamento de su capacidad emancipadora. No reconoce todavía que, para la realización del comunismo, es indispensable un determinado grado de desarrollo de las fuerzas productivas, el establecimiento de algunas condiciones materiales. Su comunismo es todavía un comunismo esencialmente filosófico.

No obstante, el enlace entre este comunismo filosófico y el proletariado está ya sólidamente establecido. De ahí a estudiar el «movimiento de emancipación real» de este proletariado —el socialismo y el comunismo, francés, inglés y alemán— no hay más que un paso, que Marx dará desde los comienzos de su exilio parisiense. La transición desde el comunismo filosófico hasta el comunismo proletario se efectuará sin mayores tropiezos.

Como dijimos, Engels llegó al comunismo antes que Marx. Pero también en él el comunismo es, ante todo, de esencia netamente filosófica. Es inclusive un comunismo que se dirige, en primer lugar, a la burguesía ilustrada y a los intelectuales, como se ve en varios artículos acerca del movimiento comunista continental que Engels redactó a fines de 1843 y comienzos de 1844 para el semanario oweniano *The New Moral World*. «Nosotros [los comunistas alemanes] no podemos reclutar nuestros miembros más que en las clases que han disfrutado de una buena educación», afirma. Y opone el comunismo filosófico al comunismo de las masas laboriosas encarnado por el movimiento comunista de Weitling.[25]

Pero Engels comprende que el comunismo es el producto necesario de las condiciones sociales creadas por la civilización moderna.[26] Por eso describe el paralelismo del movimiento comunista en Inglaterra, en Francia y Alemania (sin exceptuar a la Suiza alemana). «Así pues, tres grandes países civilizados de Europa, Inglaterra, Francia y Alemania, han llegado a la conclusión de que una revolución profunda del sistema social, basada en la propiedad colectiva, se ha convertido ahora en una necesidad urgente e inevitable [...] los ingleses han llegado a esta conclusión prácticamente, por el rápido aumento de la miseria, de la desmoralización y de la pauperización en su país; los franceses han llegado a ella *políticamente*, al exigir primero la libertad y la igualdad políticas. Al descubrir que esto es insuficiente, han sumado la libertad social y la igualdad social a sus reivindicaciones políticas. Y los alemanes se han vuelto comunistas desde un punto de vista filosófico al reflexionar sobre los primeros principios».[27]

Hay que subrayar la cuasi simultaneidad con la cual Marx y Engels han formulado el programa básico de la revolución social proletaria: la supresión de la propiedad privada (Marx en la *Einleitung zur Kritik der Hegelschen Rechtsphilosophie* [*Introducción a la crítica de la filosofía de Hegel*], Engels en sus artículos de *The New Moral World*), en escritos que datan de noviembre de 1843-enero de 1844, independientemente uno del otro. Hay que poner también de relieve la intuición genial del joven Engels, que en una sola frase resume la contribución específica que las tres grandes naciones de la Europa occidental harán al movimiento obrero mundial del siglo XIX. Inglaterra aporta el éxito pragmático de las primeras organizaciones de masas (cartismo y sindicalismo); Francia, la lucha revolucionaria por la conquista del poder político (lucha que parte de la tradición establecida por la gran Revolución Francesa y que culmina, a través del baboubismo, del blanquismo y de junio de 1848, en la Comuna de París, la primera conquista efectiva del poder por el proletariado); y Alemania, la realización teórica del primer programa socialista científico. Sin duda, al escribir esa frase, ignoraba todavía el papel decisivo que él mismo habría de desempeñar en la elaboración de esta aportación teórica alemana al movimiento proletario, mediante sus trabajos preparatorios y su contribución a la redacción del *Manifiesto comunista*.

Ya lo dijimos antes: fue el choque que provocó su enfrentamiento al proletariado real en Gran Bretaña, producto de la gran industria, con su miseria, su desmoralización y su formidable poderío colectivo y su capacidad de organización (Engels nota, lleno de admiración, que los cartistas pueden reunir un millón de peniques por semana),[28] con su combatividad y su capacidad de elevarse espiritual y moralmente por encima de su miseria material en cuanto se organizan, lo que permitió a Engels pasar del comunismo filosófico al comunismo proletario. Riazanov recuerda con acierto que el encuentro con los primeros verdaderos comunistas proletarios (los alemanes Schapper, Bauer y Moll, emigrados a Londres) causó una enorme impresión en Engels, que él mismo describió en su introducción a las *Revelaciones acerca del proceso de los comunistas de Colonia*.[29] Y percibimos el efecto de esa experiencia práctica en las tres obras que marcarán esta transición: *Esbozo de una crítica de la economía política* (fines de 1843), *Die Lage Englands* (enero de 1844), *La situación de la clase obrera en Inglaterra* (fines de 1844 y comienzos de 1845).

La primera de estas tres obras constituye por lo tanto la primera obra económica propiamente dicha de los dos amigos. Engels no dice nada sustancialmente nuevo. Critica el liberalismo económico, la doctrina de Adam Smith, la de [David] Ricardo y la de McCulloch, comparándola con la realidad económica y social de la Inglaterra industrial. Esta crítica está ampliamente inspirada en autores socialistas como Owen, Fourier y Proudhon. Supera, no obstante, a estos autores gracias a una fecunda aplicación de la dialéctica hegeliana a la realidad social.[30] Y aunque permanezca prisionera de muchas concepciones moralizadoras e idealistas,[31] aunque condene el comercio por «provocar la desconfianza general» y por «utilizar medios inmorales para alcanzar un fin inmoral»,[32] se distingue no obstante gracias a algunas intuiciones notables que más tarde encontrarán ecos en Marx, en el *Manifiesto comunista* e inclusive en *Die Grundrisse*: así, la concepción de la economía capitalista como un progreso necesario «para que todas las consideraciones mezquinas, locales y nacionales pasen a segundo plano, y la lucha de nuestra época pueda convertirse en una lucha general, humana».[33]

El punto de partida de *Umrisse* es una crítica del comercio, de la doctrina mercantilista y de la teoría del libre cambio. «Partiendo de un punto de vista humano general», Engels llega a la conclusión correcta de que es necesario criticar a la vez las dos doctrinas. Sobre todo, desenmascara la hipocresía de la doctrina liberal antimonopolista. Esta finge ignorar que el libre cambio está fundado en un monopolio, a saber, el monopolio de la propiedad privada en manos de una clase minoritaria de la sociedad, y que la libre competencia conduce inevitablemente a un monopolio.

La segunda parte del artículo trata del valor y esta es su parte más débil, la que indica que Engels no había comprendido a Ricardo ni profundizado en su pensamiento en el momento de redactar ese trabajo. Trata del valor partiendo de la distinción entre «valor intrínseco o valor real» por una parte, y «valor de cambio» por otra. Después, examina las dos escuelas que reducen, una, «el valor intrínseco» a los «costos de producción» y, la otra, el «valor intrínseco» a la «utilidad». Llega a la conclusión de que «el valor intrínseco» de una mercancía «incluye los dos factores», tanto los «costos de producción» como la «utilidad». En un pasaje poco claro parece poner en duda la existencia misma del valor.[34] Se acerca más a una concepción correcta al criticar el juego de la «ley de la oferta y la demanda»«que actúa como una ley de la naturaleza»,[35] y deduce la aparición de las crisis de superproducción, precisamente, del juego de esta ley; es decir, de la competencia.

El artículo termina con una polémica feroz contra la «ley de la población» de Malthus[36] y con una descripción de las consecuencias desastrosas que la gran industria ha tenido para una parte importante de la población. Es la parte más impresionante del artículo, la que reanuda y profundiza la crítica del capitalismo realizada por Fourier, la cual a su vez será ampliada y fundamentada en una documentación notable en su primer libro: *La situación de la clase obrera en Inglaterra*.

Cierto es que en esta parte encontramos todavía algunos errores, como la concepción del salario obrero reducido a los simples medios de subsistencia.[37] Pero la crítica de Malthus es lúcida y revela el argumento esencial que sigue siendo válido hasta nuestros días en la polémica con el neomalthusianismo: a saber, que es erróneo comparar el crecimiento de la población con el crecimiento de la producción *natural* del suelo; más bien hay que compararlo con el aumento potencial de la productividad agrícola que sería el resultado de la aplicación eficaz de la ciencia y de la técnica modernas a la agricultura. El análisis de las crisis de superproducción entendidas como expresión fundamental de las contradicciones del capitalismo es cautivador por su brevedad y porque nos descubre la enorme capacidad del joven autor para ir al fondo de las cosas.

Culmina en el descubrimiento de una situación insensata, absurda: los hombres se mueren de hambre en medio de la abundancia.

Y, sobre todo, en este artículo, Engels lleva a cabo la unión de la crítica de la propiedad privada, de la que se ocuparon los dos futuros amigos durante dos años, y la crítica del capitalismo de que se ocuparán durante el resto de sus días, al afirmar que la división entre el capital y el trabajo es resultado, inevitablemente, de la propiedad privada, y que esta división conduce a la división de la sociedad burguesa en clases antagónicas, a la división de la humanidad en capitalistas y obreros.[38]

Las consecuencias inmorales e inhumanas del capitalismo, de la gran industria (la manera en que destruye la comunidad familiar y provoca el aumento de la criminalidad), que encontramos esbozadas con algunas frases impresionantes en los *Umrisse* y cuya descripción volverá a hacer el *Manifiesto comunista* en un fresco sombrío e inolvidable, son analizadas con mayor profundidad por Engels en una obra que sigue siendo hasta nuestros días el cuadro más conmovedor de las consecuencias sociales de la revolución industrial.[39] *La situación de la clase obrera en Inglaterra* no se sitúa todavía en el terreno del materialismo histórico propiamente dicho. Es todavía la indignación moral más que la comprensión del proceso histórico la que anima al joven crítico social. Pero esta indignación moral es ya revolucionaria, está ya ligada a una devoción ilimitada por la clase explotada y aplastada por el capital, no obstante que aquella ha creado todas las riquezas cuyo disfrute se reserva para sí este último.[40] Y, sobre todo: llega ya a la comprensión de que la lucha real del proletariado constituye el único vehículo posible del socialismo. He aquí cómo se establece la ruptura definitiva de Engels con el socialismo utópico y se constituye al mismo tiempo un arma esencial contra este.

Esta concepción ha sido sometida a un examen crítico, en el transcurso de los últimos años, en razón del retraso histórico manifiesto de una victoria socialista en los países occidentales, desarrollados industrialmente. Una parte de los críticos —explícitamente, como lo ha hecho Frantz Fanon, o implícitamente, como lo hacen los teóricos del Partido Comunista chino— se esfuerza por demostrar que el potencial revolucionario de los pueblos del Tercer Mundo supera al del proletariado occidental. En el seno de estos pueblos del Tercer Mundo, además, atribuyen el papel revolucionario principal a los campesinos y a la *inteligentsia* revolucionaria, y consideran que el proletariado industrial es, en cierta manera, una clase social privilegiada por comparación con los campesinos sin tierra.[41]

Otros críticos ponen en tela de juicio no la capacidad revolucionaria del proletariado occidental al compararla con la de los pueblos del Tercer Mundo, sino esta capacidad, sin más. Consideran que está prácticamente integrado en la sociedad capitalista, sobre todo a través de su atomización (en la industria semiautomatizada), de la expansión de su consumo y de la posibilidad de manipular su ideología y sus necesidades.[42] No niegan que la masa de quienes están obligados a vender su fuerza de trabajo sigue aumentando en cifras absolutas y por relación al conjunto de la población activa. Discuten que este aumento numérico refuerce, directa o indirectamente, el desafío lanzado al capitalismo occidental, la posibilidad de su derrocamiento por el proletariado occidental.

Tanto unos como otros, además, propenden a citar más frecuentemente las obras de juventud de Marx y de Engels, que definen el papel revolucionario del proletariado, que las obras de la madurez. En estas obras de juventud, y sobre todo en la «Introducción a la Crítica de la Filosofía del Derecho de Hegel», este papel revolucionario se deduce esencialmente de las características negativas del proletariado en el seno de la sociedad burguesa. Se presenta como la culminación de una tríada hegeliana, como una verdadera «negación de la negación». Debido a que las cadenas del proletariado son radicales no puede librarse de ellas más que mediante una revolución radical. Lo cual conduce a los críticos contemporáneos a la conclusión de que, como las cadenas se han vuelto mucho menos radicales hoy, la esperanza de una revolución radical de parte de esta clase se torna considerablemente utópica.

Un análisis más crítico de las obras de juventud de Marx y de Engels, y sobre todo de la génesis de sus ideas en lo concerniente a la revolución social, demuestra sin embargo que detrás del estilo deslumbrante había todavía, en esa época, un insuficiente conocimiento empírico. A la frase célebre acerca de las «cadenas radicales» se aplica la observación que Engels formulará cuarenta años más tarde a propósito de *La ideología alemana*: «La parte terminada consiste en una exposición de la concepción materialista de la historia, que demuestra solamente hasta qué punto nuestros conocimientos en materia de historia económica eran todavía incompletos en esa época».[43] En efecto, el proletariado moderno no es la clase social que haya tenido las cadenas más pesadas de la historia mundial. Semejante definición se aplica, más bien, a la clase de los esclavos romanos, desde el siglo I A.C. al siglo [sic] D.C. La historia ha demostrado que no basta con que una clase social no tenga nada que perder, y no disponga de propiedad privada, para que sea capaz de realizar una revolución social que suprima toda propiedad privada.

Al detallar más tarde su diagnóstico, Marx y Engels atribuyeron al proletariado el papel decisivo en el advenimiento del socialismo, menos a causa de la miseria que padece que en función del lugar que ocupa en el proceso de producción y de la capacidad que posee, por esto, de adquirir un talento de organización y una cohesión en la acción que no guarda proporción con la de las clases oprimidas del pasado.

No tiene caso discutir la capacidad revolucionaria del campesinado sin tierra de los países del Tercer Mundo, ni poner en tela de juicio que ha ofrecido el mayor número de participantes en la lucha revolucionaria en escala mundial, en el transcurso de los últimos veinte años. Pero dos observaciones deben completar lo que acabamos de decir para que no se transforme en una imagen falsa de la realidad global. En primer lugar, que este campesinado, como lo previeron los marxistas, es incapaz por sí mismo de conquistar el poder y de fundar Estados nuevos; para la realización de este fin tiene necesidad de una dirección de origen, composición e inspiración proletarias.[44] En segundo lugar, que este campesinado pobre es incapaz por sí mismo de construir una sociedad socialista tal como la entendía Marx, es decir, una sociedad que garantice el desarrollo pleno y completo de todas las posibilidades humanas.

Precisamente porque la infraestructura de tal sociedad no puede ser sino el producto de la gran industria moderna, llevada a su desarrollo máximo, la revolución socialista, concebida como proceso mundial,[45] puede comenzar en países subdesarrollados, pero no puede realizarse plenamente más que cuando abarca a los países más avanzados industrialmente.

Por lo demás cuando diversos sociólogos o economistas ponen en tela de juicio el papel del proletariado como vehículo de la transformación socialista en occidente, cometen generalmente dos errores: o presuponen, en Marx, un determinismo automático entre el grado de desarrollo industrial y el grado de conciencia de clase,[46] o consideran el desarrollo de esta conciencia de clase y, en general, de las condiciones subjetivas necesarias para el derrocamiento del capitalismo de manera rectilínea.

Es evidente que Marx y Engels, al llegar a la madurez, captaron claramente las relaciones dialécticas entre el grado de desarrollo de las fuerzas productivas y el grado de desarrollo de la conciencia de clase.[47] Lo que Engels escribió a propósito del proletariado británico del siglo XIX tiene validez, *mutatis mutandis*, para el proletariado norteamericano del siglo XX. Para demostrar que este no podrá cumplir su misión revolucionaria, no basta con describir los mecanismos actuales de integración, de manipulación ideológica. Hay que demostrar, además, que los factores que a la larga operan en sentido inverso (la competencia internacional creciente que corroe el monopolio norteamericano de la productividad y las ventajas de salarios de que disfrutan los trabajadores norteamericanos en función de este monopolio) no modificarán el comportamiento del proletariado. Sobre todo, es necesario demostrar que la automatización, que no es sino la forma más radical de la tendencia histórica del capital a sustituir el trabajo vivo por el trabajo muerto,[48] podrá a la larga coincidir con el pleno empleo y no culminará en recesiones que una inflación creciente acabará por no poder seguir conteniendo. Esta demostración nunca se ha hecho.

Por lo que respecta a la esperanza de ver cumplir la misión emancipadora del proletariado por «minorías no integradas» (minorías radicales, estudiantes, infraproletariados, inclusive elementos decididamente asociales), tropieza con el mismo obstáculo con el que tropezaron las insurrecciones de esclavos en Roma. Estas capas, cuando se las pone entre la espada y la pared, son capaces de realizar revueltas desesperadas. Pero no disponen ni del poder social objetivo (de la posibilidad de asegurar o de paralizar la producción en su conjunto) ni de la capacidad perdurable de organización colectiva necesaria para transformar la sociedad contemporánea.

Veremos más adelante que Marx y Engels adquirieron rápidamente la convicción de que las condiciones objetivas y subjetivas favorables al derrocamiento del capitalismo no se desarrollan de manera rectilínea, sino que se ajustan a una curva claramente influida por las fluctuaciones del ciclo industrial (a la vez, el ciclo septenal y el ciclo de larga duración).[49] Lo que es esencial no es saber si la clase obrera de un país o de un grupo de países es transitoriamente pasiva o no.[50] Lo esencial es saber si las condiciones objetivas y subjetivas de su existencia la empujan periódicamente por el camino de una oposición total al régimen capitalista.

Las condiciones objetivas de tal oposición total son aquellas que provienen del funcionamiento mismo del régimen (sobre todo de la regulación de los salarios por medio del ejército de reserva industrial; de la inseguridad de la existencia que es resultado de esto; de la insuficiencia del salario con relación a las necesidades socialmente suscitadas, del carácter enajenador del trabajo, etcétera). Las condiciones subjetivas son, en última instancia, aquellas que hacen que el trabajador considere su condición como inferior e insatisfactoria. Una abundante bibliografía reciente demuestra que así sucede en la llamada sociedad de «consumo», tal como sucedió en el siglo pasado.[51]

## Capítulo II
## De la condenación del capitalismo a la justificación socioeconómica del comunismo

En el transcurso de su exilio parisiense, Marx se lanzó ávidamente al estudio de la economía política, estudio que proseguirá durante su exilio en Bruselas, que interrumpirá durante su retorno a Alemania para acabarlo en el British Museum durante su exilio en Londres.

> La lectura del *Esbozo [para una crítica de la economía política]* de Engels le había revelado que la crítica de la filosofía política de Hegel no era suficiente para elaborar, a partir de la simple negación del Estado, esa teoría radical de la sociedad, capaz de «atraer» a las clases obreras y de hacerlas conscientes del imperativo de una revolución social para poner fin a su enajenación [...]. Así, pues, con la idea bien definida de encontrar una respuesta a estas preguntas, Marx se puso a estudiar la «anatomía de la sociedad burguesa» tal como se la podía descubrir en los grandes economistas [...].[1]

Podemos seguir la amplitud y la diversidad de estos estudios en las copiosas notas de lectura que nos ha dejado y que han sido publicadas en parte.[2] Por lo demás, no sabemos si todos los cuadernos de notas de lectura de Marx han sido efectivamente recuperados.

Este estudio de la economía política, así como la colaboración cada vez más íntima con Federico Engels, que data de septiembre de 1844, llevarán a Marx a aclarar sus ideas respecto de sus maestros en filosofía y de sus antiguos amigos: Engels, Feuerbach y los jóvenes poshegelianos de la escuela de Bauer. Tres obras son resultado de esta polémica, que es, al mismo tiempo, una suerte de monólogo interior y un intento de los dos nuevos amigos de tomar conciencia de su propia evolución: los *Manuscritos económicos y filosóficos de 1844*, *La sagrada familia* y *La ideología alemana*. De estas tres obras, la primera es la que marca una etapa en la evolución del pensamiento económico de Marx.[3]

Redactados después de la lectura de una serie de economistas de primera categoría, y consistiendo además, parcialmente, en largas citas de Adam Smith, de Pecqueur, de Loudon, de Buret, de Sismondi, de James Mill y de Michel Chevalier,[4] estos tres manuscritos económico-filosóficos representan la primera obra económica propiamente dicha del futuro autor de *El capital*. Una crítica de la filosofía de Hegel constituye la cuarta parte. Tratan sucesivamente del salario, de las ganancias, de la renta de los bienes raíces, del trabajo enajenado en relación con la propiedad privada, y de la propiedad privada en relación con el trabajo y con el comunismo, de las necesidades, de la producción y de la división del trabajo, así como del dinero.

El concepto filosófico de enajenación, que Marx ha tomado de Hegel, de Schelling y de Feuerbach,[5] recibe por primera vez, en sus *Manuscritos económicos y filosóficos de 1844*, un contenido socio-económico profundo. Desde su «Introducción a la Crítica de la Filosofía del Derecho de Hegel» este concepto había perdido, además, su carácter totalmente filosófico.

> Marx había tomado de Feuerbach la concepción de un hombre deshumanizado, enajenado o mutilado [...]. Pero Marx emplea ahora la misma expresión en un sentido nuevo. En las relaciones políticas, identifica [...] al hombre deshumanizado con el hombre despreciado y despreciable, y considera como gloria de la

Revolución Francesa que haya reconstituido al hombre, es decir, que lo haya elevado al nivel de un ciudadano libre.

Pero al hacer esto nos hemos deslizado hacia un contexto totalmente nuevo, es decir, hacia una problemática política o por lo menos social. El hombre enajenado, bruscamente, ya no es el individuo aferrado a un mundo de sueño religioso o especulativo, sino el miembro de una sociedad imperfecta que no está en posesión de toda su dignidad humana. El hombre en un mundo deshumanizado es, ahora, el hombre en una sociedad deshumanizada [...].[6]

En los *Manuscritos económicos y filosóficos de 1844* se descubre el *secreto* de esta sociedad deshumanizada. *La sociedad es inhumana porque el trabajo es un trabajo enajenado*. Reducir la sociedad y el hombre social al trabajo es algo que Marx podía hacer tanto más fácilmente cuanto que Hegel había caracterizado ya el trabajo como la naturaleza esencial de la *praxis* humana. Ahora bien, al estudiar a los economistas clásicos, Marx descubre que estos hacen del trabajo la fuente última del valor. La síntesis se llevó a cabo en un relámpago, las dos nociones se combinaron y cree uno asistir verdaderamente a este descubrimiento al examinar las notas de lectura de Marx, sobre todo el célebre comentario de las notas de lectura de James Mill[7] donde Marx parte del carácter de la moneda, medio de cambio, instrumento de enajenación, para culminar en las relaciones de enajenación que sustituyen a las relaciones humanas.

Al mismo tiempo, el comunismo filosófico se convierte en un comunismo sociológico, es decir, fundado en un análisis de la evolución de las sociedades y de su lógica. Es verdad que en *Zur Kritik der Nationalökonomie*, Marx se declara partidario todavía de la «crítica positiva, humanista y naturalista de Feuerbach».[8] Pero este humanismo recibe además un contenido socioeconómico preciso: se identifica con el comunismo que rebasa positivamente la propiedad privada, la división del trabajo y el trabajo enajenado.[9]

En lugar de la oposición del «comunismo de las masas trabajadoras» y del «comunismo filosófico» que Engels había introducido en sus artículos acerca del comunismo para *The New Moral World*, Marx distingue en *Zur Kritik der Nationalökonomie* el «comunismo primitivo» y el «comunismo como rebasamiento positivo de la propiedad privada».[10] El primero, nacido de la envidia burda, no conduce más que a la generalización del trabajo enajenado, a una «nivelación que parte del mínimo». El segundo, por el contrario, constituye «la superación positiva de toda enajenación, es decir, el retorno del hombre, de la religión, de la familia, del Estado, etcétera, hacia su ser humano, esto es, social».[11] Y Marx señala ya con precisión que esto presupone, por una parte, la socialización de los medios de producción y la supresión de la propiedad privada; por otra parte, un grado de desarrollo elevado de las fuerzas productivas. Esta idea constituye un progreso con relación a todos los escritos comunistas anteriores de Marx y de Engels, así como de los escritos de los socialistas utópicos. Será desarrollada todavía más en *La ideología alemana*.[12]

Siguiendo la lógica de una crítica de la propiedad privada y del capitalismo (y no la de una exposición de conjunto de las leyes de desarrollo del modo de producción capitalista) *Zur Kritik der Nationalökonomie* comienza por un análisis de la pobreza provocada por la propiedad privada más que por un análisis de la riqueza creada por la producción de las mercancías (punto de partida de todas las obras clásicas de economía política, que Marx utilizará también en *El capital*). La pobreza producida por la propiedad privada está contenida por entero en el salario y sus leyes de evolución. El análisis del *salario* se efectúa en los *Manuscritos económicos y filosóficos de 1844* sobre la base de la teoría clásica de Adam Smith-David Ricardo, influida por Malthus. Por causa de la competencia entre los obreros, el salario posee una tendencia a caer hacia el nivel de subsistencia más bajo. Pero en oposición a Malthus y a

Ricardo, Marx establece que esto no es el efecto fatal de una «ley del aumento de la población», sino que es el efecto de la separación de los obreros respecto de sus medios de producción.[13]

Sin embargo, Marx matiza ya esta «ley» de los salarios al distinguir tres movimientos divergentes de los salarios en el transcurso de las tres fases sucesivas del ciclo económico: la fase de la depresión, la fase del auge y la fase en la cual la acumulación de los capitales ha alcanzado su expansión máxima.

En la primera fase, los salarios bajan por causa del desempleo y una parte de la clase obrera cae en la degradación y la miseria más negras. En la tercera fase, los salarios permanecen estacionarios a un nivel relativamente bajo (Marx toma aquí, textualmente, una tesis de Ricardo). Así, pues, la segunda fase es la más favorable a los obreros, puesto que la demanda de mano de obra rebasa a la oferta, la competencia entre los capitalistas se acentúa y los salarios pueden aumentar.

Ahora bien, ¿qué ocurre en un período de auge? La expansión acentúa la acumulación y la concentración de los capitales. El número de capitalistas disminuye en tanto que el número de obreros aumenta rápidamente. El maquinismo se extiende y degrada al obrero a la condición de máquina «animada». En virtud de esto, esta pasa a competir directamente con él. Además, el auge produce invariablemente la superproducción, que conduce a su vez al desempleo y a la baja de los salarios.[14] Como se ve, en este esquema inicial del funcionamiento del régimen capitalista, los aumentos de salario no se pueden producir sino provisionalmente y están condenados a ser despiadadamente borrados por la lógica del sistema. Marx no modificará este esquema sino diez años más tarde.

Sin embargo, presentía la teoría del «empobrecimiento relativo» al afirmar que inclusive en un período de elevada coyuntura «el aumento de los salarios es más que compensado, para el capitalista, por la reducción de la cantidad de tiempo de trabajo».[15] La expresión es todavía oscura y torpe. Lo que Marx expresa aquí por intuición más que por comprensión es el hecho de que las mercancías cuyo valor debe realizar el salario pueden sufrir una baja de valor rápida, a consecuencia del aumento de la productividad, o, lo que viene a ser lo mismo, que el *contravalor* del salario puede producirse en una fracción cada vez más reducida de la jornada de trabajo. Además, Marx cita un pasaje del libro de un economista suizo hoy olvidado, Wilhelm Schulz (*Die Bewegung der Produktion*), en el cual este formula notablemente la ley del «empobrecimiento relativo».[16]

De igual manera, Marx no distingue todavía correctamente el «capital constante» del «capital variable», como lo hará en sus obras económicas clásicas, sino que se limita a distinguir, como Adam Smith, el «capital fijo» y el «capital circulante».[17] En la esfera de la renta de los bienes raíces, acepta la teoría de Ricardo al insistir en el hecho de que al capital termina por incorporarse la propiedad inmobiliaria, por transformar al propietario de bienes raíces en capitalista.

En un pasaje impresionante, donde Marx se mueve entre las fronteras de la filosofía y de la economía política, afirma que es necesario que la propiedad de bienes raíces se vea arrastrada por entero en el «movimiento de la propiedad privada»; que en la agricultura, igualmente la relación entre señor y obrero se reduzca a la simple relación entre explotador y explotado; que toda relación personal entre el propietario (de bienes raíces) y su propiedad deje de existir, para que la lucha contra la propiedad privada, considerada como tal, pueda llevarse a cabo con eficacia.[18] Aquí también *La ideología alemana* señalará un importante paso hacia adelante del razonamiento, que se separa completamente de sus antecedentes filosófico-moralizadores.

La parte más célebre de los *Manuscritos económicos y filosóficos de 1844* es el análisis de las raíces socioeconómicas de la enajenación. Bajo la influencia de Engels y de Moses Hess, traza un paralelo entre el trabajo enajenado en el capitalismo y el hombre enajenado con la religión. Cuanto más trabaja el obrero, tanto más crea un mundo de objetos que le son hostiles y que lo aplastan.[19] Pero, contrariamente a lo que había escrito antes, cuando identificó enajenación y propiedad privada, Marx se esfuerza ahora por ahondar a mayor profundidad y descubre las raíces últimas de la enajenación humana en el *trabajo enajenado*, es decir, en la división del trabajo y la producción mercantil. Entre producción mercantil, división del trabajo y propiedad privada hay una interacción constante en la producción de la enajenación, pero es la división del trabajo lo que constituye el punto de partida histórico.[20]

Marx demuestra que la enajenación no se limita, pues, a la enajenación del producto del trabajo y de los medios de producción, que se convierten en fuerzas exteriores hostiles que aplastan al productor. Efectúa, sobre todo, un análisis lúcido de los efectos que la producción de mercancías, en un régimen de competencia, provoca en materia de *enajenación de las necesidades*. Este pasaje es una grandiosa anticipación. La mayoría de las tendencias que Marx descubrió hace ciento veinte años no eran sino embrionarias en el siglo XIX y no se realizaron en gran escala más que en esta época. He aquí un pasaje que parece ser un comentario inmediato de Vance Packard o de Dichter:

> Cada hombre especula para crear una *nueva* necesidad para otro, y para obligarlo a hacer nuevos sacrificios, para imponerle una nueva relación de dependencia y para seducirlo con un nuevo modo de disfrute, y por esto conducirlo a la ruina económica. [...] Con la masa de los objetos se desarrolla el imperio de los seres extraños a los cuales el hombre está sometido, y cada nuevo producto es un nuevo *elemento potencial* de engaño recíproco y de pillaje mutuo. El hombre se vuelve tanto más pobre como hombre, tiene necesidad de tanto más *dinero* con objeto de apropiarse a estos seres extraños, y el *poder* de su dinero cae

en proporción inversa a la masa de la producción, es decir, su estado de necesidad aumenta en la misma medida en que el poder del dinero aumenta [...]. Subjetivamente, esto se presenta en parte de manera tal que la expansión de los productos y de las necesidades[21] se convierte en el esclavo dotado de poder de invención y calculador perpetuo de deseos inhumanos, refinados, contra natura e imaginarios [...].[22]

Un desarrollo rápido del aspecto inhumano de la división del trabajo,[23] que además encuentra un eco célebre en *La ideología alemana* («mientras que en la sociedad comunista, donde nadie tiene un círculo exclusivo de actividad, pero en la que cada uno puede calificarse en cada rama deseada, la sociedad regla la producción general y me hace capaz, de tal manera, de hacer hoy esto y mañana lo otro, de cazar en las primeras horas del día, de pescar en la tarde, de dedicarme a la crítica después de cenar, precisamente como se me antoje, sin volverme nunca [por completo] cazador, pescador, pastor o crítico»),[24] vuelve a tomar la idea inicial de que es en la división del trabajo donde el trabajo enajenado tiene su verdadero origen.

Es cierto que los *Manuscritos económicos y filosóficos de 1844* no constituyen una obra económica de madurez. Fragmentariamente capta Marx los problemas de una crítica global de la economía política. Esta crítica tropieza con un obstáculo fundamental: Marx no ha resuelto aún el problema del valor y de la plusvalía. Todavía no ha captado más que lo que había de racional en la teoría clásica, sobre todo en la de Ricardo. Sus análisis económicos resienten esto inevitablemente. Pero, al mismo tiempo, no deja uno de maravillarse del impulso que cobra el espíritu crítico, de la audacia de la visión histórica, de la crítica implacable que va al fondo de las cosas. Y se queda uno rápidamente con la convicción de que, desde el momento en que redactó sus *Manuscritos...*, Marx había construido ya uno de los fundamentos de su teoría socioeconómica.

*La sagrada familia* no corresponde, propiamente hablando, a preocupaciones económicas. Así también, su aportación a la evolución del pensamiento económico de Marx y de Engels es más bien secundaria. Los dos autores permanecen aferrados a una concepción ecléctica del valor que Engels había expuesto ya en los *Umrisse zur einer Kritik der Nationalökonomie*.[25] Como lo hizo en el artículo que acabamos de citar, Engels sigue afirmando que sería utópico que los obreros quisiesen realizar una reducción de la jornada de trabajo en un régimen capitalista.[26]

Por el contrario, los pasajes de *La sagrada familia* concernientes a Proudhon son particularmente interesantes a la luz de la polémica que se efectuará dos años más tarde, y que permitirá a Marx exponer por primera vez un análisis de conjunto del modo de producción capitalista. Es verdad que, en *La sagrada familia*, Marx afirma que «Proudhon está todavía preso de las hipótesis fundamentales [*Voraussetzungen*] de la economía política a la cual combate».[27] Pero elogia la crítica de la propiedad privada efectuada por Proudhon por considerarla como «el primer examen crítico, y el primer examen decidido, sin escrúpulos y, al mismo tiempo, científico. Este es el gran progreso científico que ha efectuado, un progreso que ha constituido una revolución de la economía política y que es el único que ha hecho posible una verdadera ciencia de la economía política. La obra de Proudhon *Qu'est-ce que la propriété?* tiene la misma significación para la economía política moderna que la obra de Sieyés *Qu'est-ce que le tiers État?* tiene para la política moderna».[28]

Buena parte de *La sagrada familia* es, además, una defensa de Proudhon contra ideólogos alemanes «críticos» que lo habían leído descuidadamente y que ni siquiera habían sido capaces de traducirlo con corrección.

De paso, Marx rebasa el punto de vista erróneo todavía defendido por Engels en los *Umrisse…* en lo concerniente a la relación entre salarios y utilidades, y señala correctamente que estos dos ingresos guardan una relación «hostil» el uno respecto del otro. La «libertad de contratación» entre obrero y capitalista, en la determinación de un salario, encubre una relación que obliga al obrero a aceptar el salario que se le ofrece.

Si los *Manuscritos económicos y filosóficos de 1844* constituyen un primer esfuerzo de Marx por criticar los datos clásicos de la economía política a la luz de la realidad de la sociedad burguesa, *La ideología alemana*, la obra filosófica principal que Marx y Engels terminaron en Bruselas, en 1846, funda la teoría del materialismo histórico, una superación sistemática de la filosofía poshegeliana alemana. Por primera vez, «Marx y Engels pasan de un análisis que podríamos llamar "fenomenológico" del desarrollo histórico social a un análisis "genético"».[29] Los pasajes económicos, propiamente dichos, no abundan. En general, repiten lo que Marx había desarrollado ya en *Zur Kritik der Nationalökonomie*, pero a veces con detalles y aclaraciones valiosísimas.

Así, por ejemplo, el conocido pasaje de *La ideología alemana* donde se recuerda el carácter *universal* del comunismo, la necesidad de fundarlo en el desarrollo mundial de las fuerzas productivas y de las necesidades, pues de lo contrario no se generalizaría sino la indigencia, «y con la necesidad volvería a comenzar la lucha por las necesidades y toda la vieja m... se reproduciría».[30] De igual manera presenta todo el desarrollo de la idea de que la división del trabajo es la fuente de la enajenación humana, del cual acabamos de citar un pasaje anteriormente. Algo similar sucede con la afirmación tajante según la cual «el comunismo no es un ideal conforme al cual hay que remodelar a la realidad. Llamamos comunismo al movimiento real que supera a la situación actual». Así también, la impresionante definición de las fuerzas productivas que se convierten en fuerzas de destrucción, bajo el peso de las contradicciones capitalistas. Así también, una primera definición del materialismo histórico en algunos aspectos más breve y más rica a la vez que la célebre definición contenida en la *Introducción a la crítica de la economía política*.³¹

No obstante, en *La ideología alemana* se pueden descubrir tres aportaciones reales al progreso del pensamiento económico de Marx y de Engels. La primera tiene que ver con una concepción más dialéctica del capitalismo y del comercio mundial, cuyos primeros indicios, no desarrollados, podían descubrirse ya en *Zur Kritik der Nationalökonomie*. La generalización de las relaciones mercantiles no es solo la mutilación generalizada de los individuos y la venalidad generalizada de la vida.³² Es también su enriquecimiento potencial, por el hecho de que rompe el marco estrecho de su existencia local, en el cual sus deseos, sus apetitos, sus posibilidades están completamente limitados por la ignorancia de lo que le es posible al hombre en otras regiones y bajo otros cielos. «La riqueza espiritual real del individuo desciende de la riqueza de sus relaciones reales» y solo gracias al mercado mundial adquieren «la *capacidad* de disfrutar de esta producción universal de toda la tierra».³³ Marx volverá a tratar esta idea en los *Grundrisse*, al hablar «del gran aspecto histórico del capital».³⁴

La segunda tiene que ver con el desarrollo universal de las *necesidades* humanas que la gran industria moderna ha preparado ya y que el comunismo debe realizar.³⁵ Además, está ligada estrechamente al problema del comercio mundial. Aquí, Marx y Engels profundizan su crítica de la relación del hombre con las cosas matizándola de manera dialéctica. Mientras que en los *Manuscritos económicos y filosóficos de 1844* la multiplicación de las cosas se entendía todavía como un fenómeno esencialmente negativo, en *La ideología alemana* subrayan que un desarrollo de todas las posibilidades humanas implica el desarrollo universal de sus disfrutes. Esta idea será desarrollada ampliamente en los *Grundrisse*.

La tercera tiene que ver con el modo de distribución en la sociedad futura: «[...] la regla falsa, fundada en nuestras condiciones existentes, "a cada uno según sus capacidades", en la medida en que se refiere al disfrute en el sentido más estrecho, debe transformarse en la regla: "a cada uno según sus necesidades" [...]; en otras palabras, la diferencia de actividad, de trabajo, no justifica la desigualdad, ni los privilegios de propiedad o de disfrute».[36] Será necesario esperar a la *Crítica del programa de Gotha* para volver a encontrar esta advertencia que casi no se cita ahora en la literatura de propaganda llamada marxista.

Existe evidentemente una relación entre estos tres elementos nuevos del pensamiento económico de Marx y de Engels que se descubren en *La ideología alemana*. El comercio mundial y la gran industria crean la universalidad de las necesidades concebida como parte integrante de la universalidad del desarrollo humano. Y el rechazo de toda «distribución según el trabajo» o «según las capacidades» en la sociedad comunista se funda precisamente en la necesidad de asegurar este desarrollo universal en todos los hombres.

A partir de *La ideología alemana* Marx y Engels establecen claramente los lazos que unen la abolición de la producción mercantil y el advenimiento de una sociedad comunista.[37] No habrían de modificar esta opinión a lo largo de toda su vida. Las teorías que conciben la supervivencia de la producción mercantil inclusive en la sociedad comunista[38] son, en todo caso, extrañas al sistema marxista.

## Capítulo III
## Del rechazo a la aceptación de la teoría del valor-trabajo

*Para comprender verdaderamente, más vale comenzar por no entender.* Este viejo adagio popular se refleja en la actitud que el joven Marx adoptará respecto de la teoría del valor-trabajo, elaborada por la escuela clásica inglesa de economía política y que él mismo habrá de perfeccionar más tarde.

En las notas críticas que acompañan a su primer estudio sistemático de la economía política,[1] Marx rechaza explícitamente el valor-trabajo. En *Miseria de la filosofía* Marx la acepta no menos explícitamente.[2] Entre estos dos escritos median tres años: desde principios de 1844 hasta principios de 1847. ¿Cómo ha evolucionado, durante este período, el pensamiento económico de Marx? ¿Es posible señalar con mayor exactitud, si no el momento preciso, sí por lo menos el período aproximado en el cual Marx aceptó la teoría del valor-trabajo? He ahí las dos preguntas a las que trataremos de dar respuesta.

El punto de partida de este análisis está constituido por las notas de lectura de Marx durante su exilio parisiense, notas que se escalonan a lo largo de todo un año (comienzos de 1844-comienzos de 1845). La hipótesis de trabajo según la cual estas notas se presentan en un orden cronológico es más que verosímil; ha sido aceptada por todos los comentaristas conocidos.[3] En este sentido, un examen atento de estas notas nos permite ya descubrir una *determinada evolución* de la actitud de Marx respecto a la teoría del valor-trabajo.

Los economistas a quienes comenta se presentan, sobre todo, en el orden siguiente: Jean-Baptiste Say, Adam Smith, Ricardo (en la edición francesa, acompañada de notas críticas de Jean-Baptiste Say), James Mill, MacCulloch y Boisguillebert. Es en Adam Smith donde Marx encuentra por primera vez la definición clásica del valor. Copia el pasaje siguiente de *La riqueza de las naciones*: «No es ni con el oro ni con la plata, sino con el trabajo, como se adquirieron originariamente todas las riquezas del mundo y su valor para quienes las poseen y que buscan cambiarlas por producciones nuevas, es precisamente igual a la cantidad de trabajo que los pone en situación de comprar o de encargar».[4] Pero no añade comentarios y reserva su crítica para otro pasaje de Adam Smith en el que este había deducido la «división del trabajo» como una exigencia del intercambio, dependiendo a su vez la existencia de este intercambio de la existencia previa de la división del trabajo.[5] Será al estudiar a Ricardo cuando Marx formulará su polémica contra la teoría del valor-trabajo.

Lo hace siguiendo paso a paso la polémica que Engels había desarrollado ya a propósito de lo mismo en sus *Umrissezueiner Kritik der Nationalökonomie*. El valor de las mercancías es concebido todavía como idéntico a los precios. Está constituido por la aportación del trabajo y por los materiales sobre los cuales se aplica el mismo. Marx aprueba la observación de Proudhon, según la cual la renta y las utilidades se «superponen» y constituyen, por lo tanto, un factor de encarecimiento de los precios.[6] Marx acepta el reproche que Say le hace a Ricardo según el cual este último hace abstracción de la demanda en la determinación del valor. Reduce la ley de la oferta y la demanda a dos fenómenos de competencia: la competencia entre fabricantes —que determina la oferta— y la competencia entre consumidores —que determina la demanda—. Pero esta última, concluye Marx al criticar a J.B. Say, se disuelve en la práctica en consideraciones sobre la moda, los caprichos y el azar.[7] Y no acepta de ninguna manera la «ley de los mercados» que postula la existencia de una identidad última entre oferta y demanda, lo cual hace incomprensible el fenómeno de las crisis periódicas.

El reproche fundamental que Marx formula en lo tocante a la teoría del valor-trabajo es el de que la economía política se ve obligada a hacer abstracción de la competencia. Ahora bien, la competencia es la realidad. Para dar mayor cohesión a sus propias leyes, entonces, la economía política se ve obligada a considerar la realidad como accidental y la abstracción como lo único real.[8]

Esta objeción es tanto más válida a juicio de Marx cuanto que le reprocha precisamente a la economía política el que *encubre una relación de explotación* contenida en la institución de la propiedad privada, bajo consideraciones jurídicas abstractas. Si, en este último caso, es necesario volver a descender desde los principios abstractos hasta la realidad tangible para comprender la naturaleza de la «sociedad civil», ¿por qué no habría de ser válida la misma acción en el dominio del valor, donde es necesario abandonar igualmente el universo de las concepciones abstractas en favor de la «realidad fenomenológica», es decir, del mundo de los precios?[9]

Marx añade a esta crítica de la teoría del valor-trabajo una observación muy perspicaz concerniente al «valor del trabajo» en la teoría de Ricardo.

> Al comienzo de este capítulo, el filántropo Ricardo presenta los medios de subsistencia como el precio natural del obrero, así pues, igualmente, como fin único de su trabajo, puesto que trabaja para obtener su salario. ¿Dónde quedan, entonces, las facultades intelectuales? Pero Ricardo no quiere más que [confirmar] las distinciones de las diferentes clases. Este es el círculo habitual de la economía política. El fin es la libertad espiritual. Así pues es necesaria [la imposición de] la servidumbre espiritual a la mayoría. Las necesidades físicas no son el único fin [de la vida]. Así, pues, se convierten en el único fin para la mayoría.[10]

Y, en el mismo contexto, se lanza más aún contra Ricardo, cuando este afirma que solo el ingreso neto —representado como la suma de las utilidades y de las rentas— de un país es lo que importa, y no el ingreso bruto.

> En el hecho de que la economía política niega toda importancia al ingreso bruto, es decir, a la cantidad de la producción y del consumo, abstracción hecha de lo superfluo, de que niega, por lo tanto, toda importancia a la vida misma, vemos que su abstracción alcanza el colmo de la infamia. Aquí se reconoce 1) que no se trata de ninguna manera, en ella, del interés nacional, del hombre, sino solamente de los ingresos netos, de las utilidades, del precio de los arrendamientos, que este es el fin último de la nación; 2) que la vida de un hombre no tiene, en sí, ningún valor; 3) que, más especialmente, el valor de la clase obrera se reduce a los costos de producción esencial y que no están más que para [producir] las utilidades de los capitalistas y pagar los arrendamientos de los propietarios de tierras.[11]

Pero al examinar la crítica de J.B. Say y de Sismondi con relación a esta tesis de Ricardo, Marx da ya un paso hacia adelante. Lo que estos dos economistas discuten, dice, es la expresión cínica de una verdad económica.[12] Para combatir las consecuencias inhumanas de la economía política, Say y Sismondi deben salir de sus límites. Esto demuestra, pues, que el humanismo se encuentra fuera de esta ciencia, que se trata de una ciencia inhumana.

A pesar del vigor de la expresión polémica, Marx comienza aquí a *defender* a Ricardo contra sus críticos, a percatarse de que lo que parece ser un cinismo es en realidad un reconocimiento franco de la realidad del sistema de producción capitalista, que otros autores se esfuerzan por encubrir.

Cuando comenta los escritos de James Mill, Marx vuelve a mencionar el reproche dirigido a «Ricardo y su escuela». Esta hace abstracción de la realidad, que muestra una discordancia entre costos de producción y valor de cambio, y no se atiene más que a una «ley abstracta». Pero estos comentarios señalan ya un segundo paso hacia adelante. No rechaza totalmente la «ley abstracta»; la considera solamente como «un momento del movimiento real». Cuando la oferta y la demanda se equilibran, son efectivamente los costos de producción los que determinan los precios. Pero la oferta y la demanda no se equilibran más que excepcionalmente, a consecuencia de sus oscilaciones y de su desequilibrio. Así, pues, la economía política debería explicar el movimiento real, que representa una unidad dialéctica de correspondencia y de no-correspondencia entre los costos de producción y el valor de cambio.[13]

Los comentarios de los economistas clásicos en las notas de lectura del exilio parisiense determinan la actitud de Marx respecto de la teoría del valor en sus escritos de 1844 y de 1845, sobre todo en los *Manuscritos económicos y filosóficos*... y en *La sagrada familia*. Valor-trabajo y precio siguen estando separados el uno del otro; el primero, es decir el valor, sigue siendo llamado «abstracto» y los segundos como el trabajo y el precio, «concretos». Además, como señalamos anteriormente, en *La sagrada familia*, la cantidad de trabajo que ha costado la producción de mercancías es considerada como si «formase parte» de sus «costos de producción»: estos no se reducen a aquel.

Pero en el momento en que se acaba la redacción de *La sagrada familia*, Marx ha elaborado ya el plan de otra obra que constituirá una «Crítica de la política y de la economía política». El 1ro. de febrero de 1845 cierra un contrato con el editor C.W. Leske para proporcionarle este libro, para el cual los *Manuscritos económicos y filosóficos de 1844* han sido sin duda un primer esbozo. Y desde el 20 de enero de 1845, Engels lo apremió a que terminara su libro concerniente a la economía política,[14] lo que demuestra, por lo tanto, que Marx estaba escribiendo ya una obra semejante. El manuscrito de esta obra parece haberse perdido;[15] existía todavía en 1847, puesto que en su carta a Annenkov del 28 de diciembre de 1846 Marx escribió: «hubiese querido enviarle, junto con este libro [*Miseria de la filosofía*],* mi obra acerca de la economía política pero, hasta ahora, no me ha sido posible publicar este libro […]».[16]

Para redactarlo, Marx emprendió, desde su exilio en Bruselas, un viaje de seis semanas a Gran Bretaña en compañía de Engels y estudió sobre todo los libros concernientes a la economía política que pudo descubrir en Manchester,[17] tanto en casa de su amigo como en las bibliotecas públicas o privadas. Y en el transcurso de este segundo encuentro sistemático con la economía política descubrió el uso social-revolucionario que escritores socialistas ingleses habían podido hacer de la teoría del valor-trabajo y de las contradicciones que encierra en Ricardo. Entre los escritores que estudió en Manchester entre julio y agosto de 1845 figuran T.S. Edmonds y Williams Thompson,[18] quienes habían empleado los teoremas ricardianos, precisamente, con ese espíritu. (Después de agosto estudió a John Bray, que forma parte de la misma categoría de autores). Más tarde, Marx criticará el análisis del valor-trabajo como si crease un «derecho del obrero a todo el producto de su trabajo». Pero es más que probable que el estudio de estos autores haya permitido descubrir las razones *apologéticas* por las cuales la economía política burguesa se había apartado de Ricardo en Gran Bretaña.

No hay pruebas de que Marx haya leído desde esta época a Hodgskin y a Ravestone, los dos mejores discípulos proletarios de Ricardo. Pero Engels, que había estudiado con gran detalle la agitación obrera en Gran Bretaña para redactar su *Situación de la clase obrera en Inglaterra*, conoció por lo menos el efecto que estos escritores habían tenido en la clase obrera y en la clase burguesa.

---

\*   La aclaración pertenece a Ernest Mandel. *(N. del E.).*

Ronald L. Meek escribe a propósito de esto: «Thomas Hodgskin era un nombre con el cual se espantaba a los niños en la época inmediatamente posterior a la abolición de las "leyes de coalición" en 1824. Por esta razón probablemente era inevitable que muchos economistas más conservadores llegasen a considerar la teoría del valor de Ricardo no solo como lógicamente incorrecta, sino también como socialmente peligrosa. Que el trabajo sea la única fuente de riqueza —escribió John Cazenove en 1832— he ahí lo que parece ser una doctrina tan peligrosa como falsa, puesto que suministra, desgraciadamente, una palanca a quienes tratan de representar toda propiedad como si perteneciese a las clases trabajadoras, y la parte que reciben las otras como si fuese un robo o un fraude cometido contra los obreros».[19] Marx, que había comenzado por considerar a Ricardo como un «cínico», no podía menos de sentirse impresionado por el abandono, también cínico, de esta teoría del valor por motivos de conservación social. Estoy convencido de que regresó de Manchester a Bruselas con ideas mucho más favorables en lo relativo a la teoría del valor-trabajo.

Una breve observación añadida por Marx a notas de lectura del economista Babbage, observación que data de junio o de principios de julio de 1845, en vísperas de su viaje a Manchester, denota todavía una neutralidad en lo que respecta a esta teoría.[20] Pero *La ideología alemana*, redactada en la primavera de 1846, contiene dos pasajes precisos que señalan la aceptación de la teoría del valor-trabajo. Leemos, por una parte: «Él [Stirner] no ha aprendido de la competencia ni siquiera esto [...] que en el marco de la competencia *el precio del pan está determinado por los costos de producción* y no por la libre decisión de los panaderos».*[21] Y, por otra parte, Marx y Engels escriben más claramente aún: «E inclusive en lo que concierne a la moneda metálica, está determinada puramente *por los costos de*

---

\* Las cursivas pertenecen a Ernest Mandel. *(N. del E.)*

*producción, es decir, por el trabajo*».*²² Así, pues, parece imponerse esta conclusión: después de julio de 1845, y antes de terminar la redacción de La ideología alemana, en la primavera de 1846, Marx y Engels aceptaron definitivamente la teoría del valor-trabajo.

Evidentemente sería cometer una injusticia contra los dos amigos sospechar que cambiaron de posición en lo tocante a la teoría ricardiana a consecuencia únicamente del *valor de agitación* de esta teoría, que la estancia de Marx en Manchester le había revelado. Si, en el espacio de medio año, habían podido progresar desde la concepción ecléctica que había sido la de Engels en los *Umrissezueiner Kritik der Nationalökonomie* hasta una concepción más clara de la teoría del valor-trabajo (de hecho, una concepción que comienza ya a corregir algunas debilidades intrínsecas de la teoría de Ricardo), esto es resultado, ante todo, de la profundización de los estudios económicos de Marx, y de un rebasamiento analítico de las contradicciones que había creído descubrir anteriormente en la teoría del valor-trabajo.

Este rebasamiento puede captarse fácilmente en los términos siguientes. Lo que había molestado a Marx, en ocasión de su primer encuentro con Ricardo y toda la escuela clásica, era la oposición aparente entre los efectos de la competencia (las fluctuaciones de los precios eran resultado del juego de la ley de la oferta y la demanda) y la estabilidad relativa del «valor de cambio» determinado por la cantidad de trabajo necesario para la producción. Pero al reflexionar, su espíritu sólidamente educado en la dialéctica tenía que hacerse la pregunta de si lo que era aparente era verdaderamente la expresión más directa de la realidad; y si la «abstracción» no podía encerrar una verdad en definitiva mucho más «concreta» que la apariencia.

---

\*  Las cursivas pertenecen a Ernest Mandel. *(N. del E.).*

Los precios del mercado varían constantemente. Pero, si nos atenemos a estas fluctuaciones corremos el riesgo de disolver rápidamente todos los movimientos económicos en el azar.[23] Ahora bien, un momento de reflexión, así como el examen empírico de la realidad económica, revelan que estas fluctuaciones no se efectúan, de ninguna manera, al azar, sino en torno a un eje determinado. Si el precio de venta de un producto cae por debajo de los costos de producción, su fabricante queda eliminado de la competencia. Si el precio de venta del mismo producto se eleva demasiado fuertemente por encima de los costos de producción, el fabricante percibe una superganancia que atrae hacia esta rama a competidores complementarios y provoca una superproducción transitoria que hace que bajen de nuevo los precios. Empíricamente se descubre que los costos de producción son el eje de las fluctuaciones de los precios.

Es interesante citar a este propósito un comentario crítico que inspiró a Marx una nueva lectura de Ricardo en 1851:

> Aquí, pues, admite que no se trata de producción de «riqueza» en su sentido sino de producción de «valores». El «precio natural» se impone al *precio de mercado,* pero a través de una lucha que nada tiene que ver con la simple perecuación de R[icardo]. En los principios de la industria, cuando la demanda corresponde con gran frecuencia a la oferta, cuando la competencia estaba limitada y los precios de monopolio estaban en juego en todas las industrias, la propiedad raíz es constantemente eliminada por la propiedad industrial […]. Por tal hecho, había enriquecimiento por un lado y empobrecimiento por el otro. La lucha entre el precio de mercado y el precio real no lleva, pues, al mismo fenómeno y no tiene lugar en la misma medida que en la sociedad moderna. Aquí había un excedente permanente del precio de mercado con relación al precio real.[24]

A nuestro entender, este comentario permite captar mejor la forma concreta en que Marx pasa de un rechazo a una aceptación de la teoría del valor-trabajo: un análisis de las *tendencias de evolución históricas* de la producción capitalista, y su vinculación con el *natural price* de Ricardo, es decir, con el valor-trabajo. Este análisis debía llevarle a la conclusión de que, por razón del enorme crecimiento de la producción industrial, ese *natural price* va siendo cada vez más la regla, mientras que el precio de monopolio que se separa fuertemente de ese *natural price* va siendo cada vez más la excepción. Desde el momento en que se admite esto, la aceptación de la teoría del valor-trabajo se impone por sí misma, ya que se comprueba que el valor no está determinado por «leyes del mercado», sino por factores inmanentes a la producción misma.

Efectuando simultáneamente sus estudios económicos (preparatorios de la «Crítica de la política y de la economía política» [perdida]) y sus estudios histórico-filosóficos (preparatorios de *La ideología alemana*), Marx formuló hacia la misma época su teoría del materialismo histórico, que es esencialmente un determinismo socioeconómico.[25] La historia de la humanidad debe estudiarse siempre en relación con la historia de la industria y del cambio. La humanidad comienza a diferenciarse del reino animal al *producir* sus víveres. Lo que los hombres son es algo que depende en última instancia de las condiciones materiales de su producción. Esta presupone relaciones sociales entre ellos. El grado de desarrollo de las fuerzas productivas se refleja de la manera más manifiesta en el desarrollo de la división del trabajo.[26]

En otros términos: la conclusión de sus estudios histórico-filosóficos trajo a Marx y a Engels, exactamente, al punto de partida de la teoría clásica del valor-trabajo, que Marx reformulará de manera muy particular: el trabajo (abstracto) es la esencia del valor de cambio, porque en una sociedad fundada en la división del trabajo, constituye el único tejido conjuntivo que permite comparar mutuamente y hacer mensurables los productos del trabajo de individuos separados unos de otros. Hay un impresionante paralelo entre la manera en que Marx se remonta desde los «precios del mercado» fluctuantes hasta el redescubrimiento del «valor de cambio», y la manera en que un economista contemporáneo, Piero Sraffa, ha evolucionado desde el marginalismo hasta una teoría que reduce en última instancia todos los *inputs* de la producción a «cantidades determinadas de trabajo» (*dated quantities of labour*).[27] Los dos efectúan esto *haciendo abstracción de las fluctuaciones menores a corto plazo* que constituyen, precisamente, el punto de partida del marginalismo.

Cuando redacta *Miseria de la filosofía* Marx se ha vuelto ya «ricardiano» hasta el punto de citar a Ricardo inmediatamente después de haber formulado la determinación del valor de una mercancía por la cantidad de trabajo necesario para su producción. Lo cita precisamente en la parte más débil de su teoría, la concerniente a la determinación del «valor» o del «precio natural» del «trabajo», por los «gastos de mantenimiento de los hombres».[28]

Pero, en el mismo momento, Marx se separa ya de Ricardo en un punto de importancia capital. En carta dirigida a Annenkov del 28 de diciembre de 1846 habla del «error de los economistas burgueses que pretenden descubrir en estas categorías económicas leyes eternas y no leyes históricas, que no son leyes sino para un determinado desarrollo histórico, para un desarrollo determinado de las fuerzas productivas».[29] La elaboración de su teoría del materialismo histórico le había permitido, al mismo tiempo, descubrir el «núcleo racional» de la teoría del valor-trabajo, y su *carácter históricamente limitado*. Y esta concepción de la naturaleza históricamente limitada de las leyes económicas pasa a ser una parte tan integrante de la teoría económica marxista[30] como la teoría del valor-trabajo.

Este carácter históricamente limitado y preciso tiene validez, según Marx, para todas las «categorías económicas»; no ve en ellas, en última instancia, más que una *determinada relación social*. Esto queda aclarado en lo que concierne a la categoría «valor de cambio» desde *La ideología alemana* y desde *Miseria de la filosofía*. En las obras ulteriores, Marx no hace sino volver una y otra vez a este mismo principio.[31] Así, pues, no podemos admitir la tentativa recientemente efectuada por Milentije Popovic de declarar válidas para el conjunto de la historia humana, hasta llegar a la desaparición total del trabajo viviente, las relaciones mercantiles y el fenómeno del trabajo abstracto, que representa, según Marx, el secreto último del valor de cambio.[32]

Por lo demás, el propio Marx se ha pronunciado con una gran claridad a propósito de esto. Se negó categóricamente a identificar la necesidad de una contabilidad en tiempo del trabajo (válida para toda la sociedad humana, con la excepción tal vez de la sociedad comunista más avanzada) y la expresión *indirecta* de esta contabilidad en forma de valor de cambio.[33] Y afirmó explícitamente que cuando la propiedad privada de los medios de producción sea sustituida por la de los productores asociados, cesará la producción mercantil, para dar lugar a una contabilidad directa en horas de trabajo.[34]

Se puede pensar que tiene razón, o tratar de demostrar que estaba equivocado. Pero no se le puede atribuir la paternidad de concepciones opuestas a las suyas. No se puede afirmar que para Marx todo trabajo social viviente cobraría necesariamente la forma de trabajo abstracto creador de valor,[35] que el socialismo no sería la supresión de la producción mercantil, sino su «humanización». Estas concepciones de Popovic son contrarias a toda la doctrina marxista.[36]

# Capítulo IV
# Un primer análisis de conjunto del sistema de producción capitalista

Entre fines del año 1846 y comienzos del año 1848, es decir, en lo esencial, en el transcurso del año de 1847, Marx y Engels redactaron cuatro obras que contienen un primer análisis crítico de conjunto del sistema de producción capitalista. El estudio de los grandes economistas de los siglos XVIII y XIX les ha dado ahora una visión del funcionamiento de la economía capitalista que falta en sus obras de juventud. En *Miseria de la filosofía* (de Marx), en los *Grundsätze des Kommunismus* (de Engels), en *Trabajo asalariado y capital* (de Marx) y en el *Manifiesto comunista* (de Marx y Engels), ya no se trata de una visión parcial de la sociedad burguesa, que tiene como eje principal o exclusivamente la miseria del proletariado. Se trata de una visión grandiosa, que examina las leyes que han hecho nacer al capitalismo, que analiza sus méritos históricos (sobre todo, el de haber hecho posible la supresión de todas las clases, gracias a un desarrollo prodigioso de las fuerzas productivas) y que coloca al movimiento obrero y al movimiento comunista sobre la base de un análisis que quiere ser rigurosamente científico, sobre la base del materialismo histórico.

Las concepciones desarrolladas en estas cuatro obras son prácticamente idénticas, por lo menos en lo que concierne a las cuestiones económicas. Así, pues, las podemos tratar como un conjunto.

No corresponde analizar aquí las relaciones entre Marx y Proudhon que han dado lugar a una abundante bibliografía. Nos parece indudable que estas relaciones pasaron por tres etapas. Primero, una admiración sincera de Marx por el socialista francés, obrero autodidacta ya célebre, cuyo estilo atrevido habría de seducirlo (el propio Marx habla de noches enteras que estuvieron juntos discutiendo) y del cual había tomado en 1843 y en 1844 la implacable crítica de la propiedad privada. Después, una decepción profunda a causa de que Proudhon no haya podido seguir a Marx por los caminos de una profundización crítica seria de la economía política clásica, y de que se haya dejado arrastrar a la utopía insulsa y estéril de los *labor bazars* (véanse las cartas de Engels del 16 y del 18 de septiembre de 1846),[1] decepción combinada con una indignación real ante la confusión y los errores[2] que abundan en la *Filosofía de la miseria*. Finalmente, con veinte años de retroceso, un juicio más sereno, pero que conserva, en general, la crítica científicamente correcta de las tesis erróneas de Proudhon.

*Miseria de la filosofía* constituye el prototipo de la literatura polémica implacable, que a menudo ha inspirado a discípulos de Marx (no siempre con buen sentido). Para la historia del marxismo representa «la primera exposición concreta y global de la concepción materialista de la historia, que hasta entonces no se había desarrollado más que de manera esporádica, por alusiones, de pasada y en esbozos».[3] Representa también «la primera obra económica que Marx juzgó siempre que formaba parte integrante de su obra científica de madurez».[4] Desde el punto de vista de la evolución de las ideas económicas de Marx, se trata de la primera obra que nos da una visión de conjunto de los orígenes, del desarrollo, de las contradicciones y de la caída futura del régimen capitalista, por lo que, desde este punto de vista, representa un progreso considerable respecto de los *Manuscritos económicos y filosóficos de 1844*. Es significativo que lo que resalta de su crítica de las concepciones económicas de Proudhon es que se mantiene en la línea de todo el trabajo crítico que había emprendido a partir de la crítica de la filosofía del derecho de Hegel: combatir el engaño que consiste en crear categorías inmutables, por medio de abstracciones, lo cual tiene por consecuencia declarar eterno el estado de cosas dado y conservar, por lo tanto, toda su miseria fundamental.[5]

*Trabajo asalariado y capital* vuelve a tomar y enriquece las mismas ideas, sobre todo en lo que concierne a la determinación del salario. Esta serie de artículos publicada en la *Neue Rheinische Zeitung*, en 1849, no es sino una reproducción de conferencias que Marx había efectuado en 1847 ante la asociación obrera de Bruselas (véase la carta de Marx a Engels del 3 de junio de 1864).[6]

Un manuscrito titulado «Salario obrero», no publicado, ha sido descubierto en un cuaderno titulado «Bruselas 1847» y ofrece desarrollos que van más lejos que el texto de *Trabajo asalariado y capital*. Se trata sin duda del esquema de una o unas de las conferencias que habrían de desarrollar las del texto referido.[7] Este manuscrito contiene igualmente las notas de lectura de las obras de una decena de economistas.

Es aquí donde Marx ha presentado por primera vez lo esencial de su teoría de la plusvalía, sin utilizar este término y sin expresarse de manera precisa. «El capital [...] se conserva y aumenta por su cambio contra el trabajo inmediato, viviente [...]. El obrero recibe medios de subsistencia a cambio de su trabajo, pero el capitalista, a cambio de sus medios de subsistencia, recibe trabajo; la actividad productiva del obrero restituye no solamente lo que consume, sino que da al trabajo acumulado un valor mayor que el que poseía antes».[8]

Por lo que respecta a los *Grundsätze des Kommunismus* y al *Manifiesto comunista* constituyen dos proyectos de «profesión de fe comunista», el primero de los cuales fue escrito por Engels para la sección parisiense de la Liga de los Justos entre el 23 y el 27 de octubre de

1847; el segundo, por Marx y Engels inmediatamente después del congreso de noviembre de 1847 de la Asociación en Londres y terminado en enero de 1848 por los dos amigos. Vuelven a considerar las ideas de las dos obras anteriores en una forma más sucinta, que se ha vuelto clásica.

El origen del sistema de producción capitalista es trazado ahora en términos que ya no variarán fundamentalmente, ni siquiera en ocasión de la redacción de *El capital*. Una de sus condiciones de existencia es la acumulación de los capitales, facilitada por el descubrimiento de América y por la importación a Europa de sus metales preciosos. De esto resultó una caída general de los salarios y de las rentas de las tierras feudales, así como un alza considerable de las ganancias. Simultáneamente, el desarrollo del comercio marítimo y colonial amplió los mercados y acrecentó el volumen de la producción de mercancías. Una masa de mercancías se transforma de productos de lujo en productos de consumo comunes y corrientes.

Por otra parte, la caída de las rentas de las tierras feudales obligó a la nobleza a deshacerse de una buena parte de sus dependientes. Una masa de vagabundos y de mendigos aparece en los siglos XVI y XVII, que las fábricas pondrán a trabajar.[9] Estas manufacturas no son creación de los maestros artesanos, sino de los comerciantes. Estos reúnen primero, bajo un mismo techo, a cierto número de productores y de instrumentos de trabajo, y no realizan más economías que las que son resultado de un mejor control y de una mejor protección de los capitalistas contra el robo. Después, la división del trabajo crea un aumento de la productividad en el seno de las manufacturas, hasta que el empleo de la fuerza del vapor y la revolución industrial producen la gran fábrica moderna.[10]

El sistema de producción así nacido representa ante todo *nuevas relaciones sociales de producción*.[11] «Ser capitalista, no significa solamente ocupar una posición personal, sino también una posición social en la producción. El capital es un producto común y no puede ser puesto en movimiento más que por la actividad común de muchos miembros, en último análisis, por la actividad común de todos los miembros de la sociedad».[12]

El nacimiento del sistema de producción capitalista implica un desarrollo prodigioso de las fuerzas productivas, que no habrían podido nacer sin él.[13] Marx y Engels captaron la naturaleza profundamente revolucionaria de este sistema de producción mucho más clara y lúcidamente que los demás economistas de su época, a pesar de que estos en su mayoría fueron apologistas del capital.[14] Cantaron un verdadero himno a su gloria en el *Manifiesto comunista*, que representa no obstante el toque de difuntos del mismo:

> [...] la burguesía no puede existir sin trastornar constantemente, de manera revolucionaria, los instrumentos de trabajo y, por consiguiente, las relaciones de producción y todas las relaciones sociales [...]. El desorden constante de la producción, la modificación interrumpida de todas las condiciones sociales, la inseguridad y los movimientos eternos caracterizan a la época burguesa por contraste con todas las demás épocas históricas [...]. La necesidad de encontrar mercados cada vez más amplios para sus productos espolea a la burguesía a recorrer el globo terrestre. Por todas partes anida, en todas partes construye, por doquier establece relaciones.
>
> Gracias a su explotación del mercado mundial, la burguesía ha remodelado de manera cosmopolita la producción y el consumo de todos los países. Para gran pesar de los reaccionarios, ha minado el suelo nacional donde se asentaba la industria [...]. Mediante el mejoramiento rápido de todos los instrumentos de producción, gracias a la infinita facilitación de las comunicaciones, la burguesía mete a todas las naciones, inclusive a las más bárbaras, en la civilización. Los precios baratos de su mercancía son la artillería pesada, con la cual derriba las murallas de China, con la cual hace capitular a la xenofobia más tenaz de

los bárbaros. Obliga a todas las naciones a imitar el sistema de producción de la burguesía, so pena de desaparecer; las obliga a introducir la sedicente civilización, es decir, a volverse burguesas [...].¹⁵ La burguesía ha sometido el campo al dominio de la ciudad. Ha creado ciudades enormes, ha aumentado en gran medida el número de la población urbana por comparación con el de la población aldeana, y ha sustraído así a una parte considerable de la población a la idiotez de la vida rural [...]. La burguesía suprime cada vez más el fraccionamiento de los medios de producción, de la propiedad y de la población. Ha aglomerado a la población, ha centralizado la producción y ha concentrado la propiedad en unas pocas manos [...]. En el *transcurso de su dominio de clase apenas secular, la burguesía ha creado fuerzas productivas más grandes que todas las generaciones precedentes.* Someter las fuerzas de la naturaleza; crear el maquinismo; aplicar la química a la industria y a la agricultura; organizar la navegación a vapor; construir los ferrocarriles y el telégrafo eléctrico; abrir continentes enteros a la cultura; hacer navegables los ríos; reunir poblaciones enteras como si hubiesen salido de la tierra: ¿cuál de los siglos pasados hubiese podido creer que tales fuerzas productivas dormitaban en el seno del trabajo social?*¹⁶

Pero esta descripción ditirámbica de las realizaciones del modo de producción capitalista no sirve más que para subrayar más fuertemente aún las contradicciones que produce al mismo tiempo. Pues el capital no puede crecer sin multiplicar al mismo tiempo al proletariado. La concentración de la riqueza social en las manos de una clase social implica una concentración de miseria en otra clase social.¹⁷

Para explicarlo, hay que partir del análisis del elemento fundamental de esta riqueza, la mercancía.

---

\*     Las cursivas pertenecen a los autores. *(N. del E.).*

El valor de la mercancía está determinado por el tiempo de trabajo que se necesita para su producción.[18] Ahora bien, el capital ha transformado el trabajo mismo en mercancía, ya que los proletarios no poseen más que esta fuerza de trabajo, que tienen que vender para obtener los medios de subsistencia, los cuales están todos en manos de los capitalistas. Así, pues, esta fuerza de trabajo será tratada también como una mercancía y como cualquier otra mercancía su valor (Marx utiliza todavía comúnmente, en 1847, el término ricardiano de «precio natural») estará determinado por la cantidad de trabajo necesario para su producción, es decir, para la producción de los medios de subsistencia necesarios para conservar la fuerza de trabajo y permitir la subsistencia de los niños que mantendrán viva «la especie de los proletarios».[19]

Este salario se mantiene esencialmente a nivel mínimo a causa de la *competencia entre los obreros*. Aunque conservan las conclusiones de la teoría ricardiana de los salarios, Marx y Engels la rebasan ampliamente en el análisis. Hacen depender el nivel de los salarios del *ritmo de acumulación de los capitales*.[20] Y enmiendan, además, las conclusiones rigurosas de la teoría ricardiana al señalar que los salarios no permanecen estables, sino que fluctúan, y que el «mínimo vital» (el precio de los medios de subsistencia necesarios para la reproducción de la fuerza de trabajo) es resultado de una *elevación transitoria* de los salarios por encima de este mínimo, durante los períodos de elevada coyuntura, y de una *caída transitoria* de los salarios por debajo y de este mínimo, durante los períodos de crisis y de desempleo en masa.[21]

No obstante, si Marx y Engels reconocen que los salarios pueden elevarse por encima del mínimo vital, durante los períodos de elevada coyuntura, y que gracias solamente a esta condición los obreros pueden participar, aunque sea un poco, de los progresos de la civilización, descubren no obstante una tendencia a la baja de este mínimo de salario, de este precio de la fuerza de trabajo, y esto en el sentido absoluto del término: «Puesto que constantemente se encuentran medios de nutrir al trabajo con objetos más baratos y cada vez más miserables, el mínimo de los salarios disminuye sin cesar».[22] Esta misma idea está ejemplificada en *Miseria de la filosofía* con los casos del algodón (que sustituye al lino), de las papas (que sustituyen al pan) y del aguardiente (que sustituye al vino).[23] Más tarde, Marx citará de buen grado el papel desempeñado a este respecto por la introducción del té en la alimentación de la clase obrera británica.

En pocas palabras, Marx y Engels admiten todavía en esta época una ley general *de la baja de los salarios a largo plazo* (posición que corregirán más tarde) y Marx la define en *Arbeitslohn* y en *Trabajo asalariado y capital* mediante los siguientes rasgos: el salario mínimo de los diferentes países es distinto, pero tiende a igualarse, y esto, al nivel más bajo. Cuando los salarios caen y aumentan después (en la fase de elevada coyuntura que sigue a la de la depresión), no alcanzan jamás el nivel anteriormente abandonado. La competencia entre los obreros aumenta constantemente y tiende a bajar el mínimo de los salarios; los impuestos y las trampas de los comerciantes obran en el mismo sentido. En pocas palabras, «en el transcurso de la evolución, el salario obrero baja en un doble sentido: primero, en un sentido relativo, en relación con el desarrollo de la riqueza general; segundo, en un sentido absoluto, en el sentido de que la cantidad de mercancía que el obrero recibe a cambio se vuelve cada vez más reducida».[24]

Al mismo tiempo, volviendo a tomar una idea que el economista John Barton había sido el primero en formular,[25] Marx elabora *una ley de la acumulación del capital* que está destinada a desempeñar un papel particularmente fecundo en su obra ulterior: «Es pues una ley general que se desprende necesariamente de la naturaleza de las relaciones del capital con el trabajo, la de que en el transcurso del crecimiento de las fuerzas productivas la parte del capital productivo, que es transformada en máquinas y materias primas, es decir, del capital como tal, crece en una proporción mayor que la parte [del capital] destinada a los salarios, es decir, en otros términos: los obreros tienen que repartirse, por relación al capital productivo en su conjunto, una parte de este cada vez más pequeña. La competencia entre ellos se vuelve cada vez más violenta».[26]

Lo que encontramos aquí no es sino *un primer esbozo de la ley de aumento de la composición orgánica del capital*, de donde se desprende la ley de la tendencia a la baja de la tasa media de utilidades, una de las leyes fundamentales del desarrollo del sistema de producción capitalista que Marx descubrirá algunos años más tarde. Señalemos de pasada que la última frase de la cita que acabamos de reproducir contiene un error de razonamiento. El hecho de que los salarios (el capital variable) constituyan una fracción «cada vez más reducida» del capital productivo en su conjunto no implica necesariamente que la parte de esta masa salarial que le toca a *cada obrero* disminuya en valor absoluto. Esto depende, en efecto, de toda una serie de variables independientes: el ritmo de crecimiento del capital productivo general comparado con el ritmo de acrecentamiento de la composición orgánica del capital (si el capital productivo total aumenta, por ejemplo, en un 20% todos los años, mientras que la parte del capital variable se reduce en un 10% durante ese mismo año, aumenta el valor absoluto en lugar de disminuir); el ritmo de crecimiento absoluto del capital variable comparado con el ritmo de crecimiento de la mano de obra asalariada (si el capital variable aumenta en términos absolutos en un 10% al año, mientras que la mano de obra asalariada no aumenta más que en un 5%, la parte que le toca por término medio a cada asalariado puede aumentar); el ritmo de la evolución de la tasa de la plusvalía comparado con el ritmo de la evolución del capital productivo, etcétera.

El hecho de que la evolución del capitalismo implica una concentración simultánea de riqueza y de miseria en los dos polos de la sociedad es percibido ya por Marx y Engels como una de las causas de las crisis periódicas de superproducción:

> [...] la sociedad se ve bruscamente arrojada a una situación de barbarie momentánea. Un hambre, una guerra de exterminio general parecen haberle cortado todos los medios de subsistencia; la industria, el comercio parecen estar destruidos y ¿por qué? Porque la sociedad posee demasiados medios de subsistencia, demasiada industria, demasiado comercio.[27]
>
> El patrono no puede dar empleo a los obreros, porque no puede vender sus productos. No puede vender sus productos porque no tiene clientes. No tiene clientes porque los obreros solo tienen su trabajo para cambiar y, precisamente, no pueden cambiar su trabajo [en ese momento].[28]

Además presentan igualmente estas crisis periódicas de superproducción y la marcha cíclica que la producción capitalista adopta generalmente como el resultado de la anarquía de la producción y de la libre competencia: «La proporción exacta entre oferta y demanda [...] no fue posible más que en la época en que los medios de producción eran limitados, en que el cambio se efectuó dentro de límites sumamente estrechos.[29] Con el nacimiento de la gran industria, estas proporciones exactas debían desaparecer y con necesidad inevitable la producción debe pasar por la alternación constante de la prosperidad y de la depresión, de la crisis, la depresión, la nueva prosperidad, etcétera».[30]

Daniel Guérin, que pretende rehabilitar a Proudhon como «padre de la autogestión», se ve obligado a reconocer en general que esta crítica marxista está bien fundada.[31]

De igual manera, en los *Grundsätze des Kommunismus*: «la libre competencia que se desprende necesariamente de la gran industria cobró pronto un carácter especialmente violento, dada la facilidad [de emprender] esta producción; pero una masa de capitalistas se arrojaron sobre esta industria y rápidamente se produjo más de lo que se pudo utilizar. De esto se siguió que las mercancías fabricadas no se pudiesen vender y que se produjese una crisis llamada comercial».[32]

Hay que señalar que las consecuencias de la competencia capitalista, en lo que concierne a la distribución equitativa de la tasa de utilidades, solo se han indicado todavía de pasada.[33]

Las crisis de superproducción demuestran que las relaciones de propiedad y de producción capitalistas se han convertido, a su vez, en frenos del desarrollo de las fuerzas productivas. Los capitalistas tratan de salir de ellas desvalorizando o destruyendo una masa de fuerzas productivas, buscando nuevos mercados. Pero, al hacer esto, preparan futuras crisis todavía más graves.[34]

A partir de este momento, las armas que la burguesía había forjado contra el feudalismo se vuelven contra ella. En el seno de la sociedad burguesa, el capital ha creado una clase social, el proletariado, que es revolucionaria aunque solo sea porque las condiciones de su existencia se vuelven cada vez más insoportables.[35] Este proletariado, concentrado en los grandes centros de producción, donde empieza por desgarrarse en una competencia mutua entre todos los proletarios, toma conciencia de la necesidad de organizarse para defender su salario. Así, la coalición obrera persigue el doble objeto de suprimir la competencia entre obreros y procurar establecer una competencia mucho más tenaz contra los capitalistas. En esta lucha de clases, la masa proletaria se constituye en clase para sí.[36]

Su lucha por defender sus salarios se transforma pronto en una lucha política que apunta a la abolición del salariado, a la creación de una nueva sociedad, fundada en la apropiación colectiva de los medios de producción y en la asociación libre de todos los productores. Esta sociedad no nacerá sino cuando se alcance un nivel elevado de las fuerzas productivas; conocerá entonces un nuevo florecimiento de este desarrollo que permitirá la satisfacción de todas las necesidades de los productores, y el desarrollo universal de todos los individuos.[37]

Hemos visto que las cuatro obras analizadas en este capítulo constituyen una primera crítica de conjunto del modo de producción capitalista, una primera aplicación concreta del método general del materialismo histórico a una sociedad particular: la sociedad burguesa. La síntesis de la sociología y de la ciencia económica que Marx se esforzó por realizar extrae su enorme superioridad del hecho de que está fundada en una síntesis del método lógico (dialéctico) e histórico.[38] Ninguna otra teoría social ha logrado realizar hasta ahora una síntesis que se pueda comparar, aunque sea remotamente, con el éxito operatorio del método marxista.

Recientemente, el sociólogo norteamericano Talcott Parsons se ha esforzado por efectuar una síntesis análoga. En el marco de una sociología altamente deductiva, y de una teoría general de la acción, trata la economía como un caso especial de un «sistema social», especializado en el aumento de la «adaptabilidad» del sistema más amplio.[39] Se puede considerar que este intento de síntesis ha fracasado por tres razones fundamentales: su carácter considerablemente ahistórico; su incapacidad de comprender la naturaleza fundamentalmente contradictoria de todo «sistema social» (y de toda realidad); su tendencia francamente apologética en relación a la realidad del capitalismo contemporáneo (el capitalismo de los monopolios que se ha integrado estrechamente al Estado, o el neocapitalismo).

Talcott Parsons afirma que su análisis es válido para «toda sociedad» y para «todo» sistema social.[40] Pero esta afirmación ambiciosa no resiste una crítica histórica. Cuando declara que «el estado de la demanda y las condiciones de producción» cambian continuamente en todas las sociedades, con excepción de las economías primitivas «altamente tradicionales»,[41] invierte las enseñanzas de la historia económica. En efecto, estos cambios «continuos» de la demanda y de las condiciones de producción no son sino el producto de la economía mercantil generalizada que no ocupa más que una fracción ínfima del conjunto de la era del *homo sapiens*. Parsons descubre el origen del «capital» (definido de manera apologética como el conjunto de los recursos «fluidos» de la sociedad: ¡como si el *stock* de semillas de una aldea primitiva o el rebaño de una tribu nómada que viva en el marco del comunismo de clan fuese un «capital»! ¡Como si el capital no fuese una *relación social*!) en los lazos entre la economía y la colectividad política por generalización del papel que el crédito desempeña en la época de la decadencia del capitalismo de monopolios. Pero ¿cómo explicar, entonces, la acumulación «normal» del capital en la gran industria en el alba del *laissez-faire* británico, cuando el papel del crédito era manifiestamente secundario y cuando era además, en gran parte, privado?

El carácter ahistórico de los esquemas funcionalistas de Talcott Parsons aparece claramente cuando nos damos cuenta de que la mayoría de sus definiciones, en el campo económico, no son sino generalizaciones (apenas un poco más abstractas) de los rasgos esenciales de una economía capitalista e inclusive de una economía *capitalista* en una fase particular de su desarrollo. Así, su definición de la economía como si esta tratase de alcanzar el «fin» de un máximo de producción en el marco del sistema de valores institucionalizados[42] (¡como si no hubiese habido una serie de modos de producción cuyos «valores institucionalizados» implicaban precisamente el *rechazo deliberado* de la «elevación al máximo de la producción»!). De igual manera su definición del «contrato» como la institución económica central (como si el contrato no hubiese nacido de la producción *mercantil*).[43]

La incapacidad de captar el carácter contradictorio de los «sistemas sociales» y a *fortiori* de los «sistemas económicos» es la más importante de las tres debilidades del esquema de Talcott Parsons.

Al eliminar *los conflictos entre los grupos sociales* del fundamento de su análisis; al considerar que los «sistemas» tienden a la «integración», a la «reducción de las tensiones»; al encubrir el hecho de que los «valores» dominantes de un sistema no corresponden, de ninguna manera, a los intereses de todos sus miembros, sino únicamente a los de la minoría dominante, Talcott Parsons no puede explicar ni el motor de la evolución histórica que pasa de un sistema socioeconómico a otro (el conflicto periódico entre el grado de desarrollo de las fuerzas productivas y las relaciones de producción), ni la forma concreta que toma esta (la lucha entre clases y fuerzas sociales antagónicas). Mientras que el sistema marxista permite explicar, a la vez, el origen del modo de producción asiático, la decadencia del Imperio Romano, el nacimiento de las ciudades de la Edad Media, el advenimiento de la gran industria, la desaparición de la libre competencia, la irrupción y la derrota del fascismo, en vano se buscarían en las fórmulas de Talcott los elementos suficientes para comprender estos fenómenos diferentes. Las raras observaciones concernientes a las contradicciones sociales precapitalistas que se encuentran en la obra de Parsons y de Smelser atestiguan una incomprensión a veces grotesca.[44]

La tesis fundamental de Talcott Parsons se rompe al chocar contra esta incomprensión de los conflictos sociales y de su raíz económica. Todo «sistema económico» llegado a un determinado punto de desarrollo no aumenta sino que reduce fuertemente la adaptabilidad de su «sistema social más amplio». La evolución del Imperio Romano a partir de los siglos II-III de nuestra era, o la evolución de China en los siglos XVIII-XIX, ofrecen ejemplos notables de esta refutación del esquema de Parsons.

Por lo que respecta a la naturaleza apologética de la teoría de Talcott Parsons, se desprende de la manera en que trata el marco institucional de la sociedad capitalista. La mano de obra toma la decisión (¡en el seno de los hogares!) de ofrecer sus «servicios» a las «organizaciones» a cambio y en función de «remuneraciones» y de otras «satisfacciones». Esta decisión se toma primero (!) sobre la base de una «motivación socializada general»,[45] etcétera. El hecho de que una clase social no tenga ni recursos propios, ni acceso a los bienes de subsistencia, y que por este hecho sufra una *coerción económica previa a toda «motivación socializada»*, a toda «aceptación del hecho del trabajo» (¡la otra solución es la muerte por indigencia absoluta!), no tiene lugar en este análisis «institucional» de Parsons. Igualmente buscaríamos en vano la menor explicación del hecho de que la renta de las tierras feudales representa evidentemente el producto no pagado por la nobleza, que esta se apropia, ni el menor intento de refutar la analogía aparente entre el superproducto social precapitalista y la plusvalía producida en el seno del sistema de producción capitalista…

## Capítulo V
## El problema de las crisis periódicas

Entre el *Manifiesto comunista* y la *Neue Rheinische Zeitung-Politisch-ökonomische Revue*, en la cual Marx y Engels formulan sus opiniones detalladas sobre la marcha cíclica de la producción capitalista y sobre las crisis de superproducción que paralizan periódicamente este sistema de producción, se intercalan apenas dos años. ¡Pero qué dos años! Revolución de febrero de 1848 en Francia; revolución de marzo de 1848 en Berlín; regreso de Marx y Engels a Alemania; publicación de un diario, la *Neue Rheinische Zeitung* de Colonia, dirigida por los dos amigos; primera insurrección proletaria en junio de 1848, en París; primera prohibición de la *Neue Rheinische Zeitung*; estallido y derrota de la revolución en Italia y Hungría; estallido y derrota de la revolución en Viena (donde Marx había estado durante dos meses para preparar a los trabajadores vieneses para lo que iba a venir);[1] victoria de la contrarrevolución en Berlín; disolución de la Asamblea Nacional alemana; prohibición definitiva de la *Neue Rheinische Zeitung*; expulsión de Marx de Alemania; participación de Engels en la campaña militar llevada a cabo por la democracia pequeñoburguesa en la Alemania meridional contra las tropas contrarrevolucionarias; nuevo exilio de los dos amigos, esta vez a Inglaterra.

Después de haber forjado y perfeccionado la doctrina comunista como doctrina de la revolución proletaria, he ahí que los dos jóvenes pensadores se hallaron metidos en lo más tupido de la acción revolucionaria misma, criticando las vacilaciones, las debilidades, la falta de lógica y de audacia de la democracia pequeñoburguesa, esforzándose por insuflar el máximo de energía y de intrepidez a los proletarios, por vez primera en lucha abierta contra sus enemigos de clase en la mitad de Europa.[2] Como todos los revolucionarios, Marx y Engels creían apasionadamente en la revolución. Como todos los revolucionarios, tenían tendencia a exclamar: «¿La revolución ha muerto? ¡Viva la Revolución que renacerá pronto de sus cenizas!». Pero eran espíritus demasiado rigurosos, demasiado científicos, demasiado inclinados a la crítica despiadada de todo pensamiento, sin exceptuar su propio pensamiento, para seguir siendo víctimas de ilusiones.

En marzo de 1850, Marx escribió todavía en la alocución enviada del Comité Central a la Asociación de los comunistas de Alemania que había que esperar la pronta llegada de una nueva revolución, ya sea a consecuencia de un rebote de la revolución en Francia, ya sea a consecuencia de una guerra de «Santa Alianza» librada por toda la reacción contra esta Francia revolucionaria.[3] Siete meses más tarde, el primero de noviembre de 1850, en la «Revista de los acontecimientos de mayo a octubre de 1850» aparecida en el número de mayo-octubre de 1850, de la *Neue Rheinische Zeitung-Politisch-ökonomische Revue*, Marx y Engels escriben todo lo contrario:

> [...] ante esta prosperidad general en la cual las fuerzas productivas se desarrollan de manera tan exuberante como pueden hacerlo en el marco de las relaciones burguesas, no se puede hablar de una verdadera revolución. Tal revolución no es posible más que en los períodos en los cuales estos dos factores, las fuerzas productivas modernas y las formas de producción burguesas, entran en contradicción unas con otras [...]. Una nueva revolución no es posible más que después de una nueva crisis. Es tan segura como esta última.[4]

Un estudio profundizado de la marcha cíclica de la producción capitalista nos ha llevado a esta conclusión, que conserva su valor, al menos, para toda la fase ascendiente del capitalismo internacional. Este estudio se extiende especialmente sobre la crisis de 1847 y la fase de prosperidad que la sucedió (y cuyos resultados están consignados ante todo en la *Neue Rheinische Zeitung*, diario que después fue revista semestral) y sobre la crisis de 1867, cuyo análisis ha sido hecho en la correspondencia Marx-Engels y en los artículos escritos para el *New York Daily Tribune*.

Ya anteriormente, sobre todo en la *Situación de la clase obrera en Inglaterra* de Engels, en *Miseria de la filosofía* de Marx y en el *Manifiesto comunista*, Marx y Engels habían tratado brevemente el problema de las crisis periódicas. Desde las «Notas de lectura» y los *Manuscritos económicos y filosóficos de 1844*, vemos a Marx reprocharle a Ricardo y a J.B. Say su incomprensión de la contradicción entre la tendencia del capital al desarrollo ilimitado de las fuerzas productivas y los límites estrechos impuestos por este mismo capital al consumo de las masas trabajadoras. Distingue desde esta época, correctamente, la *demanda física de la demanda solvente*.[5]

En *La ideología alemana*, vemos a Marx y a Engels retomar esta misma distinción, analizar brevemente las razones por las cuales pueden producirse crisis monetarias y señalar que las crisis de superproducción no tienen como causa una superproducción física, sino perturbaciones del valor de cambio.[6]

Además, con el estudio del ciclo económico, Marx se había dedicado a un estudio más detallado de las relaciones entre los intereses económicos inmediatos y las tendencias políticas. Este estudio, *La lucha de clases en Francia de 1848-1850*, apareció igualmente en la *Neue Rheinische Zeitung-Politisch-ökonomische Revue*. Es importante para la historia de la formación del pensamiento económico de Marx, porque este formuló, por primera vez, explícitamente, la idea de la apropiación colectiva de los medios de producción.[7]

Este estudio lo llevó a ocuparse de fenómenos a los cuales no había prestado mucha atención antes. La evolución de la actitud política del campesinado francés era incomprensible, salvo en función del peso que la deuda hipotecaria y el impuesto representaban para él. Las diversas fracciones de la burguesía se oponían y se combatían en función de la forma principal que tomaba su capital: propiedad de bienes raíces, propiedad bancaria, propiedad industrial o comercial. El estudio económico comenzó a apartarse desde entonces de las abstracciones y de las generalidades para volverse a menudo minucioso.[8] Las fluctuaciones casi cotidianas de la Bolsa o los detalles de la política financiera del gobierno quedaron integrados en el análisis. Parece ser evidente que esta mayor familiarización con los problemas del crédito y con los fenómenos monetarios preparó a nuestros dos amigos para una mejor comprensión del «ciclo industrial».

Sin embargo, Marx y Engels no se habían dedicado a un estudio sistemático de esta marcha cíclica de la producción capitalista, de la sucesión de las fases de recuperación económica, de elevada coyuntura, de prosperidad, de «*boom*» (sobrecalentamiento económico), de desplome, de crisis y de depresión. Pero he aquí que en la *Neue Rheinische Zeitung-Politisch-ökonomische Revue* los dos amigos publican periódicamente una revista de los acontecimientos políticos y económicos del día, que se convirtió progresivamente en un verdadero estudio de la coyuntura. En el segundo fascículo de esta revista mensual, de la que solo hubo 5 números (enero de 1850, febrero de 1850, marzo de 1850, abril de 1850, mayo-octubre de 1850), Marx y Engels insisten en el hecho de que el estallido de la Revolución de febrero de 1848 en Francia ha tenido un efecto en la coyuntura económica de Gran Bretaña, afectada de depresión desde 1845. «Una masa de mercancías que deprimía los mercados de ultramar había ido encontrando mientras tanto, progresivamente, salidas. La Revolución de febrero ha eliminado además, precisamente en este mercado, la competencia de la industria continental, mientras que la industria inglesa no perdió por causa del grave trastorno del mercado continental más de lo que hubiese perdido de todas maneras a consecuencia del desarrollo interior de la crisis».[9] En virtud de este hecho, la industria inglesa ha podido atravesar la crisis más rápidamente de lo previsto, y ha entrado desde 1849 en una nueva fase de prosperidad que, según los industriales, rebasa toda prosperidad anterior.

En esta revisión de la coyuntura económica, Marx y Engels subrayan ante todo la importancia de «los grandes mercados de ultramar» para la situación económica de Gran Bretaña (y de la industria europea en general). Después de haber mencionado, a propósito de esto, la influencia de las revoluciones europeas en el comercio internacional, ponen de relieve la importancia históricamente decisiva, «hecho más importante aún que la Revolución de febrero», del descubrimiento del oro en California. El pasaje que sigue tiene una visión profética extraordinaria, puesto que Marx y Engels prevén la apertura del Canal de Panamá, el desplazamiento del centro del comercio mundial hacia el Océano Pacífico (que hasta nuestros días no es sino tendencial), la superioridad industrial y comercial de los Estados Unidos con relación a Europa (que será un hecho apenas medio siglo más tarde) ¡y hasta la Revolución China![10]

Si en el fascículo n.º 4 Marx y Engels tienden más bien a anunciar una nueva crisis de superproducción,[11] se vuelven más prudentes en el fascículo n.º 5-6, cuya «revista» constituye de hecho un análisis detallado de toda la coyuntura económica del mundo capitalista desde 1836 hasta 1850. Este análisis es resultado, a la vez, de un estudio profundo de los hechos y de una concepción de conjunto del ciclo, lo que les permite descubrir el papel estratégico de algunos factores.

Así, los autores insisten en el hecho de que en Gran Bretaña la inversión de capitales superabundantes en la construcción ferroviaria dio impulso a la prosperidad de 1843-1845; la expansión de la navegación a vapor, hacia la costa del Pacífico de los Estados Unidos, hacia el Océano Pacífico, hacia Australia, ha desempeñado un papel en el mismo sentido. Esta ola de inversiones ha provocado la creación de numerosas empresas nuevas, que a su vez desembocarán en la superproducción. Pero como la prosperidad va acompañada de una especulación cada vez más desenfrenada, es la especulación y no la superproducción lo que *parece* ser la causa de la crisis. Marx y Engels rectifican, a este respecto, una impresión superficial e insisten en el hecho de que la crisis es siempre, en último análisis, crisis de superproducción.[12]

La crisis internacional de 1847, originada en el plano ferroviario, se extiende enseguida al plano monetario y comercial, donde es agravada por las consecuencias de la mala cosecha de patatas en Irlanda, Inglaterra, Francia, los Países Bajos y Bélgica en 1845 y 1846, que provocó un aumento considerable de los precios del trigo. De tal modo, Marx y Engels atribuyen una importancia decisiva a la interacción entre la industria y la agricultura en el mecanismo del ciclo de la producción capitalista.

Atribuyen una importancia igualmente pronunciada a los fenómenos puramente monetarios y al papel clave que desempeñan en la génesis de la crisis. Un primer pánico de 1847 causado por un brusco aumento de la tasa de descuento del Banco de Inglaterra y la publicación de un balance semanal de este banco, que mostraba que sus reservas de oro habían bajado a 2,5 millones de libras, no llegó a acarrear el derrumbe de las grandes casas bancarias o comerciales. Este se producirá en agosto de 1847 a consecuencia de la bancarrota de una serie de casas especializadas en el comercio del trigo y de los productos coloniales, seguida de una serie de bancarrotas espectaculares de bancos y de corredores en octubre de ese mismo año.

Una vez más, Marx y Engels insisten en el papel desempeñado por la superproducción real en el mecanismo de la crisis: la expansión excesiva de la construcción ferroviaria, por una parte, importación —y exportación— excesiva de una serie de productos coloniales, por otra parte. Subrayan el mismo mecanismo al analizar la prosperidad de 1848-1850 en la industria británica, marcada mucho menos por la especulación que por la expansión real de la producción, ante todo, de la industria algodonera y de las exportaciones, sobre todo hacia los países del Extremo Oriente (nuestros autores hablan, a este respecto, del mercado de las Indias holandesas orientales, «abiertas» al comercio británico) y hacia el Océano Pacífico (marcado por el desarrollo febril de California).

Marx y Engels expresan la opinión de que las fluctuaciones irregulares del precio del algodón hacen cada vez más irritante, para la burguesía británica, su dependencia en lo referido al cultivo del algodón de los estados del Sur de los Estados Unidos. Expresan la opinión de que Gran Bretaña tratará de desarrollar el cultivo del algodón en otras partes (que es lo que efectivamente ocurrió, sobre todo en la India y Egipto) y que es esta competencia de trabajadores libres la que dará un golpe de muerte a la esclavitud de los negros de los estados del Sur[13] (previsión que también se verificó).

Subrayan igualmente el papel motor desempeñado por Gran Bretaña en el desarrollo del ciclo para el conjunto del mundo capitalista. Es en allí donde comienza el movimiento cíclico; donde se produce el movimiento original. En el continente europeo, las fases sucesivas del ciclo, que la producción capitalista atraviesa cada vez de nuevo, no aparecen sino en forma de fenómenos derivados.[14] Y es que el país es ya un mercado principal para todo el continente y las fluctuaciones de la coyuntura británica provocan, con un retardo inevitable, fluctuaciones análogas de las exportaciones y, por lo tanto, de la coyuntura en estos países continentales. Y es que la coyuntura de los países de ultramar, hacia los cuales la industria británica exporta mucho más que la industria de los países continentales, ejerce sus efectos en Gran Bretaña, mucho antes de ejercerlos en los países del continente europeo.

Este análisis, que es muy sutil y que rebasa todo lo que la ciencia académica de la época había podido captar, tiene no obstante varias debilidades. La distinción entre crisis monetarias, que no son sino el reflejo de las crisis de superproducción, y de las crisis monetarias «autónomas» que pueden aparecer inclusive en momentos de prosperidad, sobre todo en el marco de los «mecanismos automáticos» tejidos por el patrón oro, no está suficientemente establecida. *La duración del ciclo* es captada de manera puramente empírica y no en relación con la duración de reproducción del capital fijo.

Estas dos deficiencias llevarán a Marx y Engels a predecir erróneamente, repetidas veces, el estallido de una nueva crisis, sobre todo en 1852,[15] en 1853[16] y en 1855.[17] Solo en este año esta crisis estallará finalmente y la duración media del ciclo en el capitalismo clásico resultará ser no de 6 a 7 años, como los dos amigos habían creído primero,[18] sino más bien de 7 a 10 años, como Marx lo desarrollará más tarde en los *Grundrisse* y en *El capital*.

Estos dos factores han desempeñado un papel determinante en los errores de previsión económica de los años 1852-1855. En la *Politisch-ökonomische Revue* es la analogía con la duración del ciclo anterior (1843-1847) la que conduce a Marx y Engels a predecir una nueva crisis para el año 1852. En los artículos enviados al *New York Daily Tribune* son los problemas monetarios los que desempeñan un papel principal en el diagnóstico erróneo.

Durante todo este período, el descubrimiento y la explotación febril de las minas de oro de California y de Australia fue lo que trastornó gravemente el mercado monetario. Como indica Riazanov en sus comentarios de los artículos de 1852,[19] Marx corrigió más tarde, en el tercer tomo de *El capital*,[20] la impresión que había tenido en esa época de que la acumulación de oro en el Banco de Inglaterra no podía ser resultado más que de las fluctuaciones de la balanza comercial, estrechamente ligadas a la coyuntura económica británica e internacional. Esta acumulación podía ser resultado también de bruscos aumentos de la producción de oro enviada a Gran Bretaña y que ejercía de tal manera una influencia autónoma en la coyuntura. Concierne esto a uno de los aspectos del *carácter doble del oro*, que es a la vez equivalente general de todas las mercancías (función que parece ejercer independientemente de su valor intrínseco), y mercancía, metal producto del trabajo humano, cuyo valor fluctúa de acuerdo con la evolución de la productividad en la industria aurífera. Algunos años más tarde, al redactar los primeros capítulos de *Zur Kritik der politischen Ökonomie*, Marx subrayará este fenómeno contradictorio.

En 1852, Marx había razonado todavía por pura analogía: puesto que la historia de las crisis nos enseña que la acumulación de un exceso de capitales en los bancos estimula la especulación hasta que llega al paroxismo, y puesto que este «sobrecalentamiento» de la coyuntura precede en poco a la crisis,[21] el exceso de capitales que existe en 1852 debe señalar necesariamente una crisis próxima. Algunos meses más tarde, en enero de 1853, fue llevado a corregir esta impresión.[22] A pesar de esta predicción errónea, el análisis de la coyuntura económica en 1852 contiene elementos válidos, sobre todo esta observación pertinente que ha conservado su valor hasta la época contemporánea: «nunca ha habido un período de prosperidad en el curso del cual ellos [los optimistas burgueses] no hayan visto la ocasión de demostrar que esta vez sí el destino implacable sería vencido. Pero el día en que la crisis estalla, protestan su inocencia y atacan con indignación moralizante y banales reproches al comercio y la industria, porque no habían demostrado poseer suficientes prudencia y previsión».[23]

Por lo que respecta a la «crisis» de 1854-1855, el error de Marx fue todavía más perdonable, puesto que no se derivó simplemente de razonamientos por analogía o de deducciones abstractas. Hubo efectivamente una crisis de superproducción de la industria algodonera, causada sobre todo por una baja de las exportaciones hacia

Australia (donde hubo especulación excesiva en el transcurso de los dos años anteriores, a consecuencia del «*boom*» del oro). Hubo igualmente fluctuaciones graves en el mercado monetario, causadas por una brusca caída de la aportación de oro norteamericano y australiano. Numerosas quiebras en los países de ultramar acarrearon quiebras de importantes casas británicas. No obstante, como señala Riazanov en sus comentarios de los artículos de Marx de enero de 1855,[24] no se trataba de una crisis *general* sino de una crisis *parcial* en el transcurso de la cual se reveló una vez más el papel *autónomo* del factor monetario.

En sus artículos de enero de 1855, Marx subraya la importancia colosal de los mercados norteamericanos y australianos para la expansión de la producción industrial y de las exportaciones británicas. Estas exportaciones se habían más que duplicado entre 1842 y 1853. Pero de los 100 millones de libras exportadas por Gran Bretaña en 1853, el 40% fueron hacia estos dos países (25 millones de libras hacia los Estados Unidos y 15 millones hacia Australia). Ahora bien, de los 45 millones de libras de mercancías británicas exportadas en 1842, Australia no absorbía ni un millón, y Estados Unidos no absorbía más que 3,5 millones (o sea, para los dos países en conjunto, el 10% de las exportaciones británicas). El *aumento* de las exportaciones británicas, que fue de más de 50 millones de libras durante este decenio, fue pues absorbido *en cerca de un 80%* por estos dos «nuevos» mercados de ultramar. Puesto que este auge de las exportaciones parecía haberse detenido ahora, ¿no sería el conjunto de la prosperidad el que se hallaría en peligro de muerte? Como vemos, en este momento, el error de predicción de Marx había tenido fundamentos más sólidos que el de 1853.

Lo que el autor de *El capital* había subestimado esta vez era el *efecto estimulante de la guerra de Crimea* sobre la coyuntura económica. La experiencia histórica proporciona aquí un ejemplo de lo que Rosa Luxemburgo llamará más tarde papel de «mercado sustituto» que los pedidos del Estado podían desempeñar por relación a los mercados exteriores.[25] Los suministros al ejército y el desarrollo de la industria de guerra compensaron en gran parte el retroceso de las exportaciones hacia Australia. Marx lo reconoció más tarde, puesto que calificó a los años de 1854 y de 1855 entre los años de prosperidad en el tomo I de *El capital*.

Pero, al año siguiente, el análisis del «sobrecalentamiento» realizado primero por Engels (carta a Marx del 14 de abril de 1856), después por Marx (carta del 28 de septiembre de 1856 a Engels), resulta ser correcto.[26] Le sucedió un «magnífico *crash*» (Engels a Marx, 29 de octubre de 1857)[27] que abrió de par en par las compuertas de la crisis. Esta vez, los dos amigos estaban equipados de conocimientos y en posesión de los datos empíricos necesarios para seguir paso a paso el desarrollo de la crisis. La crisis de 1857-1858 era, por otra parte, más general que las crisis anteriores: se extendía geográficamente sobre un área más amplia y afectaba a todas las ramas de la industria.

En el transcurso del estudio de la crisis de 1857-1858 Marx descubrió por primera vez las relaciones entre la duración del ciclo y la duración de reproducción del capital fijo. A este respecto le hizo una pregunta a Engels en su carta del 2 de marzo de 1858 y su amigo le respondió por extenso dos días más tarde.[28] Así quedó cerrado el círculo y Marx y Engels corrigieron en el sentido del ciclo decenal la suposición equivocada de un ciclo sexenal, propuesta siete años antes.

Nada menos que China es la que se le presenta a Marx como mercado suplementario posible en el curso del ciclo que sucederá a la crisis de 1857-1858;[29] y prevé correctamente que no será fácil romper la resistencia que la agricultura china arcaica y parcelaria opondrá a la penetración del Gran Capital.[30] Pero estos ocho años de estudios de los problemas de la coyuntura le habrán proporcionado a Marx los instrumentos conceptuales con los cuales nos ofrecerá en *El capital*, si no una teoría completa del ciclo capitalista (no tuvo tiempo de redactarla), sí por lo menos los materiales principales para su elaboración.

Por lo demás, estos han inspirado grandemente a los economistas que, a partir de Tugan-Baranowsky (quien es un «marxista legal»), han desarrollado en el siglo XX las diversas teorías llamadas de las crisis periódicas.[31] Alvin Hansen afirma que «el profesor Aftalion, lo mismo que Kassel y Spiethoff, le deben mucho a Marx y a las ideas derivadas de Marx y de otros [...]. Sus escritos están llenos de sugerencias que han influido mucho en el pensamiento no marxista a propósito de los ciclos, a pesar del hecho de que autores no ortodoxos no han reconocido siempre la amplitud de su deuda con Marx, o incluso no se han dado cuenta de la misma».[32]

Esta observación tiene validez particularmente para aquellos que, como los autores anteriormente citados, han construido su teoría de las crisis sobre la duración del ciclo de reconstitución del capital fijo, o si se prefiere, sobre la actividad de inversión (de acumulación de capital) como motor principal del ciclo. Pero tiene valor igualmente para quienes han creído poder descubrir en el subconsumo de las masas la causa principal de las crisis cíclicas. De hecho, las dos ideas se hallan presentes en la obra de Marx, por la simple razón de que, para él, la causa de las crisis estriba *a la vez* en la competencia capitalista (en el carácter irregular de las inversiones capitalistas) y en el retardo que la «demanda solvente» de las masas debe tener necesariamente con relación a la capacidad de producción global de la sociedad.[33]

## Capítulo VI
## El perfeccionamiento de la teoría del valor, de la teoría de la plusvalía y de la teoría de la moneda

La crisis de 1857 había reducido los recursos muy escasos ya de Marx; el periódico *The New York Daily Tribune* limitó sus contribuciones a dos artículos por semana. Pero no por ello había dejado de estimular su celo y su alegría por el trabajo, hasta el punto de que escribió el 18 de diciembre de 1857 a Engels: «Trabajo (actualmente) de manera colosal, en muchas ocasiones hasta las cuatro de la mañana».[1] Estos trabajos se concentraron en dos puntos: el registro minucioso de los «hechos y gestos» de la crisis; y la elaboración de los «rasgos fundamentales» del análisis económico.[2] De estos últimos trabajos nacerán la *Contribución a la crítica de la economía política*; los *Grundrisse* y las *Teorías sobre la plusvalía* que constituyen el conjunto de los trabajos directamente preparatorios de la elaboración de *El capital*.

Desde hacía mucho tiempo, Marx venía alimentando la esperanza de redactar de manera sistemática una crítica de la economía política burguesa, así como la exposición de sus propias concepciones en materia económica. Había hecho alusión desde 1851, al escribir el 2 de abril de ese año a Engels,[3] que en seis semanas habría terminado con todo el fárrago económico en la biblioteca (del British Museum) y que trabajaría después «la economía» en su casa. Pero la necesidad de un trabajo periodístico para atender a sus necesidades a partir de 1852, problemas familiares y una salud deficiente, retardaron en cuatro años la ejecución de este plan. La redacción de los *Grundrisse* comenzó en septiembre de 1857.[4] Y Rubel señala que desde agosto de 1852 hasta fines de 1853 Marx se vio obligado a renunciar a sus estudios económicos.[5]

El hecho de que Lassalle haya podido encontrar un editor que se comprometió a publicar la obra económica de Marx por fascículos estimuló la redacción final; el primer fascículo («Contribución a una crítica de la economía política»), sin embargo, no quedó terminado sino el 21 de enero de 1859 y al anunciárselo a Engels, Marx no pudo menos que suspirar: «no creo que nadie haya escrito a propósito del dinero padeciendo en persona de tanta falta del mismo», como Franz Mehring lo recuerda oportunamente en su biografía de Marx.[6]

Entre estas dos fechas del 18 de diciembre de 1857 y el 21 de enero de 1859, o más exactamente entre noviembre de 1857 y fines de junio de 1858, se sitúan probablemente las contribuciones más válidas que Marx haya hecho al desarrollo de la ciencia económica. Las anunció a Engels en una carta del 29 de marzo de 1858, que contiene al mismo tiempo la noticia de que el editor Duncker había aceptado la publicación de su manuscrito económico. Se las esbozó tres días más tarde y resumió su sentido el 22 de julio de 1859: tratar de demostrar el carácter específicamente social, y de ninguna manera absoluto, del modo de producción capitalista, a partir de su fenómeno más simple: la mercancía.[7]

La *Contribución a la crítica de la economía política* es conocida sobre todo por su prólogo, que resume la teoría del materialismo histórico con palabras elegidas por su autor, y sobre el cual no tenemos que extendernos aquí. La obra misma tuvo menos resonancia, en el momento de su publicación, y hasta nuestros días, por el hecho de su carácter abstracto; Engels ya se había quejado de esto desde que Marx esbozó los grandes trazos del trabajo.[8] No obstante, este libro contiene la mayoría de las contribuciones específicas de Marx al desarrollo de la teoría económica que elaboró en detalle en los *Grundrisse*, obra que el público desconoció hasta después de la Segunda Guerra Mundial.

Se presenta ante todo como un perfeccionamiento de la teoría del valor-trabajo, elaborada por los representantes de la escuela clásica: William Petty, Adam Smith y [David] Ricardo. Pero constituye, al mismo tiempo, un perfeccionamiento de las teorías económicas que el propio Marx había elaborado hasta su nuevo exilio inglés.

En *Trabajo asalariado y capital*, como en todas las obras de Marx, la distinción entre «trabajo» y «fuerza de trabajo» no está establecida aún. Por eso Marx no pudo hacer un análisis científico de la plusvalía, que resulta precisamente del descubrimiento de un valor de uso específico de la fuerza de trabajo. Más aún, ni *Miseria de la filosofía* ni el *Manifiesto comunista*, ni *Trabajo asalariado y capital* contienen la noción de plusvalía. De igual manera, en todas estas obras, Marx no había dilucidado todavía definitivamente el secreto del *valor de cambio* de las mercancías. Habiendo aceptado la teoría del valor-trabajo desde su exilio en Bruselas, no había aprendido aún a distinguir el valor de cambio de los precios de producción, ni estos de los precios de mercado.

Así, en *Miseria de la filosofía*, Marx no distingue el valor de cambio de los precios; estos últimos han desaparecido completamente del análisis. En *Trabajo asalariado y capital* el término «valor de cambio» desaparece, a su vez, para hacer lugar a los precios. Pero lo que los economistas habían considerado que era una contradicción inaceptable,[9] es entendido ahora como una realidad de naturaleza eminentemente dialéctica: «son estas oscilaciones [de los precios] las únicas que, a medida que se producen, determinan los precios por los gastos de producción. *Es el conjunto del movimiento de este desorden lo que es su orden mismo*».*[10]

---

\* Las cursivas pertenecen a Marx. *(N. del E.)*.

Es en su *Contribución a la crítica de la economía política* donde Marx perfeccionará su teoría del valor, y al mismo tiempo la teoría del valor-trabajo en general, al formular su teoría del trabajo abstracto creador del valor de cambio.[11] Distingue las dos formas de trabajo, «el trabajo concreto», que crea el valor de uso, y el «trabajo abstracto», es decir, la fracción del tiempo del trabajo social globalmente disponible en una sociedad de productores de mercancías, separados unos de otros por la división social del trabajo, que es productor del valor de cambio. Las dos formas del valor (valor de uso y valor de cambio) se fundan en estas dos formas del trabajo. Marx considera este análisis de la mercancía como la culminación de más de un siglo y medio de evolución de la economía política práctica.[12] Y después de haber desarrollado su propio análisis de manera detallada, se esfuerza por representar la marcha histórica completa en virtud de la cual la ciencia económica llega a una concepción correcta de la naturaleza del valor de cambio, reconociendo su mérito a cada uno de los grandes pensadores económicos del siglo XVIII y de comienzos del siglo XIX, pero sin dejar de subrayar las deficiencias de que adolece el análisis en cada uno de ellos. El pequeño subtítulo de la *Contribución a la crítica de la economía política*, titulado «Datos históricos concernientes al análisis de la mercancía», se presenta así como el resumen de una obra consagrada a las «Teorías del valor» que sirve de prólogo a las «Teorías de la plusvalía».[13]

Las dos páginas que resumen las críticas lanzadas en general contra la teoría del valor de Ricardo[14] constituyen al mismo tiempo el resumen de las contribuciones particulares de Marx al desarrollo de la teoría económica. Él mismo las llama teoría del trabajo asalariado (la recíproca de la teoría de la plusvalía), teoría del capital, teoría de la competencia y teoría de la renta de los bienes raíces. Y formula respuestas convincentes a estas cuatro críticas.

Si el trabajo constituye la esencia del valor de cambio, ¿cuál es entonces el valor de cambio del trabajo? ¿No es un círculo vicioso hacer del valor de cambio la medida del valor de cambio?

Esta objeción se disuelve en el problema siguiente: dado el tiempo de trabajo como criterio del valor de cambio, ¿cómo se puede determinar el salario?[15] ¿Cómo se efectúa el cambio entre el capital y el trabajo sobre la base objetiva de un cambio igual?

Marx responde:

> [...] si se necesitase un día de trabajo para mantener vivo a un obrero durante un día, el capital no podría existir, pues el día de trabajo se cambiaría por su propio producto, y el capital no podría valorizarse como capital y, por consiguiente, no podría subsistir [...]. Pero si un solo medio día de trabajo basta para mantener vivo a un obrero durante todo un día de trabajo, entonces la plusvalía resulta de esta diferencia [...].[16]

No es el cambio lo que crea la plusvalía, sino más bien un proceso gracias al cual el capitalista obtiene *sin cambio*, sin equivalente, gratuitamente, tiempo de trabajo cristalizado en valor. Y este proceso no es sino el disfrute que hace el capitalista del valor de uso de la fuerza de trabajo, que tiene la cualidad de poder producir valor muy por encima del equivalente de su propio valor de cambio, de sus propios gastos de mantenimiento, una vez dado un nivel determinado de productividad del trabajo, sin el cual el sistema de producción capitalista sería inconcebible.

Es pues esta distinción sutil entre el valor de cambio y el valor de uso de la fuerza de trabajo la que se presenta como fundamento de la teoría marxista de la plusvalía, la contribución principal que Marx ha hecho al desarrollo de la ciencia económica.[17]

> *Valor de uso* para el capital, el trabajo no es sino *valor de cambio* para el obrero, [el único] valor de cambio disponible [...]. El valor de uso

de una cosa no concierne a su vendedor como tal, sino tan solo a su comprador. La cualidad del nitro de poder ser usado no determina el precio del nitro; este precio depende de los costos de producción del nitro mismo, de la cantidad de trabajo que está cristalizado en él. En la circulación, en la cual los valores de uso entran en calidad de precios, su valor de cambio no resulta de esta circulación, aunque se realice en ella; se halla ya predeterminado y no hace sino realizarse en el cambio por el dinero. De igual manera, el trabajo[18] que el obrero vende al capitalista como *valor de uso*. Es para el obrero un valor de cambio que desea realizar, pero que está ya *predeterminado* antes del acto de cambio [...]. El valor de cambio del trabajo [...] está pues predeterminado también [...]. No depende del valor de uso del trabajo. Para el obrero, no tiene valor de uso más que en la medida en que *constituye* un *valor de cambio* y no en la medida en que *produce* valores de cambio. Pero para el capital no tiene valor de cambio más que en la medida en que tiene valor de uso [...]. Que el obrero no puede enriquecerse en este cambio, en la medida en que [...] enajena su capacidad de trabajo como fuerza creadora, es evidente [...]. Enajena el trabajo como fuerza capaz de producir la riqueza; y es el capital el que se apropia esta fuerza. La separación del trabajo y de la propiedad del producto del trabajo, del trabajo y de la riqueza se plantea ya, pues, en este acto de cambio mismo.[19]

Si el valor de cambio de un producto es igual al trabajo que contiene, medido por el tiempo de trabajo, ¿cómo el valor de cambio de un día de trabajo puede ser diferente del producto de ese día de trabajo?, ¿cómo el producto de un día de trabajo puede ser superior al salario ganado por el obrero a cambio de esta jornada de trabajo? Esta objeción, dice Marx, se disuelve en el problema siguiente: «¿Cómo la producción, basada en el valor de cambio determinado por el tiempo de trabajo puro, puede conducir al resultado de que el valor de cambio de la fuerza de trabajo es más reducido que el valor de cambio de los productos de esta fuerza de trabajo?»

La dificultad es resuelta por el análisis del *capital que obtiene la plusvalía*. Es decir, que se reduce también al problema de la determinación del valor de la fuerza de trabajo en una sociedad en la que esta fuerza de trabajo se ha vuelto una mercancía, por la creación de una clase social separada de sus medios de trabajo, lo que presupone la concentración de estos mismos medios de producción como propiedad privada de otra clase social.

Es esta yuxtaposición de dos clases sociales, una de ellas obligada a vender su fuerza de trabajo a la otra, *la que transforma la fuerza de trabajo en mercancía y los medios de producción en capital*. Y esta transformación basta para explicar, a la vez, el valor de cambio de esta fuerza de trabajo y la diferencia necesaria entre el valor productivo de la fuerza de trabajo y su valor propio, diferencia que constituye la plusvalía. Sin la existencia de esta diferencia, el propietario del capital no tendría interés en comprar la fuerza de trabajo y esta no tendría la posibilidad de ser vendida.

*Teóricamente*, el problema se reduce pues a la distinción del *valor de cambio* de la fuerza de trabajo (el salario, el valor de todas las mercancías necesarias para la reconstitución de la fuerza de trabajo) y de su valor de uso (que es precisamente el de suministrar a su comprador trabajo gratuito, más allá del punto en que este ha producido el equivalente de su propio valor de cambio, de sus propios gastos de mantenimiento). *Históricamente* el problema se reduce al análisis de la formación del proletariado moderno, de la creación de un ejército de reserva industrial, de la separación de los artesanos y de los campesinos de sus medios de trabajo, de la transformación de todo el suelo en propiedad privada (supresión de las tierras comunales, etcétera), es decir, de la creación de una clase social obligada por su estado de despojo y por la inseguridad de su subsistencia a aceptar la venta de su fuerza de trabajo «al precio del mercado», determinado por la ley del valor.[20]

Para que el dinero se vuelva capital y para que el trabajo se vuelva trabajo asalariado, trabajo productor del capital, se necesita:

> [...] 1) por una parte la existencia de la capacidad de trabajo viviente como existencia puramente *subjetiva*, separada de los momentos de su realidad objetiva; es decir, separada tanto de las *condiciones* del trabajo viviente como de los medios de *existencia*, de los medios de vida [de los víveres], de los medios de subsistencia de la capacidad del trabajo viviente. [...]; 2) el valor en que el trabajo cristaliza, por otra parte, debe consistir en una acumulación de suficientes valores de uso, para crear las condiciones materiales no solo de la producción de bienes o de valores necesarios para la reproducción o el mantenimiento de la capacidad de trabajo viviente, sino también para absorber el supertrabajo. [...]; 3) una relación de cambio libre, la circulación monetaria, entre las dos partes; relaciones entre los dos extremos fundadas en valores de cambio y no en relaciones de dominio y de servidumbre; es decir, una producción que no proporciona inmediatamente víveres a los productores, sino que debe pasar por el intermedio del cambio [...]. Mientras los dos lados no cambian mutuamente su trabajo más que en calidad de *trabajo cristalizado* su relación es imposible; lo es igualmente si la capacidad de trabajo viviente aparece como la propiedad del otro lado [...].[21]

Es este análisis del carácter *históricamente determinado* de la plusvalía, del capital y del trabajo asalariado, separado de todas las formas anteriores de explotación de clase, lo que da, además, a los *Grundrisse* su significación en el proceso de elaboración de la teoría económica marxista.

Pero si el valor de cambio de las mercancías está determinado por el tiempo de trabajo que contiene, ¿cómo conciliar esta definición con el hecho empíricamente comprobado de que los precios de mercado de estas mismas mercancías están determinados por la «ley de la oferta y la demanda»? Esta objeción, dice Marx, se reduce a esto: ¿cómo se pueden formar precios de mercado diferentes de los valores de cambio de las mercancías, o, dicho de otra manera, *cómo la ley del valor no puede realizarse en la práctica más que a través de su propia negación*? Este problema es resuelto por la teoría de la competencia de los capitales, que Marx desarrolla a fondo desde la redacción de los *Grundrisse*, al elaborar la teoría de la distribución equitativa de la tasa de utilidades, y de la formación de los precios de producción sobre la base de la competencia entre los capitales. La famosa «contradicción» que tantos críticos han pretendido descubrir entre el tomo I y el tomo III de *El capital* no es sino un eco vulgar de esta vieja objeción a la teoría ricardiana, que opone los precios de mercado al valor de cambio.[22] La publicación de los *Grundrisse* le ha quitado la última sospecha de validez, puesto que demuestra que Marx había elaborado ya la «solución» del tomo III antes de haber redactado el tomo I de *El capital*...[23]

Nos queda por considerar, finalmente, la cuarta y última objeción fundamental a la teoría ricardiana, que el propio Marx llama «la objeción aparentemente más impresionante»: si el valor de cambio no es sino el tiempo de trabajo contenido en las mercancías, ¿cómo mercancías que no contienen tiempo de trabajo pueden tener, no obstante, un valor de cambio? O más sencillamente: ¿de dónde proviene el valor de cambio de las simples fuerzas de la naturaleza?[24] La respuesta a esta objeción la proporciona la teoría de la renta de los bienes raíces.

Dicho sea de paso, para Marx la solución del problema de la distribución equitativa de la tasa de utilidades y la solución del problema de los bienes raíces[25] son simultáneas y prácticamente idénticas, como lo indica en su carta a Engels del 18 de junio de 1862.[26]

Pero apenas había sido enviado al editor el manuscrito de la *Contribución a la crítica de la economía política* cuando una tarea inmediata y urgente apartó a Marx de la redacción «en limpio» de todos los descubrimientos económicos que acababa de hacer en el transcurso del año 1858. Se trataba de la necesidad de responder a las calumnias que Karl Vogt había difundido contra él en su panfleto *Mein Prozessgegen die Allgemeine Zeitung*. Una de ellas, en la que acusaba a Marx de sacar dinero escribiendo «centenares de cartas de chantaje» a personalidades alemanas, a las que había tratado de comprometer previamente en actividades revolucionarias, provocó tal eco en los medios de la burguesía liberal alemana que la respuesta se hizo indispensable.[27] Marx redactó, pues, su folleto *Herr Vogt*, que lo ocupó durante todo el año 1860. El 3 de febrero de 1860 había escrito a Engels que proseguiría sus trabajos de *El capital* y que esperaba (¡una vez más!) terminarlos «en 6 semanas»,[28] y después ya no se encuentra alusión a estos trabajos económicos en su correspondencia con su mejor amigo, antes de la carta previamente citada del 18 de junio de 1862.

Antes de pasar a un análisis más profundo de esta obra decisiva para la elaboración de la teoría económica marxista que son los *Grundrisse*, debemos ahora subrayar un último descubrimiento fundamental realizado por Marx en el período que va del otoño de 1857 a principios de 1859: el perfeccionamiento de la teoría de la moneda, gracias a una crítica sistemática de la teoría de la moneda de Ricardo. Está contenida, en gran parte, en el segundo capítulo, que es el más largo, de la *Contribución a la crítica de la economía política*.

El perfeccionamiento de la teoría monetaria por Marx no es sino una aplicación lógica de la teoría del valor-trabajo a la moneda. Si el valor de cambio de todas las mercancías no representa sino cantidades de trabajo esencialmente necesarias, medibles por el tiempo de trabajo, entonces es evidente que la moneda fundada en los metales preciosos no es puro intermediario, simple medio de circulación, como creía Ricardo fundamentalmente.[29] Pues el oro es una mercancía en sí y posee, entonces, su propio valor de cambio, que está determinado por las condiciones materiales de su propia producción.[30]

De esto se sigue que la teoría cuantitativa de la moneda desarrollada por Montesquieu y Hume y reelaborada por Ricardo,[31] que hace depender el alza y la baja de los precios de un aumento o de una reducción de la masa monetaria en circulación, no puede ser válida cuando se trata de monedas fundadas en los metales preciosos. Esta moneda que tiene un valor intrínseco casi no puede modificar por sus propios movimientos las fluctuaciones de los precios de las otras mercancías. Estas fluctuaciones deben ser consideradas como los movimientos *primarios*, y el alza o la baja de la cantidad de moneda en circulación como el movimiento *derivado*: «los precios no son, pues, altos o bajos porque haya más o menos moneda en circulación; por el contrario, hay más o menos moneda en circulación porque los precios son altos o bajos».[32] Una baja general de los precios provoca un reflujo de la masa monetaria hacia el atesoramiento, la formación de *stocks*; un alza general de los precios vuelve a poner en circulación las masas suplementarias de metales preciosos.

Fue sobre todo el estudio de la gran obra de Tooke acerca de la historia de los precios lo que proporcionó a Marx los materiales para una crítica de la teoría ricardiana de la moneda. Por eso Marx considera que el descubrimiento de esta ley de la determinación de la masa monetaria en circulación por las fluctuaciones de los precios constituye «quizá el único mérito» de la escuela posricardiana de economía política.[33]

Pero Marx distingue claramente las leyes que gobiernan la circulación de la moneda metálica de las que gobiernan la circulación de la moneda de papel, a la que llama «signo monetario». «Mientras que la cantidad de oro en circulación depende de los precios de las mercancías, el valor de los billetes de papel en circulación depende por el contrario de su propia cantidad».[34] Aquí todavía estamos en el terreno de una aplicación lógica de la teoría del valor-trabajo. La moneda de papel, el billete de banco, no es sino un intermediario, un «signo de sustitución» de una masa de oro que tiene su valor propio. Y si este valor se distribuyese entre un número diez veces mayor de billetes es evidente que cada billete no representaría más que una décima parte de la cantidad de oro que pretende representar nominalmente, y que, por consiguiente, los precios expresados en esta moneda de papel aumentarán, también ellos, diez veces para conservar la equivalencia con una cantidad de oro determinada.

Pero en una economía monetaria generalizada la moneda no es solo medio de *circulación general* para todas las mercancías; es también *medio de pago general*. Cuanto más se desarrolla el sistema de producción capitalista, tanto más aumenta el crédito, y la función de la moneda como medio de pago aumenta más a expensas de su función como medio de circulación.[35] Marx subraya que la *moneda escritural* se desarrolla precisamente partiendo de esta función de medio de pago de la moneda, y deduce una ley general del volumen monetario necesario para efectuar, a la vez, las dos funciones de medio de circulación y de medio de pago, habida cuenta de la rapidez de circulación de la moneda en estas dos funciones. Este análisis de las funciones de la moneda se cierra por un estudio del papel desempeñado por los metales preciosos como medios de pago internacionales.

Es interesante observar algunas de las objeciones que han sido formuladas en el transcurso de los últimos decenios en relación a la teoría del valor-trabajo perfeccionada por Marx.[36] Analizaremos en este sentido las observaciones del profesor Frank H. Knight, de Schumpeter, de Oskar Lange y de Joan Robinson.

Según el profesor Frank H. Knight,[37] una teoría del valor-trabajo no se justificaría más que a condición de que el trabajo fuese un «factor de producción» rígido y no transferible. Pero la movilidad del «trabajo» asociada a la movilidad de los «demás agentes de producción» culmina en una situación en la cual son posibles diversas combinaciones de estos «agentes», lo cual acarrea la determinación de su valor por su «productividad marginal».

Solo que da la casualidad de que el valor de las máquinas, digamos, su costo de producción, es perfectamente conocido.[38] Es absolutamente independiente del número o del valor de las mercancías que estas máquinas pueden producir. Ningún industrial compra una pieza de equipo calculando el «excedente de valor» que esta pieza le dará. Lo que calcula son las economías que le permite hacer en sus gastos de producción (o si se quiere, en sus costos de fabricación por unidad). Y cuando se les pregunte a los industriales, dirán espontáneamente, nueve de cada diez veces, que son las «economías de trabajo» las que les interesan (en los Estados Unidos, por lo demás, desde hace mucho tiempo se viene llamando a las máquinas *labor saving devices*, es decir «instrumentos para ahorrar trabajo»).

Todo industrial sabe, igualmente, que las máquinas que están paradas en su fábrica no producen el menor valor; para que sirvan para la producción de este último es necesario que el trabajo humano las ponga en movimiento.[39] Es él, y solo él, el que incorpora a la mercancía un valor nuevo; por lo que toca al valor de la máquina y de otros «agentes», es simplemente conservado por el trabajo humano, que transfiere el contravalor (en todo o en parte) a las mercancías que produce. Tampoco esto ignoran los industriales y los estadígrafos, puesto que hablan de un valor «añadido» que se reparte entre los capitalistas y los trabajadores, y que se añade al valor «conservado» (materias primas y máquinas). Así, pues, es necesario analizar el secreto de este valor «añadido» por el solo trabajo. Y Marx lo ha descubierto al formular la ley de la plusvalía.

El argumento de Schumpeter contra la teoría del valor-trabajo, y en favor de la teoría llamada «de los factores de producción», es de la misma clase. Reprocha a los partidarios de la teoría del valor-trabajo inspirarse en «doctrinas políticas y en filosofías éticas» que carecen de relación con la realidad económica como tal. «En otras palabras, no ven que lo único que importa a este respecto es el simple hecho de que, para producir, una empresa no solo tiene necesidad de trabajo, sino también de todas las cosas que están incluidas en la tierra y en el capital; es todo lo que implica el establecimiento de los tres factores [de producción]».[40]

En verdad, si quisiéramos situarnos a este nivel de lugares comunes habría que añadir que, para producir, una «empresa» no solo tiene necesidad de trabajo, de tierra, de edificios, de máquinas, de materias primas y de dinero, sino también de una sociedad organizada, de una protección policiaca, de un sistema nacional de vías de comunicación, de infraestructura y de muchas otras cosas más. ¿Por qué aislar arbitrariamente «tres factores de producción»? ¿Por qué no hablar de cinco factores de la producción: el trabajo, la tierra, las máquinas, las reservas de dinero líquido y la organización estatal, y descubrir entonces los cinco «ingresos» de estos factores: los salarios, la renta de los bienes raíces, las utilidades, el interés, el impuesto?

A esto, los capitalistas y sus ideólogos oponen una fuerte objeción: no hay aportación «real» del Estado o de la sociedad organizada al valor nuevo creado en el seno de la empresa: se trata simplemente de «economías externas», de un marco general indispensable. Pero a partir de este momento se justifica igualmente la cuestión de saber si «la tierra» o «las máquinas» (para no hablar del «dinero líquido») hacen una «aportación real» a la creación del valor nuevo en el seno de la empresa. Pues se reconoce entonces, implícitamente, que todo lo que es «factor indispensable» para la producción no es por esta razón «fuente de valor nuevo». Y nos vemos remitidos al problema del origen último del «valor añadido» en la producción, que no puede provenir más que del trabajo humano.[41]

Más seria y refinada es la objeción formulada contra la teoría del valor-trabajo por Oskar Lange en un escrito de juventud.[42] La argumentación de Lange podría resumirse de la siguiente manera:

aunque la teoría marxista haya sido capaz de predecir correctamente las leyes de desarrollo del capitalismo, no ha podido proporcionar una teoría adecuada de los precios (y sobre todo, de los precios de monopolio), ni una teoría adecuada del empleo óptimo de los recursos en una sociedad socialista, porque se trata en el fondo de una «teoría estática de equilibrio económico generalizado».[43] Además, la teoría del valor-trabajo sería incapaz de explicar la naturaleza de los salarios y la supervivencia de la ganancia; estas serían determinadas por el progreso técnico inherente al régimen capitalista. Pero este elemento «dinámico» no resultaría tanto de la lógica interna de la teoría del valor-trabajo como del marco institucional del capitalismo, revelado por Marx. Y será el análisis de este marco institucional, más que la teoría del valor-trabajo, lo que constituirá la fuente de la superioridad analítica del marxismo por lo que toca al descubrimiento de las leyes del desarrollo capitalista.

Nos parece que Lange comete un error desde su punto de partida. Es imposible considerar la teoría del valor-trabajo como una «teoría estática de equilibrio económico generalizado».[44] La teoría del valor-trabajo corregida y perfeccionada por Marx está indisolublemente ligada a la teoría de la plusvalía. Las dos teorías consideradas como si fuesen un todo, lejos de constituir una «teoría estática», forman por definición una «teoría dinámica». En efecto, representan una síntesis de dos contrarios, una concepción del cambio equivalente ligada a una concepción del cambio desigual. Es ante todo el cambio entre el *trabajo* y el *capital* lo que posee esta *doble cualidad*.

Entonces, el «modelo marxista» es por naturaleza dinámico, puesto que llega a la conclusión de que la producción de valor nuevo, el acrecentamiento del valor, la expansión económica, el crecimiento económico son inherentes al modo de producción capitalista. El mismo modelo marxista no es una «teoría del equilibrio generalizado», sino, una vez más, una síntesis de dos contrarios, la demostración del hecho de que el desequilibrio permanente —y aparente— de la vida económica capitalista se funda en un equilibrio más profundo, equilibrio que produce a su vez desequilibrios necesarios e inevitables —crisis periódicas, caída tendencial de la tasa media de utilidades, concentración capitalista, acentuación de la lucha de clases— que terminan por socavar el sistema.

La idea de Lange según la cual el elemento dinámico —la evolución económica— sería resultado del cuadro institucional más que de la lógica interna de la teoría del valor-trabajo está igualmente fundada en un error. Según Lange, el «progreso técnico» sería indispensable para comprender por qué los «salarios no amenazan con hacer desaparecer las ganancias de los empresarios»;[45] la ganancia capitalista no podría subsistir más que dentro del marco de este progreso técnico. Lange se olvida de que, incluso sin progreso técnico, los salarios no *pueden* hacer desaparecer las ganancias porque los capitalistas *dejan de contratar mano de obra* mucho antes de que sea alcanzado este punto. Prefieren, en tal caso, cerrar sus fábricas y volver a crear por ello un ejército de reserva industrial, inclusive sin «progreso técnico». Esto es lo que, en efecto, ocurre en todas las recesiones neocapitalistas, más o menos «prefabricadas». Los capitalistas pueden esperar, mientras que los trabajadores no pueden, porque no poseen ni medios de producción, ni medios de subsistencia.

Además, no es solamente la competencia entre el *capital* y el *trabajo*, sino también la competencia entre los capitalistas, lo que explica el progreso técnico, según el modelo marxista. Los dos son función de la doble necesidad de acumular capital y de obtener plusvalía en condiciones económicas en las que la cantidad de trabajo *socialmente* necesario para producir una mercancía se revela solamente *a posteriori* y es *a priori* desconocida. Son estas dos razones (que tienen que ver con la naturaleza fundamental del modo de producción capitalista, es decir, de un sistema de economía mercantil generalizada) las que constituyen la raíz última del elemento «dinámico» en la teoría económica marxista. Ambas se derivan de la naturaleza misma de la teoría del valor-trabajo.

Mencionemos finalmente la crítica de la teoría del valor-trabajo que la señora Joan Robinson formuló inmediatamente después de la Segunda Guerra Mundial.[46] Según ella, Marx se equivocó al buscar un «valor intrínseco» de las mercancías, que «sería análogo al peso o al color» de estas mercancías, como en Ricardo. Y al igual que Adam Smith, habría buscado una «medida incambiable» de este valor, que habría descubierto en el trabajo. La teoría del valor-trabajo erigida sobre estos fundamentos sería inútil, y Marx podría haber explicado, con un lenguaje mucho menos complicado, todas las leyes del desarrollo que descubrió sin recurrir a la teoría del valor-trabajo.

Así como lo ha desarrollado excelentemente con todo detalle Roman Rosdolsky,[47] estos argumentos reflejan una incomprensión sorprendente de las concepciones de Marx, que sin embargo este enunció claramente. Marx ha puesto en tela de juicio, explícitamente, que el valor de cambio de las mercancías sea una «cualidad intrínseca» de las mercancías en el sentido *físico* del término; por lo contrario, señaló que la «cualidad» común que hace conmensurables a las mercancías no es de naturaleza física, sino de naturaleza *social*. Lo que la señora Robinson no ha entendido es la diferencia entre el trabajo concreto, creador de valores de uso y las cualidades físicas de los productos, y el trabajo abstracto, creador del valor de cambio. Igualmente, Marx jamás tuvo la intención de descubrir una «medida incambiable del valor». Por lo contrario, ha demostrado que la medida del valor de cambio debe ser por sí misma una mercancía, es decir, debe ser cambiable. Precisamente porque el valor de cambio presupone una cualidad común entre todas las mercancías (el hecho de que sean todas productos del trabajo abstracto, de una fracción del potencial de trabajo global de que dispone la sociedad) es, a la vez, social y cambiable, ¡y no físico e inmutable!

Lo que todas estas críticas tienen en común es, de hecho, su incapacidad de captar *el nivel de abstracción* en que se mueve Marx cuando se esfuerza por descubrir los problemas socioeconómicos subyacentes al problema del valor de cambio. La pregunta que trata de responder es la siguiente: dado el hecho de que el modo de producción capitalista opera a través de «leyes naturales», «automáticas», independientes de la voluntad de los hombres,[48] ¿cómo es que millones de operaciones de cambio, en resumidas cuentas ciegas, no producen constantemente crisis y detenciones de la actividad económica, sino que se desenvuelven por el contrario en el marco de una continuidad necesariamente interrumpida con frecuencia por la discontinuidad? ¿Cuál es la fuerza que asegura esta continuidad? ¿Cuál es la fuerza que distribuye la mano de obra y los capitales entre las diferentes ramas industriales?

Al afirmar que el valor de cambio está constituido por trabajo humano abstracto, Marx no ha «elegido una teoría» para tratar de «demostrar la explotación de los obreros por los capitalistas».[49] Ha ofrecido una respuesta a esta pregunta. Al formular sus críticas a la teoría de Marx, quienes las han hecho no solo no han logrado oponer una respuesta coherente a la suya. En general, ni siquiera han entendido el problema...

Roman Rosdolsky se opone, pues, con sobrada razón, a la afirmación de la señora Robinson, según la cual la teoría del valor-trabajo que Marx ha creado tendría validez plena y completa solamente... en la sociedad socialista. Cuando el trabajo individual es reconocido inmediatamente como trabajo social —y esta es una de las características fundamentales de una sociedad socialista—, dar el rodeo por el mercado para «redescubrir» la calidad social de este trabajo es evidentemente absurdo. Por eso es que no hay lugar para la producción mercantil y *a fortiori* para el «valor mercantil» o para la «ley del valor» en una sociedad socialista.

Es sorprendente que un autor como Maurice Godelier, que conoce bien las obras de Marx y que se ha esforzado por profundizar el estudio del método y de la doctrina marxistas, haya podido escribir en tales circunstancias: «Si el sistema capitalista descansa en una estructura específica de la apropiación del sobreproducto, podemos construir idealmente, por medio de una hipótesis distinta sobre la estructura de la apropiación, el funcionamiento de una economía socialista. Desembocamos en un modelo distinto, pero que descansa igualmente en la teoría del valor. Así, pues, la teoría del valor permite la constitución de un modelo de desarrollo socialista […]».[50]

No está esto conforme, de ninguna manera, con la teoría del valor desarrollada por Marx. Para él, la economía del tiempo de trabajo, que es general a todas las sociedades, no es idéntica a la economía regida por la ley del valor; esta es, solamente, una forma particular de aquella.[51] La teoría del valor no se aplica más que a una sociedad en la que propietarios individuales cambian productos del trabajo y en la que, por esta razón, estos toman la forma de mercancías —en las cuales la cantidad de trabajo socialmente necesario para producir las mercancías no es establecida *a priori* por los productores asociados, sino solamente *a posteriori* por las leyes del mercado—. Afirmar que la teoría del valor sigue teniendo validez en el socialismo es equivocarse acerca de la naturaleza misma de las mercancías, y esto es, efectivamente, lo que le ocurre a Maurice Godelier.[52]

Tal y como parte de una caracterización incompleta de la mercancía, así nos da una definición inadmisible del capitalismo: «Mostramos que la teoría del capital solo comienza verdaderamente en el momento en que la formación de la plusvalía se explica. Sin embargo, esta no determina directamente y por sí misma la relación capitalista de producción. Lo específico del capitalismo es la apropiación de esta plusvalía por el individuo poseedor de los medios de producción, es decir, la apropiación privada del sobreproducto

[…]».⁵³ Esto se parece enfadosamente a la mezquina caricatura que los apologistas del estalinismo han hecho del marxismo.

En el pensamiento de Marx, el capitalismo no se define, de ninguna manera, por la sola apropiación privada de la plusvalía; Engels, inclusive, llega a concebir el caso en el que el Estado se apropiaría la plusvalía para la clase burguesa considerada colectivamente, sin que esto llegase a abolir el capitalismo.⁵⁴ La teoría marxista del capital define el capitalismo a través de la transformación de los medios de producción en capital y de la fuerza de trabajo en mercancía, es decir, a través de la generalización de la producción mercantil. Un «socialismo» en el que los medios de producción siguiesen siendo mercancías (es decir, que podrían ser comprados o vendidos en el mercado, lo cual es algo que implica que se tomen decisiones de inversión descentralizadas, lo cual a su vez implica la posibilidad de crisis periódicas de superproducción y de desempleo) y en el cual la fuerza de trabajo seguiría siendo mercancía, no sería más que un capitalismo de Estado, aun en el caso de que la propiedad privada de los medios de producción estuviese suprimida. Las relaciones de producción capitalista, referidas a las cuales la apropiación privada de los medios de producción no es sino uno de los aspectos, y que se definen, entre otras, por relaciones jerárquicas en los lugares de trabajo, y por la imposibilidad en que se encuentran los individuos de la masa de trabajadores, es decir, de productores, de disponer de los productos de su trabajo —lo cual implica que la naturaleza de este trabajo es la de un trabajo alienado—, subsistirían en su totalidad.

Lo que es verdad es que la producción mercantil, que es anterior al modo de producción capitalista, es de igual manera posterior al mismo, y sobrevive durante toda la etapa de transición del capitalismo al socialismo. Pero sobrevive en calidad de supervivencia capitalista, como escoria de la antigua sociedad no rebasada aún totalmente, en conflicto con la naturaleza planificada de la economía socializada. El proceso de construcción de una sociedad socialista es precisamente el proceso de la destrucción de la producción mercantil. Querer formular, sobre la base de la teoría del valor, un modelo de economía socialista es tan absurdo como querer formular un modelo de derecho socialista fundado en el derecho burgués, para mencionar la célebre expresión de Marx, en la *Crítica del programa de Gotha*.

# Capítulo VII
# Los *Grundrisse* o la dialéctica del tiempo de trabajo y del tiempo libre

Los *Grundrisse*, que constituyen con la *Contribución a la crítica de la economía política* el punto culminante de la obra económica de Marx antes de *El capital*, representan una suma enorme de análisis económicos. Concebidos como los trabajos preparatorios de *El capital* o más exactamente como un desarrollo del análisis del capitalismo en todos sus aspectos, del que habría de nacer la obra maestra de Marx, contienen, a la vez, los materiales de construcción de todo lo que Marx habría de desarrollar después y multitud de elementos que no sirvieron más tarde de fermentos de obras nuevas.

Esta distinción tiene probablemente dos causas.

En primer lugar, es sabido que Marx no pudo terminar su trabajo de análisis de conjunto de todos los elementos del sistema de producción capitalista. En su plan inicial, que data de la redacción de los *Grundrisse*, el análisis del capital debería ir seguido del análisis de la propiedad de bienes raíces, del trabajo asalariado, del Estado, del comercio exterior y del mercado mundial. En el marco de este plan original, no dispondríamos hoy más que de una sexta parte del conjunto de la obra, de la que el tomo IV de *El capital* («las teorías de la plusvalía») no haría sino terminar la primera parte. Los especialistas podrán discutir eternamente para saber por qué razones Marx, finalmente, abandonó este plan en 1866 para tratar de *El capital* solamente, en cuatro partes: proceso de producción del capital; proceso de circulación del capital; unidad de los dos o capital y ganancia, e historia crítica de las doctrinas económicas.[1] No obstante, lo cierto es que en los *Grundrisse* encontramos una serie de observaciones de la mayor importancia concernientes a la propiedad de los bienes raíces, al trabajo asalariado, al comercio exterior, al mercado mundial, que no se vuelven a encontrar en ninguno de los cuatro tomos de *El capital*. Son gérmenes que no pudieron fructificar, pero cuya riqueza constituye, no obstante, una fuente de estímulo constante del pensamiento de los marxistas contemporáneos y futuros.

En segundo lugar, el método de exposición de los *Grundrisse* es más «abstracto», más deductivo que el de *El capital*, y si hay menos materiales de ejemplificación, hay en cambio una infinidad de digresiones, sobre todo de naturaleza histórica o que abren ventanas al porvenir, que fueron suprimidas para la redacción final de *El capital*, pero que poseen a veces una riqueza incomparable, y son auténticas aportaciones complementarias a la teoría socioeconómica marxista. R. Rosdolsky indica, a este respecto, que la publicación de los *Grundrisse* ha constituido una verdadera «revelación», y que esta obra «nos ha introducido en el laboratorio económico de Marx, y nos ha revelado todos los refinamientos, todos los caminos ondulantes de su metodología».[2] Este autor, que es uno de los mejores conocedores de Marx, anuncia la publicación de un libro, *Zur Entstehungsgeschichte des Marxschen Kapital*, en las ediciones Europäische Verlagsanstalt, de Frankfurt.

Hemos señalado las contribuciones esenciales a la elaboración de la teoría económica marxista que se encuentran en los *Grundrisse*: el perfeccionamiento de la teoría del valor, de la teoría de la plusvalía y de la teoría de la moneda. Hay que añadir el perfeccionamiento de los instrumentos analíticos que Marx había heredado de la escuela clásica de economía política. Así aparecen por primera vez en los *Grundrisse*: la distinción exacta del capital constante —

cuyo valor es conservado por la fuerza de trabajo— y del capital variable —cuyo valor es acrecentado—;[3] la representación del valor de una mercancía como la suma de tres elementos: capital constante, capital variable y plusvalía ($c + v + pl$);[4] el crecimiento de la cantidad anual de la plusvalía a través del acortamiento del ciclo de circulación del capital;[5] la división de la plusvalía en plusvalía absoluta y plusvalía relativa[6] e incluso en forma de supertrabajo absoluto y de supertrabajo relativo;[7] toda la teoría de la distribución equitativa de la tasa de utilidades,[8] etcétera.

De hecho, solo la teoría de baja tendencial de la tasa media de utilidades no parece encontrarse maduramente elaborada en los *Grundrisse*,[9] así como el problema de la reproducción.[10]

Son sobre todo las partes de los *Grundrisse* que no se volvieron a tratar en *El capital* las que merecen un estudio particular. A este respecto, tenemos que referirnos a un pasaje de la carta de Marx a Engels del 14 de enero de 1858, escrita cuando se hallaba plenamente entregado a la redacción de los *Grundrisse*, pasaje en el cual el fundador del socialismo científico afirma: «Por lo que toca al *método* de elaboración, el hecho de que, por pura casualidad, haya repasado de nuevo la *Lógica* de Hegel (Freiligrath ha encontrado algunos volúmenes de Hegel, que pertenecían originalmente a Bakunin y me los ha enviado como regalo) me ha prestado un gran servicio».[11] No nos parece ser discutible que la extraordinaria riqueza de análisis y de exposición de una serie de «parejas dialécticas» como «mercancía-dinero», «valor de uso-valor de cambio», «capital-trabajo asalariado», «tiempo de trabajo-ocio»,«trabajo-riqueza», en que abundan los *Grundrisse* haya sido, ya que no provocada, por lo menos estimulada por este segundo encuentro con su antiguo maestro.

Cómo, entonces, no establecer un paralelo con el segundo encuentro de Lenin con Hegel (septiembre-diciembre de 1914) que precede de cerca al período más rico del pensamiento teórico de Lenin, el que culminó en la redacción de *El imperialismo [fase superior del capitalismo]* y de *El Estado y la Revolución*.

Como el propio Marx lo afirmó y como Lenin lo subrayó en varias ocasiones, es efectivamente la aplicación del método de las investigaciones dialécticas a los problemas económicos, que Marx fue el primero en aplicar, lo que le permitió realizar sus principales descubrimientos económicos. Gracias a este método colocó los fenómenos económicos en un contexto global —el modo de producción, las relaciones de producción— movido por sus contradicciones internas. Gracias al mismo método pudo captar claramente el carácter históricamente determinado, y limitado solamente a un período de la historia humana, de los fenómenos de la economía mercantil y de las «categorías» que son su *reflejo*.[12]

Es difícil establecer una escala de valor entre la importancia de estos pasajes analíticos deslumbrantes, algunos de los cuales tienen una fuerza profética genial, y los pasajes históricos que representan un complemento válido de las partes históricas de *El capital*.

Como ya hemos dicho, Marx distingue en los *Grundrisse* la categoría general de plusvalía de sus formas de aparición particulares. Distingue igualmente la plusvalía aparecida accidentalmente en el seno del proceso de circulación, *por consecuencia del cambio desigual*, de la plusvalía *producida* en el transcurso del proceso de producción. La primera precede a la aparición del sistema de producción capitalista; la segunda no puede desarrollarse más que en el seno de este sistema de producción. Marx habla crudamente del «fraude en el cambio» que explica el origen de la ganancia del capital mercantil en las sociedades precapitalistas.[13] Y no deja de señalar que el cambio no equivalente puede, por lo demás, volver a aparecer en el seno del modo de producción capitalista, no solo en el cambio entre el capital y el trabajo, sino también en el cambio entre naciones diferentes, en el comercio internacional. Y de ahí esa observación pertinente de Marx, que aclara a la vez su concepción de la causa de las crisis, fundamentalmente diferente de la de Rosa Luxemburgo,[14] y su concepción del comercio mundial capitalista como instrumento de explotación de los pueblos menos desarrollados: «No solamente los capitalistas individuales, sino naciones enteras, pueden renovar continuamente este cambio en una escala incesantemente ampliada, sin que por ello deban sacar provecho igualmente. Una de estas naciones puede apropiarse constantemente una parte del sobretrabajo de la otra, por la cual no le dará nada a cambio, pero no en la misma medida que en el cambio entre capitalista y obrero».[15]

Algunos de los pasajes más impresionantes de los *Grundrisse* tienen que ver, como ya hemos dicho, con la dialéctica «tiempo disponible/tiempo de trabajo/tiempo libre». «Toda economía se reduce en última instancia a una economía de tiempo», escribió Marx, y añade que esta regla se aplica tanto a las sociedades de clases como a una sociedad que haya regulado ya colectivamente su producción:

> Una vez dada la producción colectiva, la determinación del tiempo es evidentemente esencial. Cuanto menos tiempo necesita la sociedad para producir trigo, ganado, etcétera, tanto más tiempo gana para otras producciones materiales o espirituales. Lo mismo que en un individuo, *la universalidad de su desarrollo, de sus disfrutes y de su actividad dependen de la economía de tiempo (Zeitersparung)* […]. La sociedad debe dividir de manera eficaz su tiempo con el objeto de obtener una producción adecuada a sus necesidades de conjunto, de la misma manera que el individuo debe repartir correctamente su tiempo a fin de obtener conocimientos en las proporciones adecuadas, o para satisfacer las diferentes exigencias de su actividad. Economía de tiempo, lo mismo que reparto planificado del tiempo de trabajo entre las diferentes ramas de la producción, he ahí lo que constituye, pues, la primera ley económica sobre la base de la producción colectiva.*[16]

---

\*    Las cursivas pertenecen a Ernest Mandel. (*N. del E.*).

Y Marx sigue diciendo:

> Se convierte (la economía de tiempo) inclusive en ley en una medida mucho más grande. *Pero esto es fundamentalmente diferente de la medida de los valores de cambio (trabajos o productos del trabajo) por el tiempo del trabajo.* Los trabajos de los individuos en la misma rama de trabajo y los diferentes géneros de trabajos no son solo cuantitativamente diferentes, sino que también lo son cualitativamente, los unos de los otros. Pero, ¿qué implica la diferencia tan solo cuantitativa de las cosas? La identidad de su cualidad. La medida cuantitativa de los trabajos [presupone], pues, la equivalencia, la identidad de su cualidad.*[17]

Más adelante, Marx vuelve a estudiar el problema fundamental de la economía de tiempo de trabajo, al introducir las nociones claves de «tiempo de trabajo necesario» y de «tiempo de trabajo excedente, superfluo, disponible»:

> *Todo el desarrollo de la riqueza se funda en la creación del tiempo disponible.* La relación del tiempo de trabajo disponible y del tiempo de trabajo superfluo (así aparece primero desde el punto de vista del trabajo necesario) se modifica en los diferentes niveles de desarrollo de las fuerzas productivas. En los niveles más productivos del cambio, los hombres no cambian más que su tiempo de trabajo superfluo; es la medida de su cambio, que no se extiende, por lo demás, más que a los productos superfluos. En la producción fundada en el capital, la existencia del tiempo de trabajo necesario está condicionada por la creación del tiempo de trabajo superfluo.[18]

Marx desarrolla este pensamiento en las páginas que siguen inmediatamente a este pasaje de los *Grundrisse*, al explicar que el capitalismo busca efectivamente la manera de aumentar la población

---

\*  Las cursivas pertenecen a Ernest Mandel. (*N. del E.*).

trabajadora —el número de individuos a quienes les está garantizado el tiempo de trabajo necesario— en la sola medida en que produce al mismo tiempo sobretrabajo, «trabajo superfluo» desde su propio punto de vista. De ahí la tendencia del capital a desarrollar, a la vez, la masa total de la población y la masa de la «población superflua» —el ejército de reserva industrial— pues esta población superflua debe garantizarle al capital que la población trabajadora suministre «trabajo superfluo»: el ejército de reserva industrial hace que bajen los salarios y aumenta en virtud de esto la plusvalía, que no es sino «trabajo superfluo» desde el punto de vista del trabajador.

Evidentemente, este no es sino un aspecto del problema. Marx subraya también el otro aspecto del «trabajo superfluo», a saber, el hecho de que es fuente de disfrutes y de riqueza desde el punto de vista del desarrollo de los individuos. Pero no lo es primero más que para una parte de la sociedad y esto a condición de que sea trabajo forzado para otra parte de la sociedad:

> No es, de ninguna manera, por la marcha de la evolución de la sociedad por lo que el individuo crea abundancia para sí mismo, a partir del punto en que satisface sus necesidades fundamentales. Sino que gracias a que un individuo, o una clase de individuos, se ven obligados a trabajar más de lo que es necesario para satisfacer sus necesidades fundamentales; en razón de que el sobretrabajo aparece de un lado, el no-trabajo y la riqueza suplementaria aparecen del otro. Según la realidad, el desarrollo de la riqueza no existe más que en estas contradicciones; pero según las posibilidades, es precisamente su desarrollo lo que crea la posibilidad de suprimir estas contradicciones.[19]

Vemos, de tal manera, desenvolverse la dialéctica de «tiempo de trabajo necesario/tiempo de sobretrabajo/tiempo libre», en el desarrollo y el rebasamiento sucesivos de todas sus contradicciones internas. Pues el desarrollo del sobretrabajo implica también, al menos en el sistema de producción capitalista, un enorme desarrollo de las fuerzas productivas, y esta es su «misión civilizadora» indispensable. Solamente sobre esta base una sociedad colectivista podrá reducir al mínimo la jornada de trabajo, sin tener que frenar o que mutilar el desarrollo universal de las posibilidades de cada individuo.

*El desarrollo del sobretrabajo* en la clase obrera, implica ya, en el seno del sistema de producción capitalista, *el desarrollo del tiempo libre* en el capitalista:

> El hecho de que el obrero tenga que trabajar durante un exceso de tiempo es idéntico al otro hecho de que el capitalista no tiene que trabajar, y de que su tiempo se concibe, entonces, como negación del tiempo de trabajo; que ni siquiera debe proporcionar el trabajo necesario. El obrero debe trabajar durante el tiempo del sobretrabajo, para tener permiso de objetivar, de valorar el tiempo de trabajo necesario para su reproducción. Por otra parte, inclusive el tiempo de trabajo necesario del capitalista es *tiempo libre*, es decir, no es tiempo que deba ser consagrado a la subsistencia inmediata. Como todo *tiempo libre* es tiempo para el desarrollo libre, el capitalista usurpa el tiempo libre que los trabajadores han producido para la sociedad, para la civilización.[20]

El desarrollo del capital fijo, que parece ser la «misión histórica» del modo de producción capitalista, es el mismo índice y reflejo del grado de riqueza social.

> El objeto de la producción dirigida inmediatamente hacia el valor de uso y también, inmediatamente, hacia el valor de cambio es el producto mismo, destinado al consumo. La parte de la producción dirigida hacia la producción del capital fijo no produce objetos inmediatos de disfrute, ni valores de cambio inmediato; por lo menos, no valores de cambio inmediatamente realizables.

Así pues, depende del grado alcanzado por la productividad (es decir, del hecho de que una parte del tiempo de producción basta para la producción inmediata) el que otra parte, sin cesar creciente, de este (mismo) tiempo pueda ser utilizada para la producción de los medios de producción. Esto implica que la sociedad pueda esperar;[21] que pueda sustraer una parte de la riqueza ya creada tanto al disfrute inmediato como a la producción destinada al disfrute inmediato, con el objeto de dar empleo al trabajo que no es inmediatamente productivo (en el mismo seno del proceso de producción material).

Esto exige que se haya alcanzado ya un nivel elevado de productividad, y una abundancia relativa, y más exactamente un tal nivel directamente en relación con la transformación del capital circulante en capital fijo. *Tal como la amplitud del sobretrabajo relativo depende de la productividad del trabajo necesario, así la amplitud del tiempo de trabajo utilizado para la producción del capital fijo* [...] depende de la productividad del tiempo de trabajo destinado a la producción directa del producto.[22]

Pero en la medida en que el capitalismo desarrolla de manera cada vez más rica y más compleja este capital fijo, esta tecnología científica, la producción se va haciendo cada vez más independiente del trabajo humano propiamente dicho. Marx tiene aquí el presentimiento de lo que será la automatización cada vez más avanzada, y de la rica promesa que contiene para una humanidad socialista:

En la medida en que la gran industria se desarrolla, la creación de la verdadera riqueza depende menos del tiempo de trabajo y de la cantidad de trabajo (humano) aplicado, que del poderío de los agentes que son puestos en movimiento en el transcurso del tiempo de trabajo cuya eficacia creciente no guarda relación con el tiempo de trabajo inmediato que ha costado su producción, sino que depende más bien del nivel general de la ciencia y de los progresos de la tecnología, o de la aplicación de esta ciencia a la producción. La verdadera riqueza se manifiesta más bien (y es esto lo que revela la gran industria) como una desproporción enorme entre el tiempo de trabajo aplicado y su producto [...]. *El trabajo ya no aparece incluido en el proceso de la producción, sino que el hombre se porta sobre todo como vigilante y regulador del proceso de producción.*[23]

En el seno del sistema de producción capitalista este enorme progreso se manifiesta en forma de una enorme contradicción: cuanto más se emancipa del tiempo de trabajo humano la producción inmediata de la riqueza humana, tanto más su creación efectiva queda subordinada a la apropiación privada del sobretrabajo humano, sin la cual la valoración del capital y de toda la producción capitalista se tornan imposibles. Pero esta contradicción no hace sino anunciar el hundimiento de la producción capitalista, de la producción mercantil y de toda producción que no estuviese orientada hacia la satisfacción de las necesidades humanas, hacia el desarrollo universal de los individuos:

> Ya no es el trabajo inmediato suministrado por el hombre, ni el tiempo durante el cual trabaja, sino que es la comprensión de la naturaleza y su dominio gracias a la existencia [del hombre] en calidad de cuerpo social; en pocas palabras, es el desarrollo del individuo social el que se manifiesta como el pilar fundamental de la producción y de la riqueza. *El robo del tiempo de trabajo de otro, en el cual se funda la riqueza de hoy, parece una base miserable* por comparación con esta base recientemente desarrollada, creada por la gran industria misma. A partir del momento en que el trabajo, en su forma inmediata, deja de ser la gran fuente de la riqueza, el tiempo de trabajo deja de ser su medida, y debe dejar de serlo, y por lo mismo el valor de cambio debe dejar de ser la medida del valor de uso. *El sobretrabajo de la masa ha dejado de ser la condición del desarrollo de la riqueza general, tal y como el no-trabajo de una pequeña minoría ha dejado de ser la condición del desarrollo de las fuerzas generales del intelecto humano. En virtud de esto*

se viene abajo la producción fundada en el valor de cambio [...]. El desarrollo libre de las individualidades [es ahora el objetivo] y, por tanto, *no se trata de la reducción del tiempo de trabajo necesario para crear sobretrabajo, sino, de manera general, de la reducción al mínimo del trabajo necesario de la sociedad* a la que corresponde entonces la formación artística, científica, etcétera, de los individuos *gracias al tiempo que se ha vuelto libre para todos* y a los medios de que ahora todos pueden disponer.*[24]

Las contradicciones del capitalismo se manifiestan sobre todo en que trata de reducir al máximo el tiempo de trabajo necesario para la producción de cada mercancía, mientras que, por otra parte, hace del tiempo de trabajo la única medida y única fuente de la riqueza. Y de esto se desprende que trata de *limitar* al máximo el tiempo de trabajo necesario y de *ampliar* al máximo la duración del *sobretrabajo*, del «trabajo superfluo». El conflicto entre el desarrollo social de las fuerzas productivas y las condiciones privadas de la apropiación capitalista, entre el desarrollo de las fuerzas productivas y las relaciones de producción capitalistas, se nos manifiesta, así, como un conflicto entre la creación de la riqueza, que se emancipa cada vez más del trabajo humano inmediato, y el esfuerzo constante de canalizar estas fuerzas inmensas hacia la valoración del valor existente, por la apropiación del sobretrabajo humano. Marx deduce el carácter a la vez enormemente productivo y enormemente destructivo, enormemente creador y enormemente desperdiciador, del método de producción capitalista.

En otro pasaje, Marx señala que en su sed insaciable de ganancias el capital obliga al trabajo a rebasar constantemente los límites de sus necesidades *naturales,* y crea de tal manera los elementos materiales de una rica individualidad, que es tan universal en

---

\* Las cursivas pertenecen a Ernest Mandel. (*N. del E.*).

su producción como en su consumo y en la cual «el trabajo no se manifiesta ya como trabajo, sino como desarrollo pleno y entero de la actividad».[25] Enlaza aquí con una idea fundamental de *La ideología alemana*, contrariamente a la opinión de algunos «marxólogos», que consideran las ideas de esta obra de juventud de Marx como un poco «románticas» e «idealistas», rebasadas en la obra del sabio más maduro.

Este aspecto «históricamente necesario» del capital y del capitalismo es, por lo demás, uno de los temas sobre los cuales vuelve constantemente Marx en los *Grundrisse*. La creación del mercado mundial; el desarrollo universal de las necesidades, de los gustos, de los conocimientos, de los disfrutes del hombre; la ruptura radical y brutal con todos los límites que la historia y un medio estrecho habían impuesto previamente a su visión de la naturaleza y de sus propias posibilidades; el desarrollo tumultuoso de las fuerzas productivas: he ahí la «misión civilizadora» del capital.

Pero contrariamente a muchos de los que se llaman discípulos suyos, para Marx no hay ninguna contradicción entre el hecho de reconocer y de subrayar esta «misión históricamente necesaria» del capitalismo y el de censurar todo lo que este modo de producción tiene de explotador, de inhumano, de opresor. Marx tiene constantemente presentes los dos *aspectos contradictorios* de la realidad histórica que vivió y se guarda constantemente de la doble trampa del subjetivismo y del objetivismo.[26]

No opone a la realidad existente una realidad ideal, cuyas condiciones no existen todavía, sino que deben ser creadas precisamente por el desarrollo del capitalismo; pero tampoco idealiza esta realidad existente. No piensa que la miseria deje de ser miserable, porque sea el producto de una fase de evolución históricamente inevitable. Este carácter doble de la concepción marxista de la «necesidad histórica» es claramente visible en los *Grundrisse*, donde se encuentran algunas de las condenaciones más brutales del capitalismo, al lado de páginas que reconocen francamente sus méritos desde el punto de vista del progreso general de las sociedades humanas.

Muchos otros problemas «modernos», «contemporáneos», se plantean en los *Grundrisse*: el del desarrollo de los servicios y el de la aplicación de la ciencia y del maquinismo a la agricultura, por ejemplo. El de los límites impuestos a la concentración de capital es interesante como refutación *avant la lettre* de la teoría del capitalismo de Estado:[27] «El capital no existe y no puede existir más que en la forma de numerosos capitales, y su autodeterminación se nos manifiesta como la interacción de esos numerosos capitales», dice Marx.[28] Y señala: «*La producción de capitalistas y de trabajadores asalariados* es, pues, el producto principal del proceso de valoración del capital. La economía vulgar, que no ve más que las cosas producidas, olvida esto completamente».[29] El problema del capital, que debe a la vez limitar y estimular el consumo de los trabajadores, tiene, de todas maneras, una resonancia moderna. Pero plantea toda la cuestión de la teoría marxista de los salarios, que representa la última gran contribución a la elaboración de la teoría económica de Marx, antes de la redacción definitiva de *El capital*.

Las discusiones actuales subrayan dos aspectos esenciales de esta dialéctica de los *Grundrisse* que acabamos de esbozar: el problema de la relación «tiempo de trabajo/tiempo libre» en el seno de la sociedad capitalista; y el problema del desarrollo de las fuerzas productivas considerado como condición necesaria —suficiente o insuficiente— para la abolición de la producción capitalista y de la producción mercantil a secas.

La reducción de la duración del tiempo de trabajo en los países capitalistas más industrializados es un hecho, un hecho cuyo alcance progresista el propio Marx ensalzó en ocasión de la introducción de la jornada de diez horas en Gran Bretaña. Es verdad que la tendencia a la reducción de la jornada de trabajo se ha ido frenando en el transcurso de los últimos decenios y que inclusive ha habido recaídas, como en Francia. La extensión progresiva de la distancia entre el domicilio del trabajador y el domicilio del lugar en que trabaja compensa en parte, por lo demás, la reducción del tiempo de trabajo. La fatiga nerviosa, acrecentada a la vez por el hecho de la técnica contemporánea, el ruido que todo lo invade, la contaminación del aire, la tensión cada vez más grave subyacente a todas las relaciones sociales, debe también tomarse en cuenta. No obstante, si es excesivo hablar de una «civilización de los ocios», es verdad que importantes sectores de la masa de los asalariados o de los que cobran sueldos disfrutan hoy en día, aparentemente, de mucho más «tiempo libre» que en la época de Marx.

Y decimos: disfrutan aparentemente. Pues lo que tenía que llegar, en esta sociedad fundada en la economía mercantil generalizada, que es la sociedad capitalista, evidentemente ha llegado. Los ocios han sido comercializados en gran parte. La ecuación: ingresos mayores + ocios más prolongados = más libertad, ha resultado ser ilusoria. El proletario no puede recuperar en la esfera de un «consumo de ocio» lo que ha perdido en la esfera de la producción.[30] Una abundante literatura analiza y subraya la «conformación industrial de las mentes», el embrutecimiento provocado por los medios de difusión en masa,[31] el aburrimiento que prolonga la fatiga y acaba por combinarse con ella, tanto en el trabajo como en el «tiempo libre».[32] No podía ser de otra manera en el seno de una sociedad en la que toda la vida económica está orientada hacia la realización de la ganancia privada, en la que toda actividad tiende a convertirse en un fin en sí, en la que todo corre nuevamente el riesgo de convertirse en una nueva fuente de mutilación del hombre enajenado.

¿Quiere esto decir que la extensión de los ocios sea un mal, y que haya que orientarse, más bien, hacia la «humanización del trabajo,[33] a través del trabajo comunitario preconizado por Erich

Fromm, o mediante la autogestión»? El Marx de los *Grundrisse* responde en el mismo sentido que el Marx del tomo III de *El capital*; es una ilusión creer que el trabajo industrial, que el trabajo de la gran fábrica, pueda llegar a convertirse jamás en trabajo «libre». El reino de la libertad no comienza sino más allá del reino de la producción material, es decir, del trabajo mecánico, si no se quiere volver al nivel de la producción artesanal. La verdadera solución estriba, pues, en una reducción tan radical del tiempo de trabajo —del «tiempo necesario»— que las relaciones entre «trabajo» y «ocios» queden totalmente alteradas. La abolición del capitalismo no es solo una condición porque estimula el crecimiento de las fuerzas productivas y permite, de tal manera, acelerar esta reducción de la jornada de trabajo. Es igualmente el motor de la misma, porque permite *reducir fuertemente el sobretrabajo*, hoy en día tan evidentemente desperdiciado, y repartir el trabajo necesario entre un número de individuos mucho mayor.[34]

La transformación de la relación cuantitativa tiempo de trabajo/ocio —por ejemplo de 1/1 a 1/2 o a 1/3, lo que implica la semana de 32 o de 24 horas, o más precisamente, la media jornada de trabajo—[35] provoca una revolución cualitativa, a condición de ser integrada en un proceso de desenajenación progresiva del trabajo, del consumo y del hombre, por la destrucción progresiva de la producción mercantil, de las clases, del Estado y de la división social del trabajo.

Los ocios dejan de ser comercializados cuando desaparece el comercio. Los medios de comunicación masiva dejan de ser instrumentos de embrutecimiento cuando la enseñanza superior se generaliza y cuando la opinión se diversifica y se cultiva mediante la abolición de todo monopolio de la prensa, de la radiotelevisión y del cine. El «tiempo libre» deja de ser tiempo de aburrimiento y de opresión cuando sus «consumidores» se transforman de espectadores pasivos en participantes activos.

Pero estas transformaciones radicales deben realizarse primero en la esfera de la producción y de la vida política, antes de poderse manifestar en la esfera de los ocios: he ahí el granito de verdad que contiene la conclusión falsa de Fromm. El «tiempo libre» no puede convertirse en un «tiempo de libertad», en una fuente de apropiación por el hombre de todas sus posibilidades más que en la medida en que ha adquirido primero las condiciones materiales de esta libertad por su liberación de toda explotación económica, coacción política y servidumbre a las necesidades elementales.

El desarrollo del maquinismo, de la automatización, de las fuerzas productivas de la ciencia y de la tecnología ¿son condiciones necesarias y suficientes para hacer posible esta libertad humana? Necesarias, sin duda: el juicio de Marx, desde *La ideología alemana* hasta los *Grundrisse*, no ha cambiado a este respecto; y la experiencia práctica nos ha enseñado desde entonces cuán imposible es una organización económica verdaderamente socialista (lo cual implica, sobre todo, la desaparición de la producción mercantil) en ausencia de un conocimiento técnico suficiente.

Pero, ¿podemos estar de acuerdo con Kostas Axelos cuando afirma que la «confianza de Marx en la técnica es inquebrantable», que para él «la técnica productiva "desencadenada" [está] encargada de resolver prácticamente todas las cuestiones y todos los enigmas en su devenir»?[36] Esto es subestimar singularmente la naturaleza dialéctica del pensamiento marxista, que repite numerosas veces, desde sus obras de juventud hasta los *Grundrisse*, que *las fuerzas productivas corren el riesgo de transformarse en fuerzas destructivas* si las relaciones capitalistas de producción no se invierten. Y con el cambio de las relaciones de producción, una vez dado un nivel de desarrollo determinado de las fuerzas productivas, las revoluciones tecnológicas ulteriores serán guiadas por verdaderas *opciones* de la humanidad socialista, en la que la voluntad de asegurar un lugar al desarrollo multilateral del *hombre* se impondrá por cierto a la tentación vana de ver acumular sin cesar una cantidad superior de cosas.

En este sentido aceptamos el juicio de Jean Fallot: «El marxismo no es una filosofía del dominio de la naturaleza por la técnica, sino de la transformación de las relaciones sociales de producción por la lucha de clases»,[37] aunque una técnica elevada aparece indudablemente para Marx como una condición previa de tal transformación.

En el mismo sentido hay que incluir en la tendencia a la apropiación por el hombre —por todos los hombres— de todas sus relaciones sociales —que es, en efecto, el proceso de su individualización, de su humanización progresiva en la sociedad socialista— una tendencia al desarrollo universal de las aptitudes científicas, lo que hace que se venga a tierra uno de los últimos argumentos opuestos al carácter liberador del marxismo por sociólogos contemporáneos pesimistas como Touraine o como Hannah Arendt; la incapacidad en la que se encontraría el hombre moderno, enfrentado a una técnica desencadenada que se libera ya de sus trabas terrestres, de conservar su capacidad de obrar eficazmente: esta quedaría reducida solamente a los sabios o los «cuadros superiores».[38] En realidad, nada se opone hoy a la posibilidad de transformar progresivamente a todos los hombres en sabios,[39] a esa disolución progresiva del trabajo productivo en trabajo científico, que prevé Marx en el pasaje precitado de los *Grundrisse*, a condición de que la sociedad humana se reorganice de manera tal que rodee a cada niño de los mismos cuidados infinitos con los cuales prepara hoy submarinos nucleares o cohetes interplanetarios.[40]

## Capítulo VIII
## El «modo de producción asiático» y las precondiciones históricas del desarrollo del capital

Fue el 10 de junio de 1853 cuando Marx trató por primera vez públicamente el tema del método de producción asiático; comunicó sus ideas a este respecto a Engels en una carta que le envió el 2 de junio, y a la cual este respondió el 10 de junio.[1] En los meses y los años siguientes, volvió a tocar el tema en varias ocasiones, sobre todo en los artículos enviados al *New York Daily Tribune* y en la *Contribución a una crítica de la economía política*. Pero fue en los *Grundrisse* donde esta idea encontró su desarrollo más amplio, con el título de «Formas que preceden a la producción capitalista».[2] La difusión de este texto en Europa después de 1953, al coincidir con los comienzos de la desestalinización, permitió reanudar una discusión que se había enredado bastante, por no decir que atascado, en el transcurso de los años anteriores.

Parece estar bien establecido que Marx se aferró a la idea de un «modo de producción asiático» hasta el fin de sus días.[3] Pero Engels lo eliminó de la sucesión de las «etapas» que la humanidad habría recorrido, sucesión que había trazado en *El origen de la familia, la propiedad privada y el Estado*, apoyándose estrechamente en Morgan. Esto fue lo que encendió la controversia entre marxistas.

En Europa occidental, la noción fue más o menos utilizada. En Rusia, Lenin la prosiguió en una forma considerablemente modificada de «asiatismo», que ya no designaba una formación socio-económica particular.[4] Plejanov terminó por rechazar su validez para Rusia, y para toda la historia, sin más.[5] Sin embargo, Lenin la menciona todavía explícitamente en 1914 entre las cuatro formaciones socioeconómicas principales.[6]

Inmediatamente después de la Revolución Rusa y del renacimiento de los estudios marxistas que esta indiscutiblemente estimuló, Riazanov llamó de nuevo la atención sobre la importancia del «modo de producción asiático» en una introducción a la publicación de tres artículos de Marx sobre China y la India en la revista *Bajo la Bandera del Marxismo*.[7] En ese mismo año Eugéne Varga consagró un estudio al mismo tema, mientras que Maydar publicó en 1928 un voluminoso libro acerca de la economía aldeana china, en el cual se analizaba la idea del método asiático de producción.

China estaba evidentemente de moda en esta época que presenció el apogeo y la derrota de la Segunda Revolución China. Pero la discusión de los problemas estratégicos y tácticos que esta Revolución había planteado, y su interferencia con la lucha de fracciones en el seno del PCUS, fue fatal para la discusión científica en torno a este «modo de producción asiático». La noción fue condenada en ocasión de la famosa «discusión de Leningrado», en 1931.[8] Durante dos decenios, habría de correr, primero en la URSS y después en los países de las democracias populares, una suerte cada vez más oscura, hasta llegar a desaparecer finalmente de los manuales.[9]

Mientras tanto, en Occidente, un comunista alemán, Karl Augustus Wittfogel, había consagrado al «modo de producción asiático» una obra monumental que terminó por influir duraderamente en el pensamiento de los sociólogos.[10] Fue también en Occidente donde el debate acerca del «modo de producción asiático» se restableció de nuevo, sobre todo en Gran Bretaña y en Francia. En las democracias populares, desde los comienzos de la desestalinización, el concepto fue utilizado de nuevo para liberarse de la mezcla mecanicista y antimarxista de las «cuatro fases» que toda la humanidad habría atravesado obligatoriamente: comunismo primitivo, sociedad esclavista, feudalismo y capitalismo. Este engendro había obligado particularmente a los autores, que se proclaman marxistas pero desean ser reconocidos como «ortodoxos» por los partidos comunistas, a reunir bajo la etiqueta de «sociedad feudal» la más heteróclita mezcla de formaciones socioeconómicas.[11]

Y había llevado a un callejón sin salida la investigación histórica relativa a los imperios creados por pueblos nómadas o seminómadas, tan importantes para la historia de la Europa central y oriental (hunos, turcos, otomanes, mongoles). Era imposible, en efecto, caracterizar estos imperios ya fuera como «sociedades esclavistas», como «sociedades feudales», o incluso como representativas de la transición del esclavismo al feudalismo. La diferenciación resultante de la discusión alrededor de estos problemas facilitó el abandono del dogma de los «cuatro estadios universales» y aceleró el renacimiento del concepto de «modo de producción asiático».[12]

Debemos felicitarnos del renacimiento del debate en torno al «modo de producción asiático». Pero al mismo tiempo hay que distinguir cuidadosamente lo que Marx y Engels habían designado mediante esta fórmula, la deformación que sufrió después, por obra de algunos discípulos y de algunos adversarios de Marx, y el uso que hacen hoy de la misma los historiadores y los sociólogos de inspiración marxista. Y para esto nos parece útil realizar un breve examen de la génesis de esta noción.

Sin remontarnos hasta los orígenes de la expresión de «despotismo oriental», que data del siglo XVII, y sin remontarnos hasta Montesquieu, que la empleó abundantemente,[13] es probable que Marx y Engels hayan elaborado su teoría del «modo de producción asiático» por influencia de tres corrientes: primero, de los economistas como John Stuart Mill y Richard Jones, que Marx había estudiado o que estaba estudiando en 1853, y que utilizaron fórmulas análogas;[14]

después, relatos de viajes, memorias o monografías consagradas a los países del Oriente, que Marx y Engels leyeron hacia esa época;[15] por último, estudios particulares de las comunidades aldeanas en otras partes del mundo, y que llamaron su atención sobre la importancia de esta comunidad en los países del Oriente.[16]

Todos estos estudios eran en el fondo subproductos de un análisis constante y minucioso del *comercio exterior de Gran Bretaña* y de la coyuntura económica en este país. Los mercados orientales estaban desempeñando un papel cada vez más grande de salida para los productos de la industria británica. La expansión de las exportaciones británicas provocó trastornos profundos en la sociedad oriental. La revolución de los Tai-Ping en China, el motín de los cipayos en la India, eran reacciones directas o indirectas a esta acción disolvente. Apasionados de las revoluciones, lo mismo de las occidentales que de las orientales, Marx y Engels se pusieron a estudiar la estructura de las sociedades así trastornadas. De tal manera, formularon la hipótesis de trabajo de un «modo de producción asiático».

Las características fundamentales de este modo de producción están expuestas ya, de manera completa, en las tres cartas antes citadas de junio de 1853, así como en cuatro artículos publicados en el *New York Daily Tribune*. Podemos resumirlas de la siguiente manera:

1) Lo que caracteriza, ante todo, al «modo de producción asiático» es la ausencia de propiedad privada del suelo.[17]

2) Por esto, la comunidad aldeana conserva una fuerza de cohesión esencial, que ha resistido a través del tiempo a las conquistas más sanguinarias.[18]

3) Esta cohesión interna de la antigua comunidad aldeana se hace aún mayor con la unión de la agricultura y la industria (artesanal) que es mantenida.[19]

4) Pero, por razones geográficas y climáticas, la agricultura próspera exige en estas regiones que se hagan imponentes obras hidráulicas: «El riego artificial es la primera condición de la agricultura».[20] Este riego exige casi por doquier un poder central regulador y emprendedor de grandes obras.[21]

5) En virtud de esto, el Estado logra concentrar la mayor parte del sobreproducto social en sus manos, lo que da lugar al nacimiento de capas sociales mantenidas con este excedente, que son la fuerza dominante de la sociedad (de ahí la expresión de «despotismo oriental»). La «lógica interna» de tal sociedad determina una gran estabilidad de las relaciones de producción fundamentales.

En los *Grundrisse* volvemos a encontrar todas estas características, sin exceptuar la importancia concedida a las obras hidráulicas.[22] Pero encontramos, al mismo tiempo, una serie de ideas complementarias que permiten circunscribir mejor lo que Marx y Engels entendían por «modo de producción asiático».

Por encima de todo, lo que se enfatiza reiteradamente es el desarrollo completamente accidental y secundario de las ciudades en el Oriente, estrechamente subordinadas a los jefes de Estado o sus sátrapas.[23] Esto significa que la producción es casi exclusivamente una producción de valores de uso.[24] Pero, *es el desarrollo de la producción de valores de cambio en las ciudades lo que permite preparar el predominio del capital*. Cuando el poderío del dinero se vuelve predominante en sociedades no industriales, conduce al dominio del campo sobre la ciudad.[25] En otras palabras: la estructura particular del «modo de producción asiático», y la subordinación de las ciudades a la agricultura y al poder central,[26] implican que el capital no puede alcanzar su pleno desarrollo. Esto equivale no a un estancamiento de las fuerzas productivas —que no se puede demostrar, sobre todo, en un caso como el de China— sino a un *desarrollo retardado*, que termina por ser fatal para las naciones fundadas en este modo de producción.[27]

Entonces ¿qué podemos pensar de los intentos realizados por autores como Maurice Godelier, Jean Chesneaux, Jean Suret-Canale y P. Boiteau, para reducir el «modo de producción asiático» a una formación socioeconómica que señala el paso de la sociedad sin clases a la sociedad de clases?[28]

Para hacer esto están obligados a *suprimir* en primer lugar el papel clave que Marx y Engels habían atribuido a las obras hidráulicas y a otras grandes obras[29] en la creación de este modo de producción. Godelier, que sigue en esto a Suret-Canale, afirma que «el control del comercio intertribal o interregional ejercido por aristocracias tribales sobre el cambio de los productos preciosos: oro, marfil, pieles, etcétera, entre el África negra y el África blanca»[30] pudo dar origen a reinos como los de Ghana, Mali, Songhoi, etcétera. Pero al dilatar así la noción de «modo de producción asiático» —exactamente como los autores marxistas «dogmáticos», que rechazaban este concepto, estaban obligados a dilatar la noción de «feudalismo»— la especificidad de esta definición corre el riesgo de desaparecer.

Pues lo que hacen estos autores es reducir insensiblemente las características del «modo de producción asiático» a las que señalan a toda aparición primera del Estado y de las clases dominantes en el seno de una sociedad aún basada esencialmente en la comunidad aldeana. En efecto, se puede considerar como demostrado que en *todos* los casos se trata de un tributo voluntario otorgado por las comunidades a objetivos de interés común —aunque haya sido un interés imaginario, religioso o mágico—;[31] que una aristocracia tribal o intertribal va apropiándose primero del usufructo y luego de la propiedad de este tributo; y que durante un período intermedio, más o menos prolongado, una «democracia básica», fundada en la comunidad aldeana, coexistió con un gobierno cada vez más «despótico» en la cumbre, expresión de la nueva clase dominante.[32]

Después de haber afirmado que el «modo de producción asiático» se deja reducir, en última instancia, a la sola combinación de una comunidad aldeana y de un poder central explotador,[33] los autores arriba mencionados no tienen dificultades para descubrir, con algo de sorpresa, no obstante, este modo de producción «asiático» [sic] en el África negra y en la América precolombina, e inclusive en la Europa mediterránea, a saber, entre los etruscos y en la civilización creto-micénica.[34] Pero una vez efectuada con éxito esta operación de reducción, tenemos que preguntarnos por lo que subsiste de específicamente asiático en esta categoría de tal manera dilatada. Y la respuesta es clara: no mucho, sobre todo en lo que concierne a los fenómenos que fueron, a pesar de todo, el punto de partida del análisis de Marx y de Engels: el carácter *hipertrofiado* y *despótico* del Estado; la inexistencia de la propiedad privada del suelo.

Pero la extensión excesiva de la noción de «modo de producción asiático» a todas las sociedades «de pasaje de la sociedad sin clases a la sociedad con clases» no permite dar cuenta y razón de otro aspecto, más importante, que esta noción había cobrado para Marx. Al hacer del «modo de producción asiático» una sociedad que se intercala entre el comunismo del clan y la sociedad esclavista o la sociedad feudal; al hacerla «estallar» ya sea por un camino, ya sea por el otro, se suprime de nuevo todo lo que tiene de específico la historia del Oriente. Se trae a esta, después de un corto rodeo, al antiguo camino trillado de la «esclavitud», o del «feudalismo» universales... después de haber censurado previamente la extensión excesiva de estas nociones.[35] Parecen no darse cuenta de que esta noción de «modo de producción asiático» abarca, en Marx y Engels, no solo a cualquier sociedad «primitiva» de India o de China, perdida en las brumas del pasado, sino a *la sociedad india y china tal y como el capital industrial europeo las encontró en el siglo XVIII*, en vísperas de la conquista (India) o de la penetración en masa (China) por este capital.[36]

Además, Romesh Dutt cita a este respecto informes oficiales de principios del siglo XIX, de autores que confirman que todavía entonces los campos pertenecían colectivamente a las comunidades aldeanas.[37]

Entonces, la noción de «modo de producción asiático», despojada de su sentido específico, ya no puede explicarnos el desarrollo particular del Oriente en relación con la Europa occidental y mediterránea. Pierde su utilidad principal como instrumento de análisis de las sociedades a las cuales Marx y Engels la habían destinado explícitamente. No puede recuperar esta especificidad más que volviendo a sus formulaciones originales y a la función que Marx y Engels le habían asignado: explicar las particularidades del desarrollo histórico de la India, de China, de Egipto, del Islam, con relación al desarrollo histórico de la Europa occidental.

Su último «*magnum opus*» carece evidentemente de objetividad científica;[38] no obstante, me parece que es en la antigua obra maestra de K.A. Wittfogel, de 1931, *Wirtschaft und Gesellschaft Chinas*, donde podemos encontrar hasta nuestros días la clave mejor para comprender el carácter específico del «modo de producción asiático», en el doble sentido en que Marx y Engels habían comprendido esta especificidad en los *Grundrisse*. Wittfogel describe ampliamente la extraordinaria proeza del campesino chino, que hizo de China, rápidamente, uno de los países más densamente poblados del mundo. Pero esta proeza está subordinada a la realización de obras hidráulicas de tal magnitud que las comunas, o inclusive agrupamientos de comunas o de provincias, no hubiesen podido ejecutar.[39] De ahí nace la necesidad objetiva, el papel funcional, de un fuerte poder central. De ahí también la posibilidad de que se desarrollen rápidamente grandes manufacturas mucho antes que en Europa,[40] pero que no dieron nacimiento a una burguesía libre, ni siquiera en la acepción medieval del término. El Estado es demasiado fuerte, impone a la acumulación del capital-dinero un ritmo demasiado discontinuo, subordina demasiado la vida intelectual y científica a las necesidades de la agricultura[41] para permitir un proceso equivalente al de la acumulación primitiva del capital y de la constitución de una industria moderna con proletariado libre, como en Europa occidental.

Hay que insistir en el hecho de que esta sociedad no es de ninguna manera primitiva, en el sentido de que no existan en ella clases sociales claramente delimitadas o constituidas. Por el contrario, al lado de los campesinos existen no solamente los funcionarios públicos, sino además los grandes propietarios de tierras —que se adjudican ilegalmente la propiedad del suelo— y los comerciantes y los banqueros que a menudo son enormemente ricos. Pero lo que determina la especificidad de estas clases en el «modo de producción asiático» es que, ante la hipertrofia del poder del Estado, no pueden nunca adquirir *el poderío social y político* que en otros países dio nacimiento al feudalismo, primero, y al capitalismo moderno después. He aquí, pues, qué es lo que tiene que permitirnos comprender el concepto de «modo de producción asiático».

Es necesario ahora responder a una objeción formulada por Michael Mauke, que se ha dedicado especialmente a profundizar en la noción de «clase» en Marx, en relación con una tesis acerca de los empleados, que estaba a punto de terminar en el momento en que falleció repentinamente, a la edad de 37 años. Mauke afirma que en el seno del modo de producción asiático hay tanto apropiación del sobreproducto social por las capas dominantes como derecho de encargo de sobretrabajo por las mismas. «Pero mientras éstos fenómenos estén ligados todavía a la realización de funciones para el *conjunto* de la sociedad (burocracia, teocracia, etcétera) — cualesquiera que puedan ser los abusos y los parasitismos— Marx no puede hablar de "clases", sino de gobierno, de dominación y de despotismo».[42]

Mauke generaliza aquí, abusivamente en opinión del autor, una característica de la clase dominante que no se aplica más que a la burguesía capitalista, para la cual la separación entre «interés privado» y «función social» es casi total.[43] En todas las clases dominantes precapitalistas, y *a fortiori* en clases no dominantes como el artesanado autónomo de la Edad Media, esta separación radical no existe. Al nivel del *demesne*, el señor feudal o el abad de la abadía cumplen funciones «útiles para la sociedad en su conjunto», lo mismo que el escriba del antiguo Egipto o que el mandarín de la China clásica. Vela por el desecamiento de los pantanos, se preocupa por construir y por proteger los diques cuando la necesidad geográfica lo impone, protege el territorio contra las incursiones de los bandoleros, etcétera.[44] Todo esto no impide que se apropie a cambio de estos «servicios» el sobreproducto social, siendo que la prehistoria y la historia demuestran que estas funciones pueden cumplirse al servicio de la colectividad, sin dar lugar a privilegios económicos.

Es en este sentido en el que se puede hablar de la aparición de una clase dominante en el «modo de producción asiático», clase que se apropia el sobreproducto social. Pero a la escala de las clases dominantes que la historia humana ha conocido, es ciertamente la que más cerca está de las funciones primitivas de «servidoras de la colectividad» y la más alejada de la burguesía contemporánea.

Además, la historia económica nos muestra que al lado de esta clase dominante, el «modo de producción asiático» encierra otras clases sociales diferentes de las de los campesinos y los señores; sobre todo, una clase de comerciantes relativamente desarrollada y una clase de artesanos urbanos, que trabajan exclusivamente por cuenta de los señores.[45]

Todavía no se ha hecho por otros autores, de manera sistemática, una crítica semejante a la que acabamos de formular con respecto a las concepciones de Godelier, Chesneaux, Suret-Canale y otros. Pero al menos está sugerida y parcialmente anticipada en diversos estudios.

Así, por ejemplo, en su introducción a la edición inglesa de *Formas que preceden a la producción capitalista*, Erick Hobsbawm se aparta prudentemente de toda interpretación mecanicista de la célebre serie de las «cuatro formaciones socioeconómicas principales» que Marx enumera en la «Introducción» a la *Contribución a una crítica de la economía política* (sociedad asiática, esclavista, feudal, capitalista), al escribir que se trata de una secuencia analítica y no cronológica.[46] Sin embargo, unas páginas antes, había mencionado la idea de Godelier de que el «modo de producción asiático» no representa todavía una sociedad de clases, o a todo lo más, representa una sociedad de clases del «género más primitivo».[47] Las dos observaciones son manifiestamente contradictorias. Si la secuencia no es cronológica, si el «modo de producción asiático» no se sitúa necesariamente *antes* de la sociedad esclavista (o inclusive, antes de la sociedad feudal) es imposible suponer que no se trate de una sociedad de clases, aunque solo sea una sociedad de clases rudimentaria...

Aunque tienda, a nuestro juicio sin razón, a reducir al mínimo el «modo de producción asiático», sobre todo en relación con sociedades más desarrolladas, como la India y China,[48] Maxime Rodinson critica implícitamente la concepción de Godelier, al comentar en estos términos el pasaje de los *Grundrisse* que analizamos hace un momento:

> Esencialmente, Marx ve el desarrollo precapitalista en relación con el capitalismo. Lo que le interesaba era la aparición, en las formaciones precedentes, de las condiciones que hacen posible la aparición de una sociedad capitalista. La historia precapitalista no es, como lo quiere una visión vulgar marxista, una sucesión de etapas universales de formaciones económico-sociales gobernadas por leyes implacables, que las conducen inevitablemente hacia el capitalismo, y, por

lo tanto, hacia el socialismo [...]. Parte de una comunidad primitiva, con una estructura esencialmente impuesta por las condiciones de existencia de la humanidad arcaica, pero que no por ello deja de presentar tipos variados. Algunos de estos tipos encierran un potencial de evolución en el seno de su estructura particular, por el hecho de sus contradicciones internas. En el curso de esta evolución, que se extiende sobre millares de años, se producen fenómenos que, al convergir en una región determinada (Europa), en una época dada (el siglo XVI) y en un contexto dado, producen la sociedad capitalista. Entre el punto de partida y el punto de llegada hay otros fenómenos como la esclavitud, modos de producción particulares[49] (más que formaciones socioeconómicas en la acepción estricta del término), en los cuales, en diversos lugares, cristalizaron relaciones económicas de dominación.[50]

Hay que mencionar el «Prólogo» notable de Pierre Vidal-Naquet a la edición francesa de *Despotismo oriental* de Karl Wittfogel, en el cual el autor acepta en términos generales la teoría del «modo de producción asiático» aplicada a los países a los cuales destinaba el propio Marx esta noción, subrayando las debilidades y las exageraciones del libro de Wittfogel, e insistiendo, a la vez, en el hecho de que «solo una agricultura que implique, de parte de la colectividad, la ejecución de grandes obras [...] es susceptible de crear este tipo de sociedad».[51]

Finalmente, es necesario citar un texto mimeografiado del señor Guy Dhuquois, profesor en la universidad de Argel, que su autor ha tenido la gentileza de enviarme.[52] Emite críticas análogas a las que acabamos de formular acerca de las tesis de Godelier, Chesnaux, Suret-Canale. Lo mismo que Maxime Rodinson, se atiene igualmente a la *intención* de Marx, que era la de oponer la línea de evolución europea a la emanada del «modo de producción asiático». Insiste a este respecto, con sobrada razón, en la «coherencia» y en la tendencia extremamente pronunciada a la estabilidad y a la «palingenesia» que caracterizan a este modo de producción:

El comercio crea a veces un esbozo de capitalismo [sería más correcto decir, de acumulación de capital],* pero está destinado a las necesidades de los aristócratas y del soberano que disponen del sobreproducto […]. Las ciudades parecen ser parasitarias, pues viven a expensas del mundo rural sin darle en cambio casi nada; solo ofrecen una base estrecha para el desarrollo del comercio y la artesanía urbanos. El financiero trabaja sobre todo por cuenta del «déspota». El comerciante y el financiero se encuentran en un medio que, desde diversos puntos de vista, económico, sociológico, político o cultural, es desfavorable a iniciativas individuales de tipo nuevo. Por ejemplo, los modelos sociales los incitan a comprar bienes raíces, o a colocar a sus hijos entre los funcionarios públicos. Por último, el Estado, director de toda la vida económica, interviene para controlar sus actividades. Vemos que el modelo dominante absorbe continuamente esas actividades marginales.[53]

El señor Guy Dhuquois indica, al mismo tiempo, que gracias a este criterio, la aplicación del concepto de «modo de producción asiático» a sociedades como las del Bajo Imperio romano o del Imperio bizantino está contraindicada. En primer lugar, la analogía está fuera de lugar «puesto que aparte de la importancia de la propiedad privada que, con los grandes propietarios de tierras, dio lugar a un esbozo de feudalismo, la preponderancia económica del Estado parece ser arbitraria por comparación con las necesidades técnicas».[54] Por esta razón esta preponderancia no tuvo larga duración, dio lugar a una degradación continua de la situación económica y finalmente al derrumbe del Estado, *sin llegar a la palingenesia*, tan característica para países como la India o China. Por otra parte, el Imperio bizantino tuvo una evolución «que parece haber sido ineluctable hacia un tipo particular de feudalismo que, aquí, se impuso definitivamente, siendo que, según nuestra

---

\* La aclaración pertenece a Ernest Mandel. *(N. del E.)*.

definición, en el modo de producción asiático el Estado debe normalmente reaparecer [...] en su papel tradicional».[55]

Pero la noción de «modo de producción asiático» no ha conocido solamente un feliz renacimiento en el transcurso de los últimos años. Ha sido también sometida a una crítica, por lo demás más seria que la efectuada por los «marxistas» dogmáticos de la época de Stalin. Este es sobre todo el caso de E.R. Leach, en un estudio aparecido en 1959 sobre Ceilán, y que sirve al mismo tiempo de crítica de la obra de Wittfogel.[56]

Esta crítica, válida en la medida en que tiene como objeto las formulaciones excesivas («dogmáticas al revés») del Wittfogel de 1958, es mucho menos pertinente cuando se la examina a la luz de las concepciones de Marx y de Engels a propósito del «modo de producción asiático» y del Wittfogel de 1931. Pues es indudable que existen «*elementos* de feudalismo» —es decir, de gran propiedad de tierras, de hecho, ya que no de derecho, cultivada con ayuda de trabajo obligatorio, o imponiendo una renta a los campesinos-arrendadores— en el seno del «modo de producción asiático». Según la descripción de Leach, estos elementos parecen ser más importantes en Ceilán que en la India o en China, pero existen igualmente en China y en *Wirtschaft und Gesellschaft Chinas* Wittfogel lo comenta ampliamente. Solo que: esta clase feudal jamás se volvió clase dominante. Sus progresos fueron considerados siempre como usurpaciones del poder del Estado y de los derechos de los campesinos; y cuando estas usurpaciones se volvían excesivas, provocaban periódicamente una crisis económica y política, que terminaba generalmente con el derrocamiento de la dinastía reinante, a través de una guerra campesina, y la aparición de una nueva dinastía que hacía entrar en razón a los latifundistas.[57]

Por lo demás, es posible, como lo sugiere Leach en su estudio, que el antiguo sistema de riego en Ceilán no haya sido tan impresionante como parece serlo ahora, por las dimensiones de sus ruinas.

Sugiere que se trata de yuxtaposiciones sucesivas, y que cada generación añadió cierto número de canales y de presas utilizando técnicas de trabajo *descentralizadas* (coordinadas a escala de la aldea). Pero, en este caso, la conclusión de Leach no desmiente realmente la tesis del «modo de producción asiático». En efecto, esta última combina la aparición de un Estado despótico hipertrofiado a la sola necesidad de realización de grandes obras hidráulicas. Y cuando estas obras se efectúan esencialmente al nivel de la aldea, como en el sistema de los kanatos del Irán,[58] el *despotismo* no es algo que se produzca necesariamente.[59]

Además, hay otros pasajes de los *Grundrisse* en los que Marx vuelve a considerar esta diferencia específica entre una *sociedad fundada en la producción de valores de uso*, es decir, en última instancia, en una sociedad fundada en la agricultura (ya sea el «modo de producción asiático», el modo de producción antiguo o inclusive el feudalismo «puro»), y una *sociedad fundada en la producción de valores de cambio*, en la producción de mercancías. La aparición del capital mercantil (comprar para vender) es un «movimiento que puede aparecer en el seno de pueblos o entre pueblos para los cuales el valor de cambio no se ha convertido de ninguna manera en la condición de la producción. El movimiento *no se apropia más que el excedente* de su producción orientada hacia el consumo inmediato, y no se produce más que en su frontera [es decir, marginalmente].\* Tal y como los judíos [lo han hecho] en el seno de la vieja sociedad polaca o en general en el seno de la Edad Media, pueblos comerciantes por entero, como en la Antigüedad, y más tarde los lombardos, pueden ocupar esta posición intermedia entre pueblos, cuyo modo de producción no posee todavía el valor de cambio como condición fundamental».\*\*[60]

---

\*   La aclaración pertenece a Ernest Mandel. *(N. del E.)*.
\*\*  Las cursivas pertenecen a Ernest Mandel. *(N. del E.)*.

Y añade:

> El dinero, como fortuna de comerciantes, tal como aparece en el seno de las formas de sociedad más diversas y en las etapas más diferentes de desarrollo de las fuerzas productivas sociales, no es sino un movimiento de intermediario entre extremos, a los cuales no domina, y entre condiciones que no crea [...]. La mayoría de los pueblos comerciantes o de las ciudades mercantiles independientes y poderosamente desarrolladas practican el *carrying trade*, que está fundado en la barbarie de los pueblos productores, entre los cuales desempeñan el papel del dinero (de intermediario). En las primeras etapas de la sociedad burguesa, el comercio domina a la industria; en la sociedad moderna ocurre lo contrario. El comercio reaccionará evidentemente, en mayor o en menor grado, sobre las comunidades, entre las cuales se efectúa. Someterá la producción, en mayor o en menor grado, al valor de cambio; rechazará, cada vez más a un segundo plano al valor de uso inmediato, en la medida en que haga depender la subsistencia más de la venta que de la utilización inmediata del producto. Disuelve las antiguas relaciones. Aumenta, por esto, la circulación del dinero. Capta primero el excedente de producción, después acapara progresivamente esta misma. *Pero la acción disolvente depende mucho de la naturaleza de las colectividades productivas, entre las cuales (el comercio) opera. De tal manera, apenas trastornó las comunidades antiguas de la India y en general las condiciones asiáticas.*\*61

Este pasaje es importante porque demuestra que en 1857-1858 Marx había conservado su opinión de 1853 a propósito de la resistencia que el «modo de producción asiático» presentaba a la acción disolvente del cambio. Subraya igualmente que, para Marx, toda la evolución progresiva de los modos de producción está fundada en

---

\*   Las cursivas pertenecen a Marx. *(N. del E.).*

*una dialéctica del sobreproducto social* (del excedente) que no es sino una dialéctica del «tiempo necesario» y del «sobretrabajo» como lo vimos anteriormente.

Nos resta situar todas estas consideraciones sobre el «modo de producción asiático» en su contexto concreto, es decir, en el análisis efectuado por Marx de las condiciones históricas, las más abstractas, del desarrollo del capital y del capitalismo. Se habrá entendido ya que, según el método dialéctico que utiliza con predilección en los *Grundrisse*, Marx no se detiene en la consideración de las «formas que preceden a la producción capitalista» más que para sacar a luz, de *manera negativa*, todos los factores que han conducido en Europa, positivamente, al florecimiento del capital y del capitalismo.

A este respecto, Marx subraya en particular la necesidad de que el trabajo se haga efectivamente «libre», pero no solo en el sentido jurídico, sino también y sobre todo en el sentido económico de la palabra, es decir, libre de toda atadura con los medios de subsistencia, de toda vinculación con los medios de trabajo. Esto es «ante todo el desligamiento del obrero respecto de la tierra, como desligamiento de su laboratorio natural; así, pues, es disolución de la propiedad libre del suelo y de la propiedad colectiva del suelo, basada en la comuna oriental».[62] Es una idea que vuelve a aparecer en numerosos pasajes en los *Grundrisse*, principalmente en un análisis de *las condiciones de la colonización*, que será ampliado en el primer tomo de *El capital*. El desarrollo del capitalismo es imposible mientras subsista el acceso libre a una tierra (relativamente) abundante:[63] este axioma establecido por Marx ha encontrado una confirmación impresionante en la tragedia impuesta a los pueblos de Zimbabwe y del África del Sur, que han tenido que ser separados de su suelo natal, e internados en grandes «reservas», para sufrir la obligación económica de vender su fuerza de trabajo al capital.

Esto implica, además, una separación del productor de sus medios de trabajo tradicionales (por ejemplo, del artesano independiente) y de los bienes producidos que se le arrebataban aun antes de que se pusiese a producir.[64]

Pero Marx revela también la otra cara de la moneda: en las comunidades primitivas el hombre está estrechamente integrado en condiciones de existencia naturales y en la colectividad «de la cual es, hasta cierto punto, propiedad».[65] El nivel de desarrollo de las fuerzas productivas no permite otra organización social. Solamente si este desarrollo rebasa la etapa de la comunidad primitiva, si las fuerzas productivas se vuelven *producto del hombre mucho más que producto de la naturaleza*,[66] el individuo se separa de las comunidades primitivas: «el hombre no se individualiza sino mediante el proceso histórico».[67] El cambio es uno de los principales instrumentos de esta individualización. Produce al mismo tiempo la enajenación del hombre pero crea a su vez las condiciones necesarias para su desarrollo integral como individuo, con toda la «universalidad de las necesidades, de las capacidades, de los disfrutes, de las fuerzas productivas de los individuos»,[68] que está ausente en las comunidades primitivas y está reprimida en la sociedad burguesa.

Veamos, pues, cuán injusto es el reproche que a menudo se le hace a Marx, según el cual desearía una integración completa del individuo en la colectividad, según la cual la socialización que desea sería una socialización íntegra del individuo.[69] Lo contrario es lo cierto. Si Marx concede una importancia tan grande al de-sarrollo de las fuerzas productivas; si está, en cierta medida, «enamorado del progreso técnico» —sin subestimar jamás los peligros de desmembración y de enajenación del trabajo que se desprenden del mismo—, es precisamente porque comprende que solo este desarrollo de las fuerzas productivas crea las condiciones necesarias de una *individualización cada vez más grande del hombre*, que se realizará, en definitiva, en la sociedad socialista.[70]

# Capítulo IX
## Rectificación de la teoría de los salarios

Como hemos visto, la primera obra que Marx consagró más particularmente al trabajo asalariado, *Lohnarbeit und Kapital* (*Trabajo asalariado y capital*), se apoyaba todavía, en parte, sobre una teoría errónea de los salarios tomada a grandes rasgos de Ricardo. La misma teoría de los salarios se encuentra en otros escritos de Marx de esa época, sobre todo en *Miseria de la filosofía* y en el *Manifiesto comunista*.

¿De qué se trata? La teoría ricardiana de los salarios se inspira ampliamente en Malthus y habla de un movimiento de oferta y demanda de mano de obra esencialmente estimulado por el proceso *demográfico*. El alza de los salarios determinaría una procreación intensificada de los obreros —o si se quiere hablar con más circunspección: una baja de la mortalidad infantil— que originaría un aumento de la oferta de brazos, y una caída de los salarios. Por el contrario, la caída de los salarios reduciría las dimensiones de las familias obreras —o, lo que viene a ser lo mismo, aumentaría la tasa de mortalidad infantil— provocando la reducción de la oferta de brazos. En un momento determinado, la demanda de mano de obra debe, pues, rebasar la oferta, lo cual acarreará un alza de los salarios. Estos dos movimientos del péndulo tienden a equilibrar el nivel de los salarios, pero al nivel más bajo, exactamente suficiente para mantener vivo al obrero y a una familia «mediana» —para permitir un movimiento demográfico que corresponda exactamente a las necesidades de mano de obra creadas por la industria capitalista.

Se trata indiscutiblemente de una teoría harto primitiva.[1] El razonamiento es caduco, en primer lugar, porque mientras define el salario como resultante de las fluctuaciones de la oferta y de la demanda de mano de obra, en realidad se limita —si acaso— a estudiar las fluctuaciones de la oferta, prescindiendo de las fluctuaciones de la demanda. No examina, como oferta de mano de obra, más que la que es resultado del movimiento demográfico en el medio obrero, haciendo abstracción de uno de los procesos más significativos del capitalismo: el de la proletarización de los productores que disponían anteriormente de sus medios de producción de manera directa, o de sus medios de cambio —campesinos, artesanos, pequeños comerciantes y pequeños empresarios—, y que aparecen progresivamente en el mercado para ofrecer su fuerza de trabajo.

Finalmente, en lo que el razonamiento parece tener de válido —las fluctuaciones de la mortalidad infantil gobernadas por el nivel de vida medio de las familias obreras— hay un craso error de razonamiento: se escamotea el factor tiempo. En realidad, una baja de la mortalidad infantil no aumenta inmediatamente la oferta de brazos; no la aumenta sino diez o quince años más tarde —el intervalo depende de la amplitud del trabajo infantil y de la edad media a que se comienza a contratar a los niños—. Para saber si este aumento de la oferta de mano de obra provocará o no una baja de los salarios, hay que plantearse, por lo menos, la pregunta de cuál es la tendencia de la demanda de mano de obra de decenio en decenio. La teoría de los salarios de Malthus-Ricardo presupone, entonces, tácitamente, un *estancamiento a largo plazo* de la demanda de mano de obra —¡de decenio en decenio!—, lo cual está en contradicción con los fenómenos de la revolución industrial, de la industrialización y del crecimiento económico bajo el capitalismo en general.

En tal forma burda, esta teoría solo la han sustentado los diversos socialistas llamados utópicos y Lassalle y su famosa «ley de hierro de los salarios».[2] Marx y Engels no la defendieron jamás; pero es innegable que influyó en ellos para formular su primera teoría errónea de los salarios, que concluyó, como la teoría Ricardo-Malthus, en la tendencia de los salarios a descender hasta el mínimo vital fisiológico, y mantenerse allí.

Es el «esbozo genial» del joven Engels, *Umrissezueiner Kritik der Nationalökonomie*, el que proporcionó la teoría de los salarios que los dos amigos mantuvieron, a grandes rasgos, hasta el segundo exilio de Marx en Inglaterra. Engels condenó como «infame e innoble» la doctrina de Malthus, no obstante lo cual adoptó sus conclusiones: «Al trabajo no le toca más que lo que es estrictamente necesario, los medios de subsistencia, sin más […]».[3] Dedujo este hecho no de un movimiento *demográfico* —aunque haya afirmado que era un mérito de Malthus haber «demostrado que la población pesa siempre sobre los medios de ocupación»—,[4] sino de un hecho económico: la *competencia universal* en la que los obreros son más débiles que los capitalistas, y están tanto más debilitados cuanto que pueden ser sustituidos por máquinas.

Después, este argumento final, que en los *Umrisse* parece ser un poco marginal, ocupará el primer lugar en la teoría de los salarios de las obras de juventud de Marx y Engels. Así, por ejemplo, en las «Notas de lectura» de 1844, Marx había añadido ya el siguiente comentario a textos de Ricardo y de Adam Smith: «En todos los países industriales, el número de obreros es ahora superior a la demanda, y puede reclutarse cotidianamente del proletariado *desocupado*, tal y como estos obreros aumentan a su vez ese proletariado. De este modo, la acumulación tiene también la consecuencia inversa de que el salario obrero es cada vez más bajo».[5] En el primero de los *Manuscritos económicos y filosóficos de 1844*, Marx afirma que el capitalismo reaccionará contra todo aumento de los salarios tratando de reducir la demanda de mano de obra *gracias a la sustitución de los trabajadores por las máquinas*: «Puesto que el hombre ha caído al nivel de una máquina, la máquina puede enfrentársele como competidora».[6] En el joven Marx, es esta tendencia innata del capitalismo a sustituir trabajo vivo por trabajo muerto la que se convierte, a la vez, en el motor de la acumulación del capital y de la tendencia a la baja de los salarios.[7]

La conclusión que entonces dedujo de esta ley es la de que cuanto más produce el obrero tanto menos consume; supone, pues, una baja absoluta de los salarios. El hecho de que el salario no puede aumentar en una situación dada más que haciendo que bajen las ganancias está ya claramente señalado en el segundo manuscrito de 1844.[8]

De tal manera, nuestros dos jóvenes autores desarrollaron de hecho una teoría de los salarios que parte *esencialmente no del movimiento demográfico, sino del movimiento de acumulación de capital.*

En los *Manuscritos económicos y filosóficos de 1844*, Marx señala que es el período de expansión, de elevada coyuntura, el que es más favorable al obrero, porque en tal período la demanda de mano de obra rebasa a la oferta, y la competencia entre los capitalistas se acentúa. Estos dos factores hacen que aumenten los salarios. Pero Marx añade que la lógica del sistema capitalista produce rápidamente el resultado opuesto. Pues la elevada coyuntura estimula la acumulación de los capitales, por lo tanto, la concentración capitalista, que hace que gran número de productores independientes vuelvan a caer en la condición de proletarios. De ahí el aumento de la oferta de mano de obra y la caída de los salarios.[9]

En *Miseria de la filosofía*, en el manuscrito *Arbeitslohn*, en *Trabajo asalariado y capital*, en el *Manifiesto comunista*, Marx y Engels siguen aferrados a la idea de que la tendencia general de los salarios en un régimen capitalista es una tendencia a la baja en la acepción absoluta del término, y a caer hacia el mínimo fisiológico de subsistencia. Indicamos anteriormente cuáles fueron las reservas y matices que introdujeron esta concepción, reservas y matices que los ayudaron grandemente a superar lo que había de erróneo en su teoría. Las dos fuerzas motrices de esta tendencia a la baja de los salarios reales son, por una parte, la sustitución de los trabajadores por las máquinas —es decir, una forma de acumulación de capital que suprime más empleos que los que crea— y, por otra parte, la *competencia creciente entre obreros*, como resultado de este desempleo permanente y creciente.

Al redactar sus notas *Arbeitslohn* en Bruselas, en 1847, Marx cree todavía que en definitiva tienen fundamento las objeciones de los economistas contra los sindicatos (las asociaciones de obreros), cuando afirma que estos últimos no pueden impedir las bajas de los salarios, porque su acción provoca inevitablemente nuevas formas de división del trabajo, el desplazamiento de los capitales de un sector a otro, la aparición de nuevas máquinas, etcétera. No por ello deja de defender estas «asociaciones», por considerar que es en su seno donde los obreros aprenden a prepararse para el derrocamiento de la «sociedad vieja».[10] Marx revisará y amplificará igualmente este punto de vista algunos años más tarde.

En pocas palabras, durante todo este período, la concepción fundamental de Marx acerca de los salarios es la de que el «precio natural» (el valor) del trabajo (de la fuerza de trabajo) es el salario mínimo, mínimo que es concebido como una noción fisiológica.[11] ¿Cuándo y cómo revisó esta concepción? No es fácil establecerlo con precisión. Pero fue sin duda el estudio de las fluctuaciones cíclicas, y de la actividad sindical en Gran Bretaña, lo que lo condujo a concepciones más correctas.[12]

En los *Grundrisse*, escritos en 1857-1858, diez años después de los pasajes que acabamos de citar,[13] Marx tiene ya una concepción más dialéctica, más completa y más madura acerca del problema de los salarios, que no modificó prácticamente hasta la redacción de *El capital*.

Así, Marx señala que lo único que distingue al obrero del esclavo es que puede *ampliar* el círculo de su disfrute en los períodos de coyuntura buena, que puede «participar en los disfrutes superiores, inclusive en los espirituales, en la agitación por sus propios intereses, que puede comprar periódicos, escuchar conferencias, educar a sus hijos, desarrollar sus gustos»,[14] en pocas palabras, «participar en la civilización» de la única manera que le queda abierta, *elevando sus necesidades*. Ahora bien, Marx afirma aquí, implícitamente, que este aumento del consumo, esta ampliación de las necesidades, son posibles para los obreros al menos en período de alta coyuntura, y que el valor de la fuerza de trabajo incluye, por lo tanto, dos elementos, siendo uno el elemento fisiológico más o menos estable, y siendo el otro un elemento variable, considerado como necesario para la reproducción de la fuerza de trabajo *según las necesidades crecientes adquiridas por los obreros*.

Y unas cuantas páginas más adelante,[15] indica que el capital tiene la tendencia a empujar al obrero a sustituir sus «necesidades naturales» (fisiológicas) por necesidades «históricamente creadas».

Esta idea, por lo demás, ya había sido tratada en un pasaje anterior de los *Grundrisse*, donde Marx subraya que el obrero es considerado también como *consumidor* por el capitalista, y que este tiende por tanto a querer estimular el consumo... salvo cuando se trata de sus propios obreros.[16] Y es desarrollada en el análisis de la producción de la plusvalía relativa, donde se ponen de manifiesto *los dos efectos contradictorios de la acumulación del capital sobre el valor de la fuerza de trabajo y sobre la evolución de los salarios*.

Por una parte, la acumulación del capital, la sustitución del trabajo viviente por máquinas, el acrecentamiento de la productividad del trabajo, tienden a hacer bajar el salario nominal (una misma cantidad de víveres o de mercancías en general es ahora producida en un lapso más reducido) e inclusive el salario real —bajo la presión del desempleo creciente—. Pero, por otra parte, la acumulación del capital implica la creación de ramas industriales nuevas, y por tanto la creación de empleos nuevos, así como *la creación de necesidades nuevas*, y la propagación de estas necesidades en medios cada vez más amplios.[17] De esta manera, tiende a aumentar el valor de la fuerza de trabajo (porque este valor incluye ahora el precio de las mercancías nuevas, que deben satisfacer estas necesidades nuevas) lo mismo que su precio —cuando el desempleo se reduce—. Los movimientos reales de los salarios no están determinados pues por leyes mecánicas y simples, sino que dependen de la interacción dialéctica de este *doble efecto* de la acumulación del capital sobre el valor de la fuerza de trabajo.[18]

En el manuscrito de las *Teorías sobre la plusvalía* (*Theorien über den Mehrwert*) redactado en 1862-1863, Marx señala que la acumulación del capital, a la vez que reemplaza constantemente al trabajo vivo por máquinas, puede reproducir el trabajo asalariado en una escala ampliada, es decir, aumentar de manera absoluta el número de los asalariados, aun cuando la masa de los salarios disminuya relativamente por relación al capital global.[19] Además, señala que en período de alta coyuntura los obreros «desempeñan un papel importante como consumidores», como «consumidores de sus propios productos» (bienes de consumo).[20]

Pero es en su exposición ante el Consejo General de la Asociación General de los Trabajadores (I Internacional), realizada el 20 y el 27 de junio de 1865, donde Marx expuso de manera completa su teoría de los salarios. Esta teoría está resumida en el pasaje siguiente:

> Pero hay algunas circunstancias particulares que distinguen el valor de la fuerza de trabajo, el valor del trabajo, de los valores de todas las demás mercancías. El valor de la fuerza de trabajo está constituido por *dos elementos*, uno de los cuales es puramente físico, en tanto que el otro es histórico o social. Su límite supremo está determinado por el elemento físico, es decir que,

para subsistir y reproducirse, para prolongar su existencia física, es necesario que la clase obrera reciba los medios de subsistencia, indispensables para vivir y multiplicarse. El valor de estos medios de subsistencia de necesidad absoluta constituye, por consiguiente, el *límite mínimo* del valor del trabajo [...].

Paralelamente a este elemento puramente fisiológico, el valor del trabajo está determinado por la manera de vivir acostumbrada en cada país. Esta no consiste únicamente en la existencia física, sino en la *satisfacción de determinadas necesidades que nacen de las condiciones sociales* en las cuales los hombres viven y han sido educados [...].

Si comparáis los salarios normales, es decir, los valores del trabajo en diferentes países y en épocas históricas distintas en el mismo país, encontraréis que el valor del trabajo mismo *no es una magnitud fija*, sino que es variable, inclusive si se supone que los valores de todas las demás mercancías permanecen constantes.*[21]

Marx deduce que si el límite mínimo de los salarios puede ser definido más o menos exactamente, no existe límite máximo para los salarios, más exactamente: el máximo de los salarios es aquel que deja subsistir suficientes ganancias, más allá del cual el capital ya no tiene interés en contratar mano de obra.

Entre este mínimo y este máximo, la determinación concreta del nivel de los salarios depende «de las fuerzas respectivas de los combatientes», es decir, de las vicisitudes de la lucha de clases. Esto es, además, lo que Marx trata de demostrar, puesto que su exposición tendía ante todo a refutar la tesis según la cual la acción de los sindicatos sería inútil e inclusive perjudicial para los trabajadores.**[22]

Pero «estas fuerzas respectivas de los combatientes» están a su vez determinadas, por lo menos en parte, por factores objetivos. Y entre estos cita, ante todo, la fluctuación de la oferta y de

---

\*    Las cursivas pertenecen a Ernest Mandel. *(N. del E.)*.
\*\*   Véase la carta a Engels del 20 de mayo de 1865. *[Nota de Ernest Mandel]*.

la demanda de mano de obra, lo que le permite señalar que en los países de ultramar como los Estados Unidos, relativamente poco poblados, donde el mercado de trabajo «se vacía constantemente por la transformación continua de los obreros asalariados en campesinos»,[23] la ley de la oferta y la demanda favorece al obrero y le permite obtener salarios más elevados que en Europa. Además, Marx había señalado algunos años antes —en una polémica con Ricardo— que la escasez relativa de población en los Estados Unidos había permitido estimular, a la vez, las alzas de salarios y una expansión prodigiosa del maquinismo.[24]

¿Cómo evolucionan la oferta y la demanda de mano de obra en los países que están ya considerablemente industrializados? Por la sustitución constante de los trabajadores por las máquinas, por el acrecentamiento constante de la composición orgánica del capital. La tendencia a largo plazo es, pues, la de un desequilibrio de la oferta y de la demanda en favor de los capitalistas y a expensas de los trabajadores, cree Marx: «La tendencia general de la producción capitalista no es a elevar el salario medio, sino a bajarlo».[25]

¿Hay que entender esta expresión en el sentido absoluto o en el sentido relativo del término, como baja del *valor* de la fuerza de trabajo o como *baja del poder de compra de los salarios*? Muchos elementos permiten suponer que el sentido relativo es más conforme al pensamiento de Marx que el sentido absoluto. Este indica, en efecto, en la misma exposición, que una baja del valor de la fuerza de trabajo, en caso de aumento de la productividad, puede ir acompañada del mantenimiento del salario real, y añade: «Aunque no se alterasen las condiciones de existencia absolutas del obrero, bajaría su salario relativo y, por ende, su situación social relativa en comparación con la del capitalista».[26]

Ahora bien, estas condiciones de acrecentamiento de la productividad son indiscutiblemente las más «normales» en los países capitalistas desde hace más de un siglo. Además, Marx añade inmediatamente al pasaje arriba mencionado: «Si el obrero opusiese resistencia a esta disminución del salario relativo, no haría sino esforzarse por obtener una parte de la productividad incrementada de su propio trabajo, y conservar su antigua situación social relativa».[27]

Esta eventualidad implica inclusive una tendencia al alza de los salarios reales, con baja de la parte relativa de los valores nuevamente creados que corresponden a los obreros. Y en las *Teorías sobre la plusvalía*,[28] Marx parece indicar que se trata de una tendencia general y que los «obreros no pueden impedir la baja de los salarios (en valor), pero no permiten su descenso hasta el mínimo absoluto, sino que más bien arrebatan cuantitativamente *cierta participación en el progreso de la riqueza general*».

Sea como fuere, la conclusión concerniente a la tendencia a la baja de los salarios medios debe templarse en todo caso con dos observaciones. No tiene validez más que para la sociedad capitalista considerada en su conjunto, es decir, a escala *mundial*; y se puede expresar muy bien concretamente en una tendencia al alza de los salarios medios de los países industrializados, pues la acumulación del capital cobra tal amplitud que el empleo aumenta constantemente con relación al movimiento demográfico, *porque la supresión de los empleos que implica este movimiento no se produce tanto en el interior de estos países como en el exterior, en los países llamados del «Tercer Mundo»*. Puede atenuarse por el hecho de que con los progresos del maquinismo aumentan al mismo tiempo los empleos en los sectores de servicios, y se desarrolla una nueva «clase media» que evita así un aumento continuo del ejército de reserva industrial, fenómenos que Marx había previsto mucho tiempo antes de que se produjesen, en dos pasajes de las *Teorías sobre la plusvalía*.[29] Y movimientos de migración de gran envergadura, como la emigración de unos setenta millones de europeos a América y a otras zonas de ultramar, en el siglo XIX, pueden finalmente modificar de manera profunda las tendencias de evolución de la oferta y la demanda de mano de obra.

Al mismo tiempo, la utilidad de la acción sindical es la de suprimir, al menos en gran parte, esa famosa competencia entre los obreros que, para el joven Marx, era la causa de la caída inevitable de los salarios hacia el mínimo.[30] En *Salario, precio y ganancia*, Marx se expresa de manera más científica al afirmar que cuando hay abundancia de oferta en el «mercado de trabajo», sobre todo en período de crisis económica y de desempleo masivo, la fuerza de trabajo corre el riesgo de ser vendida *por debajo de su valor*. La coalición obrera, la supresión de la competencia entre obreros, la negociación colectiva de los salarios, la acción sindical, todo esto apunta en última instancia a obtener que, *por término medio*, la fuerza de trabajo sea vendida en su valor y no por debajo de este. Y estas formas de acción son consideradas como absolutamente indispensables por Marx, pues sin ellas la clase obrera «se tendría que resignar a no ser más que una masa informe, aplastada, de seres famélicos a los cuales no se podría ayudar de ninguna manera».[31] Pero las *posibilidades* objetivas de una acción sindical acertada dependen a su vez de la amplitud relativa del ejército de reserva industrial que, como dirá Marx en *El capital*, es reguladora del nivel de los salarios. Solo cuando el desempleo tiende a estabilizarse o a reducirse a largo plazo, puede producirse un alza de los salarios reales a largo plazo.[32]

Para Marx, lo esencial era poner de manifiesto la depauperación *relativa* del proletariado, el hecho de que, inclusive cuando sus salarios aumentan, aumentan mucho menos que las riquezas del capital. Desde *Trabajo asalariado y capital* encontramos a este propósito la imagen de la casa «grande o pequeña» al lado de la cual se eleva un palacio. Veinte años más tarde, escribirá en *El capital*: «La situación del obrero debe agravarse, cualquiera que sea su salario, *tanto si es bajo como si es alto*». Una misma condenación de la depauperación relativa liga estas dos expresiones.[33] Todo lo que antecede indica claramente que Marx jamás expuso en sus obras de madurez una «ley» de la depauperación absoluta de los trabajadores, aunque considerase inevitable su depauperación relativa.

Eliane Mossé[34] cita el célebre pasaje del tomo I de *El capital* —capítulo XXXII— donde Marx habla de la acumulación de la riqueza en un polo que es al mismo tiempo «acumulación de miseria, de sufrimiento en el trabajo, de esclavitud, de incertidumbre, de embrutecimiento y de degradación moral en el polo opuesto, es decir, del lado de la clase que produce su propio producto en calidad de capital».[35] Pero esta autora parece no darse cuenta de que, según el contexto (es decir, las frases anteriores), la expresión tiene validez no para los obreros que tienen trabajo, sino para el «leprosario del proletariado», es decir, para la masa de desempleados que constituyen el ejército de reserva industrial. Esto es subrayado en el pasaje anterior, en el que Marx señala «la ley absoluta, general, de la acumulación capitalista»:

> La magnitud relativa del ejército de reserva industrial crece, entonces, de acuerdo con el potencial de la riqueza. Pero cuanto más grande es este ejército de reserva con relación al ejército de obreros activos, tanto mayor es la población excedente consolidada, cuya miseria guarda relación inversa con su sufrimiento en el trabajo. Tanto más grande es, finalmente, el leprosario de la clase obrera y el ejército de reserva industrial, y mayor el pauperismo oficial.[36] *He ahí ley absoluta, general, de la acumulación capitalista.* Como todas las demás leyes, es modificada en su realización por numerosas circunstancias, cuyo análisis no debemos hacer aquí.[37]

No hay, pues, razón para hacer deducción alguna de este pasaje referente a la evolución de los *salarios*, y mucho menos si tenemos presente que Marx antepone al mismo la frase: «Por consiguiente, la situación del obrero tiene que agravarse en la medida en que se acumula el capital, sea cual fuere su retribución, elevada o baja».

Numerosos estudios confirman la existencia de este «leprosario» de la clase obrera, en todos los países capitalistas. El ejemplo más impresionante es el del país de los salarios más elevados, los Estados Unidos, donde la «ley absoluta, general de la acumulación capitalista», se ha verificado de manera dramática. Desde la aparición del libro de Michael Harrington *The Other America*, en los Estados Unidos se ha aceptado, por lo general, que una cuarta parte de la población, o sea, cerca de 50 millones de norteamericanos, son pobres y sufren los estigmas de la pobreza.[38] Y si esta cifra no es más elevada, se debe en parte al hecho de que entre 1940 y 1957 el porcentaje de mujeres casadas asalariadas o empleadas ha pasado del 15% al 30%, lo cual implica, en un país en el que los servicios sociales están notoriamente subdesarrollados, «el empobrecimiento […] de los niños que reciben menos cuidados, menos amor y menos vigilancia».[39]

El profesor James está más cerca del pensamiento de Marx que la señorita Mossé cuando escribe en el prólogo al libro de esta última: «La conclusión es la de que, conforme a las concepciones de Marx, se ha producido una "depauperación absoluta" y una "depauperación relativa" de la clase obrera, en el transcurso de la expansión francesa. En lo que concierne a la "depauperación relativa", en el sentido indicado por Marx, parece ser convincente la demostración de la señorita Mossé. Pero lo importante sería probar que ha habido una "depauperación absoluta". Ahora bien, no vacilo en decir que, sobre este punto, la lectura de la obra de la señorita Mossé no me ha convencido».[40] En efecto, la «depauperación absoluta» no está de acuerdo con las concepciones del Marx de los años de madurez.

Hay además una prueba más evidente todavía de que Marx y Engels no sostenían una hipótesis de la «depauperación absoluta» del proletariado. En su crítica del programa de Erfurt de la socialdemocracia alemana, Engels comentó la frase «el número y la miseria de los proletarios aumenta sin cesar» de la manera siguiente: «Dicho de manera tan absoluta, no es cierto. La organización de los trabajadores, su resistencia creciente sin cesar, podrán quizá oponer un dique determinado al *acrecentamiento de la miseria*. Pero lo que aumenta sin *ninguna duda es la inseguridad de la existencia*. Es esto lo que yo haría constar».[41]

No obstante, podemos concebir que, para Marx, la depauperación relativa no tiene que ver solamente con la relación entre el ingreso global y el que toca a los obreros. Tiene que ver también con la insuficiencia de los salarios con relación a las necesidades nuevamente suscitadas por la producción capitalista.

Para Marx, se trata de comparar los salarios con la riqueza general creada por el trabajo; y «la riqueza considerada desde un punto de vista *material* no consiste más que en la diversidad de las necesidades».[42] Ahora bien, la evolución de la producción industrial tiende a hacer comunes e imprescindibles necesidades previamente consideradas como de lujo. Pero lo hace de manera contradictoria, en el seno del modo de producción capitalista «en la medida en que pone solamente un criterio social determinado como necesario con relación al lujo».[43] En otros términos: solo determinadas necesidades nuevas son satisfechas, incluidas en el cálculo de los salarios, por la mano de obra asalariada, mientras que otras siguen siendo necesidades de lujo, a las que los trabajadores no tienen acceso, a pesar del hecho de que la gran industria podría satisfacer estas necesidades también para ellos, si no se desarrollase sobre la base de la apropiación privada.

Al terminar el análisis detallado del problema de los salarios, Marx ha concluido en realidad la obra analítica que habría de permitirle redactar *El capital*. «Ahora estoy trabajando como un caballo, pues debo aprovechar el tiempo mientras sea capaz de trabajar, y los carbunclos no me dejan en paz», escribió Marx a Engels el 20 de mayo de 1865.[44] Dice además que la burguesía se acordará durante mucho tiempo de estos carbunclos.

## Capítulo X
## De los *Manuscritos económicos y filosóficos de 1844* a los *Grundrisse*: de una concepción antropológica a una concepción histórica de la enajenación

Ha llegado el momento de concluir. Ha sido descrita la génesis del pensamiento económico de Marx. ¿Cómo se puede resumir la evolución de las concepciones económicas de Marx, de 1843-1844, época en que comienza a estudiar sistemáticamente la economía política, hasta después de la redacción de los *Grundrisse*?

Marx abordó los problemas económicos como filósofo, imbuido aún de Hegel y de Feuerbach, aceptó en bruto la crítica materialista de Hegel por Feuerbach, pero inició al mismo tiempo la crítica de Feuerbach apoyándose en Hegel, en virtud de que la aportación de Hegel podía añadir a la antropología una dimensión histórico-social que estaba ausente en Feuerbach.[1] Es así como los *Manuscritos... de 1844* constituyen un fascinante encuentro entre la filosofía y la economía política, que es, a la vez, fuente de conciencia nueva y de contradicción en el propio Marx y que sigue siendo fuente de problemas y de controversias para quienes la estudian hoy.

Este encuentro de la filosofía y de la economía política no es nuevo, sin embargo, en la historia del pensamiento humano. Lo encontramos en Aristóteles y en Santo Tomás de Aquino; los teóricos liberales del derecho natural lo habían practicado en gran escala.[2] A través de la crítica de la filosofía del derecho de Hegel, Marx había descubierto ya que el Estado que defiende los intereses de los propietarios no sirve a los intereses de la sociedad en su conjunto. Bastaba comparar la realidad de la sociedad burguesa con las hipótesis de los teóricos del derecho natural para percatarse de que la igualdad de oportunidades y la afirmación de la personalidad de cada quien son engañosas en una sociedad fundada en la propiedad privada.

Pero es la filosofía del trabajo de Hegel la que le proporcionó los elementos conceptuales con los cuales Marx efectuó su primera confrontación con la economía política.[3] Esta filosofía del trabajo fundada en el *System der Sittlichkeit*, desarrollada en la *Realphilosophie*, firmemente asentada en la *Fenomenología del espíritu* y mantenida en la *Filosofía del derecho* y en la *Ciencia de la lógica*[4] es, al mismo tiempo, una verdadera antropología.

Hegel estableció, en efecto, desde 1805-1806 la relación entre la teleología del hombre y la causalidad de la naturaleza, que el hombre utiliza en su trabajo (trabajo que presentará en la *Ciencia de la lógica* como la forma original de la *praxis* humana). Y en la *Fenomenología del espíritu* Hegel define el trabajo como el «deseo contenido» (*gehemmte Begierde*).[5] Desarrolló una verdadera dialéctica de las necesidades y del trabajo, y llegó, de tal manera, a una doble definición del trabajo alienante y alienado: alienante porque el trabajo es, *por naturaleza*, exteriorización (*Veräusserung*) de una capacidad humana, que hace que el hombre pierda algo que le pertenecía antes; alienado porque las necesidades van delante siempre de la producción, porque esta nunca puede satisfacer plenamente a aquellas.[6]

La naturaleza antropológica de la noción de «trabajo alienado» en Hegel no reside en el hecho de que Hegel no haya entrevisto las contradicciones sociales producidas por la sociedad burguesa. Se encuentra en la *Filosofía del derecho* un pasaje que se lee como una anticipación del pasaje más célebre de *El capital* concerniente a las tendencias generales de la acumulación capitalista: «[...]

la acumulación de las riquezas aumenta de un lado, tal y como aumenta del otro lado la singularización (*Vereinzelung*) y la limitación (*Besch-ränkung*) del trabajo particular, y por lo tanto la dependencia y la miseria de la clase ligada a este trabajo».[7] Y en su *Estética*, Hegel describe la oposición entre la pobreza y la riqueza, y la enajenación de *todas* las clases sociales que es su resultado, de manera bastante vívida, en el siguiente pasaje:

> He aquí que aparecen en el seno de esta formación industrial y del empleo recíproco de las demás formaciones, lo mismo que en su rechazo, en parte la más dura ferocidad de la pobreza, y en parte, si la miseria debe ser apartada, individuos que pueden parecer ricos, de manera que se les libere del trabajo para sus necesidades y que puedan dedicarse a intereses más elevados. En medio de esta abundancia, ha quedado eliminado el reflejo constante de una dependencia sin fin, y mientras más alejado esté el hombre de los azares del sustento diario menos integrado estará a su medio más cercano, que ya no ve como su obra. Todo lo que lo rodea no ha sido creado por él, sino… por otros.[8]

La naturaleza antropológica y engañosa de esta teoría estriba en el hecho de que, por una parte, Hegel considera que esta enajenación está fundada en la *naturaleza del hombre*, o en la naturaleza sin más, y de que, por otra parte, no admite que la contradicción que resulta de la oposición de la riqueza y de la pobreza pueda conducir a una eliminación de esta enajenación mediante una transformación de las estructuras de la sociedad, desde el momento en que se alcanza un determinado nivel de desarrollo de las fuerzas productivas.[9]

De esta posición parte Marx para ponerla en tela de juicio, a la vez que pone en tela de juicio los fundamentos de la economía política clásica, comparándolos con la antropología de Feuerbach y de Hegel. Los instrumentos del análisis *parecen* ser idénticos; los resultados del análisis son diferentes. En este sentido, no podemos estar de acuerdo con Althusser cuando afirma:

> [...] este encuentro de Marx con la economía política es *todavía* [...] un encuentro de la *filosofía* con la economía política [...] de la filosofía fabricada por Marx a través de todas sus experiencias práctico-teóricas [...]. Es esta filosofía la que resuelve la contradicción [...] *pensándola* [la contradicción entre la depauperación creciente de los obreros y las riquezas crecientes de la sociedad] y, a través de ella, pensando toda la economía política, todas sus categorías, a partir de un concepto clave: el concepto de *trabajo alienado*.[10]

Es mucho más acertado señalar, como hace Marcuse: «La transición de Hegel a Marx es, de todo punto de vista, una transición a un orden diferente de verdad, que no puede ser interpretado en términos filosóficos. Veremos que todos los conceptos filosóficos de la teoría marxista son categorías sociales y económicas, mientras que las categorías sociales y económicas de Hegel son todas conceptos filosóficos. Ni siquiera los primeros escritos de Marx son filosóficos. Expresan la negación de la filosofía, aunque lo hagan todavía en lenguaje filosófico».[11]

Y es que, desde el principio, Marx afirma claramente su posición crítica respecto a la economía política, lo mismo que respecto a la filosofía.[12] Su punto de partida en esta crítica no es de ninguna manera el «concepto» de trabajo alienado; su punto de partida es, por lo contrario, la *observación práctica de la miseria obrera* que crece en la misma medida en que crecen las riquezas que esta misma clase obrera produce. Su conclusión no es, de ninguna manera, una conclusión filosófica, al nivel del pensamiento, de la idea, del trabajo intelectual. Por lo contrario, llega a la siguiente conclusión: «Para rebasar la *idea* de la propiedad privada, el pensamiento comunista basta ampliamente. Para rebasar la propiedad privada real, se necesita una *verdadera* acción comunista».[13] El llamado a la acción revolucionaria, llevado a cabo por el proletariado, ha sustituido ya a la resignación de la «filosofía del trabajo».

¿Quiere esto decir que los *Manuscritos… de 1844* han rechazado ya todas las escorias filosóficas de un pensamiento que de ahora en lo adelante será rigurosamente socioeconómico? De ninguna manera. Se trata precisamente de una transición del joven Marx desde la filosofía hegeliana y feuerbachiana hasta la elaboración del materialismo histórico. En esta transición se combinan necesariamente elementos del pasado con elementos del porvenir. Marx combina a su manera, es decir, modificándolos profundamente, la dialéctica de Hegel, el materialismo de Feuerbach y las determinaciones sociales de la economía política.[14] Esta combinación no es coherente. No crea un nuevo «sistema», una nueva «ideología». Ofrece fragmentos dispersos que encierran numerosas contradicciones.[15] Y tampoco hay que olvidar que se trata de un «manuscrito no solamente incompleto, sino destruido también en parte».[16] Es precisamente a la luz del concepto de trabajo alienado como pueden revelarse claramente las contradicciones que encierran los *Manuscritos… de 1844*.

Después de haber descubierto sucesivamente la enajenación en el ámbito religioso —desde el anexo a su tesis de doctorado— y en el ámbito jurídico —el interés privado aliena al hombre de la colectividad— Marx había comprendido, desde su *Crítica del derecho público en Hegel*, que la propiedad privada es una fuente general de enajenación, y después, desde la *Contribución a la crítica de la filosofía del derecho de Hegel*, que la enajenación humana es fundamentalmente una enajenación del trabajo humano.[17] Al someter a la economía política a una crítica sistemática, descubrió que esta tendía a disfrazar las contradicciones sociales, la miseria obrera, que estaban, por así decirlo, resumidas en el fenómeno del trabajo alienado.

Pero aquí el pensamiento de Marx oscila al borde de grandes descubrimientos. En uno de los fragmentos de los *Manuscritos… de 1844*

Marx describe de manera notable el trabajo alienado como producto de *una forma particular de la sociedad*. Se niega explícitamente a hacer retroceder el problema hasta las brumas del pasado. Proclama: «Partimos de un hecho económico *contemporáneo*. El obrero se hace más pobre mientras más riquezas crea [...]. El obrero se convierte en una mercancía que es más barata mientras más mercancías produce. La *devaluación* del mundo humano se incrementa en proporción directa a la *supervaloración* del mundo de las cosas [de las mercancías].\* El trabajo no produce solamente mercancías; se produce también a sí mismo y al obrero como *mercancía*, y justamente en la medida en que produce precisamente mercancías».[18]

No quiero alargar la cita; pero todo es coherente en el contexto indicado por el propio Marx. *En la sociedad contemporánea* el trabajo alienado es el trabajo que no es propietario de los productos de su trabajo; es el trabajo que produce para enriquecer a otros; es el trabajo que se convierte en trabajo forzado, que se convierte en trabajo en provecho de quienes no trabajan. En otros términos: el trabajo alienado es aquí reducido, claramente, a la división de la sociedad en clases, a la oposición entre el capital y el trabajo, a la propiedad privada y, si se quiere, en un pasaje muy oscuro, a la división del trabajo y al nacimiento de la producción mercantil.[19]

Pero el manuscrito se detiene bruscamente por este camino. El pensamiento se bifurca y produce un pasaje en el que el origen del trabajo alienado no se busca en una forma *específica* de la sociedad humana, sino en la *naturaleza* humana misma, o más exactamente, en la *naturaleza* sin más,[20] donde el trabajo alienado se opone a las cualidades del «hombre genérico» (*Gattungswesen*), donde la enajenación podría comprenderse primero, si no como *exteriorización* en un sentido hegeliano, sí por lo menos como negación de un «hombre ideal» que nunca ha existido.

---

\*   La aclaración pertenece a Ernest Mandel. *(N. del E.)*.

Incluso ahí, Marx rebasa ya a Hegel, porque, para decirlo de nuevo con las palabras de Naville:

> Lo que hay que recordar aquí es que la enajenación no está fundada solamente en la sociedad, sino que también lo está en la naturaleza; pero las relaciones naturales pueden recrear lo que destruyen las relaciones sociales, la reapropiación humana depende de su mantenimiento. En efecto, la naturaleza es *una* y el «desgarramiento» interior, tal como Hegel lo ha ilustrado, no es más que relativo; no tiene carácter de absoluto. De manera que precisamente porque la enajenación tiene también un carácter natural, es una discordancia transitoria en el seno de la naturaleza misma, puede ser superada y la apropiación natural puede volver a encontrar.[21]

No obstante, esta concepción antropológica de la enajenación aunque va mucho más lejos que la de Hegel, porque desemboca en una solución, es en gran parte filosófica, especulativa. No tiene fundamento empírico. No está demostrada. Además, no la volvemos a encontrar en los otros manuscritos, sobre todo en el desarrollo notable en lo concerniente a las necesidades, donde Marx opone explícitamente la enajenación de los consumidores bajo el régimen de la propiedad privada al disfrute, fuente de desarrollo de las capacidades universales del hombre.[22] Se trata, pues, de una contradicción en el seno de los *Manuscritos... de 1844*,[23] que ninguna casuística puede hacer desaparecer, ya sea interpretando arbitrariamente los pasajes socioeconómicos en un sentido filosófico, ya sea interpretando el pasaje arriba mencionado como si fuese equivalente a la descripción de una enajenación *socialmente determinada*.[24]

Sabemos cómo resolvió después esta contradicción el propio Marx. Abandonando decididamente el concepto de «hombre genérico», que llega inclusive a reprochar a Stirner, un año más tarde, en *La ideología alemana*, descubre las raíces históricas precisas de la explotación del hombre por el hombre, y esboza así sus orígenes, las razones de su realización y las condiciones de su desaparición.

En *La ideología alemana* la fuente de trabajo alienado se deriva de la división del trabajo y de la producción mercantil, idea que volvemos a encontrar en el tercero de los *Manuscritos... de 1844*.²⁵ Y en *El capital* el carácter fetichista de las categorías económicas se reduce a las relaciones mercantiles, es decir, a la propiedad privada y a la competencia, que aíslan a los productores —y propietarios— individuales entre sí, desde antes del advenimiento del capitalismo, desde la pequeña producción mercantil.²⁶

Así, pues, la evolución del concepto de trabajo alienado de Marx es clara: desde una concepción antropológica (feuerbach-hegeliana) antes de los *Manuscritos... de 1844* avanza hacia una concepción histórica de la enajenación (a partir de *La ideología alemana*). Los *Manuscritos... de 1844* constituyen una transición de la primera a la segunda, donde la concepción antropológica sobrevive en algunos lugares, aunque se realiza ya un progreso considerable con respecto a la concepción hegeliana, en primer lugar porque no está ya fundada en una dialéctica necesidades-trabajo que desemboca en la imposibilidad de una solución²⁷ y, en segundo lugar, porque implica ya la posibilidad del rebasamiento de la enajenación, gracias a la lucha comunista del proletariado.

Una enorme controversia ha nacido en torno al concepto de enajenación en Marx, casi inmediatamente después de la primera publicación de los *Manuscritos... de 1844* en 1932. Esta controversia dista mucho de haber concluido. Acaba incluso de reaparecer en Francia, con la publicación de *Pour Marx* de [Louis] Althusser, que ha conocido ya numerosos comentarios críticos.

El punto de partida de esta controversia ha sido el intento realizado por una serie de filósofos burgueses o revisionistas de «reinterpretar» a Marx a la luz de sus obras de juventud.²⁸ Pero las líneas directrices de la discusión así iniciada se han combinado y superpuesto hasta tal punto que hoy podemos distinguir tres posiciones diferentes:

1) La posición de quienes tratan de negar la diferencia entre los *Manuscritos... de 1844* y *El capital*, pues pretenden encontrar lo esencial de las tesis de *El capital* en los *Manuscritos... de 1844*.

2) La posición de aquellos que, contra el Marx de *El capital*, consideran que el Marx de los *Manuscritos... de 1844* expone de una manera más «global», más «integral», el problema del trabajo alienado, sobre todo al darle una dimensión ética, antropológica o incluso filosófica a esta noción, y que, por consiguiente, o bien contraponen los dos Marx o bien «reevalúan» *El capital* a la luz de los *Manuscritos... de 1844*.

3) La posición de quienes consideran que las concepciones del joven Marx de los *Manuscritos... de 1844* acerca del trabajo alienado no solo estaban en contradicción con el análisis económico de *El capital*, sino que incluso eran un obstáculo que había impedido al joven Marx aceptar la teoría del valor-trabajo. Para los representantes extremistas de esta escuela, el concepto de enajenación es un concepto «premarxista», que Marx tuvo que superar antes de llegar a un análisis científico de la economía capitalista.

La primera escuela reúne, de manera harto extraña, autores comunistas oficiales, escritores socialistas ferozmente anticomunistas como Erich Fromm y M. Rubel y autores católicos como el R.P. Bigo, el R.P. Calvez y H. Bartoli.[29]

Así, por ejemplo, Fromm escribe: «Tiene importancia extrema para la comprensión de Marx observar cómo el concepto de enajenación ha sido y sigue siendo el punto central del pensamiento del "joven" Marx, que escribió los *Manuscritos económicos y filosóficos de 1844*, y del "viejo" Marx, que escribió *El capital*».[30] Fromm cita a este respecto, explícitamente, la idea de que la enajenación, para

Marx, implica una enajenación del hombre de la naturaleza. Pero es evidente que esta concepción está completamente ausente de *El capital*.[31] De igual manera, el intento de identificar el concepto de enajenación del trabajo de los *Manuscritos... de 1844* con el concepto de enajenación y de mutilación del obrero, tal como lo volvemos a encontrar en las obras ulteriores de Marx, deja intacto el verdadero problema: a saber, el de la yuxtaposición de una concepción antropológica y de una concepción histórica de la enajenación en los *Manuscritos... de 1844*, que son lógica y prácticamente irreconciliables. Si la enajenación está verdaderamente fundada en la naturaleza del trabajo, y si este es indispensable para la supervivencia del hombre, como señalará Marx, más tarde, en una famosa carta escrita a Kugelmann,[32] entonces la enajenación jamás podrá ser superada. En una comparación precisa de los dos pasajes, uno de los *Manuscritos... de 1844* y el otro de *El capital*,[33] Fromm no señala que, en el primer pasaje, se trata del trabajo y de los productos del trabajo *en general*, mientras que el segundo pasaje comienza precisamente con las palabras: «En el sistema capitalista...».

Clasificamos estas dos últimas obras en la primera categoría con algunas reservas. Aunque estos autores subrayen la continuidad del pensamiento económico de Marx, desde los *Manuscritos... de 1844* hasta *El capital*, de todas maneras tienden a revaluar un poco esta última obra a la luz de la primera.

Por su parte, M. Rubel afirma que en los *Manuscritos... de 1844* y con la noción de trabajo alienado «nos encontramos en el meollo mismo de la crítica y de la visión marxista, tenemos la clave de toda la obra futura del economista y del sociólogo [...]. El concepto de trabajo alienado ocupará en lo sucesivo un lugar central en la sociología y en la ética marxistas».[34] ¿Cómo es posible descubrir la «clave» de la obra futura del economista fuera de la teoría del valor-trabajo y de la teoría de la plusvalía? A lo sumo, podríamos aprobar la idea de que la motivación fundamental de

Marx está revelada en los *Manuscritos… de 1844*; que a partir de este momento trató efectivamente de criticar una «economía política inhumana». Pero entre ese motivo de la crítica y el contenido *eficaz* de esta hay un mundo de diferencia, sobre el cual el propio Marx ha llamado la atención, y sobre el cual volveremos en las conclusiones de este estudio.

Tampoco se puede aceptar la opinión de Togliatti, que afirma que en los *Manuscritos… de 1844* «las categorías económicas son reducidas a la expresión necesaria de un proceso dialéctico real. Se abre el camino a la crítica de la totalidad de la sociedad burguesa, que se hará en los años y en las obras siguientes, que culminará en *El capital, pero de la cual se puede decir que, en gran parte, ya está completa*».*

Más aún: «A pesar de la forma, que no es sencilla, siente uno *que todo el marxismo está contenido ya aquí*.**[35] ¿Todo el marxismo, sin la teoría del valor-trabajo, sin la teoría de la plusvalía, sin comprender que el conflicto entre nivel de desarrollo de las fuerzas productivas y relaciones de producción es el motor de las revoluciones sociales?

Es interesante señalar la identidad de concepciones de Togliatti y del R.P. Jean-Yves Calvez: «No […] han faltado intérpretes para reconocer que las categorías económicas de *El capital* no corresponden al mismo modo de pensar que las categorías filosóficas de las obras de juventud de Marx […]. Hemos llegado a una conclusión que contradice rigurosamente todo intento de disociación de esta clase. Todo el razonamiento de Marx descansa sobre el nexo entre las diversas alienaciones». Y también: «Hay una real unidad en toda la obra de Marx: las categorías filosóficas de enajenación que había tomado de Hegel en su juventud habrían de formar la armazón de su gran obra de madurez».[36] Lo malo, para esta hipótesis, es

---

\*   Las cursivas pertenecen a Ernest Mandel. *(N. del E.).*
\*\*  Las cursivas pertenecen a Ernest Mandel. *(N. del E.).*

que las categorías «filosóficas» tomadas de Hegel ya están «puestas sobre los pies», es decir, transformadas en categorías socioeconómicas, desde los *Manuscritos... de 1844*, y que representan, a lo sumo, la motivación y no la armazón de *El capital*, cuya «trama» está constituida por una crítica de las categorías de la economía política burguesa y el perfeccionamiento de la teoría del valor y de la plusvalía.

Tampoco puedo estar de acuerdo con la observación de Jean Hyppolite: «Estas posiciones de partida de Marx se vuelven a encontrar en *El capital* y son las únicas que permiten comprender bien la significación de toda la teoría del valor».[37] Al decir esto, Hyppolite sugiere, de hecho, que esta teoría no se comprendería sino a partir de la indignación moral de Marx, enfrentado a los problemas del trabajo alienado. La dialéctica real de la evolución de Marx es más compleja y más rica a la vez.

Hay *coincidencia* entre la motivación ética y las conclusiones del análisis económico; una abarca a las otras. Pero este análisis económico tiene su *valor autónomo propio*. Procede de un estudio económico rigurosamente científico. La teoría de la plusvalía corresponde a una *realidad objetiva*; aunque refuerce la indignación moral de Marx en lo tocante al capitalismo es independiente de esta.

Encontramos elementos de confusión análoga, igualmente, en autores que subrayan, no obstante, las diferencias entre los *Manuscritos... de 1844* y *El capital*. Por ejemplo, Adoratski escribe en la introducción a la primera edición soviética de los *Manuscritos... de 1844* que «las contradicciones reales del orden social capitalista se revelan de manera impresionante en la situación de la clase obrera».[38] En vez de decir «se revelan» hubiese sido mucho más acertado decir «se sugieren» o «se presienten». Estamos lejos de un análisis de las contradicciones reales del capitalismo en los *Manuscritos... de 1844*; la descripción de la clase obrera está plagada de una teoría de la «depauperación absoluta» que Marx abandonará más tarde.

Inclusive un autor como Jahn, que levanta una pantalla dogmática absoluta entre el concepto de enajenación y el concepto de valor-trabajo, quiere descubrir en los *Manuscritos... de 1844* una teoría de las relaciones de producción en general, que está totalmente ausente de los mismos.[39] Igualmente Popitz, no obstante, que subraya las diferencias entre el «joven Marx» y el «Marx maduro», ve en los *Manuscritos... de 1844* el anuncio del descubrimiento del conflicto entre el grado de desarrollo de las fuerzas productivas y las relaciones de producción,[40] cuando lo cierto es que en 1844 Marx se encuentra todavía en el umbral del descubrimiento de este conflicto, un umbral que aún no ha franqueado.[41]

La segunda escuela, la que o bien contrapone el «joven Marx» como más rico y más ético al Marx más maduro, o bien reinterpreta a este último a la luz de aquel, es la que se ha expresado más ampliamente hasta ahora en el debate. A partir de la introducción de Landshut y Mayer a la publicación de los *Manuscritos... de 1844* en Alemania, ha producido gran número de obras, algunas de las cuales poseen un interés evidente.[42]

Sin embargo, podemos estar de acuerdo con Jürgen Habermas cuando afirma que el error común que contienen es el de que no ven la diferencia entre la concepción antropológica y la concepción histórica del trabajo:[43] «La dialéctica materialista significa, entonces: comprender la lógica dialéctica a partir del contexto "trabajo", a partir del metabolismo de los hombres con la naturaleza, sin concebir el trabajo de manera metafísica (ya sea teológicamente, como necesario para la salvación, ya sea antropológicamente, como necesidad para la supervivencia)».[44] El Marx de 1844 conserva todavía, parcialmente, semejante concepción metafísica del trabajo; el Marx de *El capital* hace ya tiempo que la ha abandonado.

Karel Kosic subraya a su vez el concepto diferente del trabajo, propio de la filosofía hegeliana y de la filosofía clásica, sin más, y el de Marx en su período de madurez que recubre la noción de praxis:

> La división de la actividad humana en trabajo (esfera de la necesidad) y arte (esfera de la libertad) solo en ciertos aspectos y *aproximativamente* capta la problemática del trabajo y del no-trabajo. Parte de una forma *histórica* determinada del trabajo como de una hipótesis no analizada de antemano, y que ha tomado de una manera no crítica. Sobre esta base, la división del trabajo *históricamente desarrollada* entre el trabajo material-físico y el trabajo espiritual está *petrificada*. En esta distinción se oculta no obstante un rasgo característico esencial del trabajo en cuanto praxis humana, que no deja, es cierto, la esfera de la necesidad, pero que tiende a rebasar esta esfera, y que crea en su seno las precondiciones reales de la libertad humana.[45]

Pero Kosic no trata a este respecto la problemática de las obras de juventud de Marx.

El análisis de estas obras permite registrar las contradicciones y paradojas en las que desemboca necesariamente el equívoco fundamental con respecto a las intenciones de Marx en los *Manuscritos... de 1844* y a la naturaleza de los conceptos que utiliza. Nos limitaremos aquí a considerar algunos ejemplos.

Así, en el prólogo a la edición de Landshut y Mayer de los *Manuscritos... de 1844*, Landshut los considera como la «revelación del marxismo auténtico [...] la obra central de Marx, el punto decisivo del desarrollo de su pensamiento, donde los principios del análisis económico se derivan directamente de la idea de la realidad verdadera del hombre».[46] Kostas Axelos postula: «*El Manuscrito de 1844* [sic] es el texto más rico en pensamiento de todas las obras marxianas y marxistas».[47] Henrik de Man afirma, desde ese mismo año de 1932, que «por alto que sea el aprecio en que tenemos las obras más tardías de Marx, manifiestan no obstante un determinado freno y un debilitamiento de sus posibilidades creadoras (¡), que Marx no logró siempre vencer mediante una heroica puesta en tensión de sus fuerzas».[48] Basta con recordar que el descubrimiento de la teoría de la plusvalía y el perfeccionamiento de la teoría del valor-trabajo son posteriores en 14 años a los *Manuscritos…*, para darse cuenta de la «profundidad» de este «debilitamiento».

Erich Thier identifica completamente «exteriorización» del trabajador y trabajo alienado, y afirma que la «enajenación surge ya como tendencia, potencialmente [en el trabajo],\* el obrero mismo produce al no-obrero […]. No es Hegel, sino Marx, quien deja que la propiedad privada aparezca como derivada del análisis del concepto de trabajo exteriorizado y avanza hacia ulteriores alienaciones».[49] Thier no parece acordarse de que él mismo había afirmado, anteriormente, que la crítica realizada por Marx de la *Fenomenología del espíritu* de Hegel contenida en los *Manuscritos… de 1844* es esencialmente una crítica de la concepción hegeliana de enajenación… que acaba ahora de atribuirle íntegramente.[50] ¡Marx rechazó explícitamente la identificación entre exteriorización y enajenación en el manuscrito de 1844! Tampoco se ha percatado de que, fuera del único pasaje mencionado antes, los *Manuscritos… de 1844* hacen derivar la enajenación no de una concepción antropológica de la «exteriorización del trabajador», sino de *condiciones históricas precisas*: producción de un excedente; división del trabajo; nacimiento de la producción mercantil, etcétera; apropiación privada de los medios de producción. No ha examinado el contexto para demostrar que el único pasaje que escapa a esta concepción puede ser efectivamente considerado como expresión de una idea general de Marx acerca de la enajenación. Sobre todo, no se ha percatado de que el mismo pasaje «antropológico» de los *Manuscritos… de 1844* no es producto del concepto de «trabajo exteriorizado», sino del análisis (erróneo, o

---

\*   La aclaración pertenece a Ernest Mandel. *(N. del E.).*

por lo menos incompleto) de la actividad del trabajador en la naturaleza, de donde se deriva la noción de enajenación. El joven Marx es retransformado en un hegeliano puro y simple, lo cual no facilita la comprensión de los *Manuscritos... de 1844*.[51]

De igual manera, cuando Thier afirma que «la antropología puede desarrollarse plenamente, que partiendo de ella se puede comprender el objetivo de Marx hasta en sus efectos científicos y políticos, sin que la ley del valor y su problemática sean pensadas»,[52] hay evidentemente confusión. Pues hay que observar que, partiendo de sus conocimientos científicos insuficientes de 1844, Marx no pudo más que *presentir* las contradicciones reales del modo de producción capitalista; no las pudo analizar plenamente, de manera completa y satisfactoria.[53] Su objetivo fue, desde los comienzos de la redacción de los *Manuscritos... de 1844*, formular una «crítica de la economía política»; este objetivo no lo pudo realizar plenamente más que después de haberse apropiado la teoría del valor-trabajo y después de haberla perfeccionado.[54]

En Popitz, cuya obra es, sin embargo, más fundamental y más profunda que la de Thier, abunda el *quid pro quo* de la misma clase. Afirma que en los *Manuscritos... de 1844*, Marx «critica relaciones sociales determinadas y las reduce a un centro indeterminado (¡) al que llama "el ser esencial humano". Es el sustrato conceptual de las relaciones empíricamente observadas [...] Marx atribuye un esquematismo dialéctico a los fenómenos sociales, y se esfuerza en fundarlo mediante la creación de un ser esencial humano. Este desempeña, pues, el papel del espíritu del mundo o del espíritu popular en Hegel».[55] *Quid pro quo* manifiesto: Marx es, simplemente, retransformado en Hegel. El hecho de que la enajenación haya sido deducida de un análisis de las condiciones empíricas de la sociedad burguesa ha sido olvidado; igualmente se olvida todo el contexto histórico-social de los orígenes de la enajenación en los *Manuscritos... de 1844*: excedente económico; división del trabajo;

producción mercantil, separación del capital y del trabajo, etcétera. Estamos un poco lejos del *Weltgeist* de Hegel...

Popitz atribuye igualmente a Marx un «postulado» de la productividad progresiva del género humano,[56] siendo que en Marx no se trata más que de la productividad progresiva del modo de producción capitalista, y que esta no se deduce de alguna «teoría de las necesidades», sino de la competencia. La idea de Popitz, según la cual el famoso pasaje de *La ideología alemana* acerca de que la supresión necesaria de la división del trabajo sería «antitécnica» o «romántica»,[57] demuestra una sorprendente incomprensión de un razonamiento ampliamente esbozado ya en los *Manuscritos... de 1844*. En este razonamiento, la enajenación del trabajo proviene históricamente de un excedente demasiado limitado, cuya aparición conduce al cambio simple, después a la división progresiva del trabajo, después al cambio desarrollado, a la producción mercantil, a la producción mercantil generalizada y de ahí al capitalismo. Para superarla es necesario, pues, crear un excedente suficientemente grande para hacer superflua «la apropiación mezquina del trabajo de otro», ¡lo cual es precisamente el resultado de un desarrollo del maquinismo y de la ciencia!

¿Y por qué habría de ser romántico suponer que en el marco de la automatización, presentada por Marx, la abundancia de los bienes y la generalización de la enseñanza superior, junto con la ampliación constante «del tiempo libre», crearían las condiciones de un desarrollo pleno del hombre, al liberarse efectivamente de la esclavitud de la división social del trabajo y al practicar libremente actividades técnicas, científicas, artísticas, deportivas, sociales y políticas, las unas al lado de las otras?[58]

Señalemos también una observación de Popitz, según la cual sería imposible «distinguir fenomenológicamente» entre la utilización y el empleo de las fuerzas productivas, por una parte, y las relaciones de producción determinadas por estas, por otra parte.[59]

Aquí, Popitz es mucho más «determinista» que el propio Marx, pero determinista en un sentido estrechamente mecanicista. Lo que Marx señala, precisamente, en la «Introducción» a la *Contribución a una crítica de la economía política* es que cuando hay *conflicto* entre un nivel determinado de desarrollo de las fuerzas productivas y las relaciones de producción objetivamente rebasadas, se inaugura un período de revolución social, período que puede ser de larga duración y durante el cual *dos tipos de relaciones de producción* pueden coincidir con un nivel de desarrollo equivalente de las fuerzas productivas (por ejemplo, Europa occidental durante el período 1770-1830, o Europa central durante el período 1914-1964).

En pocas palabras, lo que ninguno de estos autores entiende es que el Marx de los *Manuscritos... de 1844*, aunque no había desarrollado todavía, por completo, la teoría del materialismo histórico, sí había rebasado a Hegel, no razonaba ya en términos de ideas absolutas o de conceptos filosóficos, sino que *trataba de criticar una ideología determinada* (la economía política) *a partir de las contradicciones sociales empíricamente observadas*. Confunden el objeto de sus investigaciones y preocupaciones con los instrumentos y el lenguaje que emplea para alcanzar este objeto.

Nos queda la tercera escuela, que ha estado representada sobre todo por autores que defienden el punto de vista oficial de los partidos comunistas en el transcurso de los años cuarenta y cincuenta. Jahn[60] presenta la tesis de la manera más sucinta: Auguste Cornu la ha tomado por su cuenta, en gran parte, en el tomo 2 de su biografía de Marx y de Engels.[61] Emile Bottigelli la acepta en parte en su presentación de los *Manuscritos... de 1844*, publicados por las Éditions Sociales.[62] Manfred Buhr es un defensor convencido de la misma.[63] Puede resumirse de la siguiente manera: los *Manuscritos... de 1844* son una etapa importante pero transitoria en la historia intelectual de Marx, que ya había logrado captar las contradicciones principales de la sociedad burguesa, pero las expresa todavía en un lenguaje feuerbachiano, humanista. La concepción del trabajo enajenado es la expresión más clara. Esta concepción le impidió aceptar la teoría del valor-trabajo de Ricardo. Tuvo que superarla para llegar a formular su propia teoría del valor y de la plusvalía.[64] No la volvemos a encontrar en sus obras de madurez.

Este razonamiento jamás va acompañado de una demostración lógica: no entiende uno por qué habría de ser precisamente el concepto de trabajo enajenado el que le impidiera a Marx aceptar la teoría del valor-trabajo de Ricardo. Las razones reales que han retardado su aceptación de esta teoría han sido examinadas en el capítulo III de este estudio. La experiencia ha demostrado que era perfectamente posible combinar una teoría de la enajenación con la teoría del valor-trabajo perfeccionada; es lo que Marx hizo, por lo demás, en 1857-1858.

El razonamiento de Jahn, de Cornu, de Bottigelli y de Buhr no va nunca acompañado de una demostración empírica. No prueban que Marx haya abandonado el concepto de enajenación después de haber aceptado la teoría del valor-trabajo. Jahn se contenta con señalar que Marx y Engels lo vuelven a tomar en *La ideología alemana* para darle «un contenido nuevo» —lo cual es cierto—; pero añade inmediatamente: «En las obras siguientes, [el problema de la enajenación] no desempeña un papel importante [lo cual es falso]».[65] Bottigelli afirma: «Una vez terminada la lucha con la izquierda hegeliana, la expresión de la enajenación no aparece, que nosotros sepamos, más que en el "Prólogo" a la *Contribución a la crítica de la economía política*... Es el último [texto] en que haya razonado como filósofo en la acepción clásica del término».[66] Nos parece fuera de lugar afirmar que en el «Prólogo», uno de los textos más notables desde el punto de vista metodológico, Marx razone como «filósofo». Pero, en todo caso es falso que después de 1857 el concepto de enajenación no aparezca más en sus obras. También es falso afirmar, como lo hace Manfred Buhr, que Marx «renunció ampliamente a emplear este término» en sus obras posteriores, aunque este autor reconozca que Marx jamás perdió de vista el problema subyacente a este concepto.[67] Por lo que toca a Louis Althusser, recientemente se ha atrevido a ir más lejos al proclamar que «el concepto ideológico de enajenación» es un concepto «premarxista».[68]

Desgraciadamente para todos estos autores, en los *Grundrisse*, escritos *in tempore non suspecto*,[69] después del célebre «Prólogo» a la *Contribución a la crítica de la economía política*, en una fecha que el propio Althusser sitúa a principios del período de «madurez» de Marx, este último vuelve al concepto de enajenación, y muy extensamente. Los pasajes relativos a la enajenación abundan en los *Grundrisse* y reducen a la nada las tesis de Jahn, Cornu, Bottigelli, Buhr y Althusser. El concepto de enajenación no solo no es «premarxista», sino que forma parte del *instrumentarium* del Marx llegado a la plena madurez. Al leer atentamente *El capital* lo volvemos a encontrar, igualmente, aunque a veces en forma ligeramente modificada.[70]

He aquí cómo Marx introduce en los *Grundrisse* el problema del trabajo enajenado, en el capítulo sobre el dinero:

> Se ha dicho, podríamos decir, que lo que es bello y grande [en la economía mercantil]* se funda precisamente en esta interconexión, este metabolismo material y espiritual, independientemente de los conocimientos y de la voluntad de los individuos, y que presupone precisamente su independencia y su indiferencia recíprocas. Y esta interconexión objetiva es preferible a una falta de interconexión, o a una interconexión puramente local, o fundada en una naturaleza estrecha y primitiva como la sangre, y sobre relaciones de dominio y servidumbre. Es igualmente cierto que los individuos no pueden dominar sus propias relaciones sociales, antes de haberlas creado.

---

\* La aclaración pertenece a Ernest Mandel. *(N. del E.)*.

Pero es torpe concebir esta interconexión puramente *objetiva*\* como una interconexión original, indisociable de la naturaleza de la individualidad (en oposición al conocimiento y a la voluntad reflexivos) e inmanente a ella. Es su producto. Es un producto histórico. Pertenece a una fase determinada de su evolución. El carácter extraño y la autonomía que conserva a su respecto demuestran solamente que ella (la individualidad) está todavía creando las condiciones de su vida social, en vez de haber comenzado a partir de estas condiciones. Es la interconexión original de los individuos en el marco de las relaciones de producción determinadas, limitadas. Los individuos universalmente desarrollados, cuyas relaciones sociales han quedado sometidas a su propio control colectivo, como si fuesen sus propias relaciones colectivas, no son un producto de la naturaleza, sino de la historia. El grado y la universalidad del desarrollo de las capacidades [de las fuerzas productivas],\*\* que hace posible *semejante individualidad*, presupone precisamente la producción fundada en los valores de cambio, que produce, con la generalidad, la *enajenación del individuo respecto de sí mismo*\*\*\* y de otros, pero que produce también la generalidad de la universalidad de sus relaciones y capacidades. En etapas precedentes de la evolución, el individuo singular aparece como si tuviese más plenitud, precisamente porque no ha desarrollado todavía la totalidad de sus relaciones y porque todavía no las ha opuesto a sí mismo como fuerzas y relaciones sociales independientes de él. Es tan ridículo desear una vuelta a esta plenitud original como ridícula es la creencia de que hay que detenerse en este vacío completo [de hoy]\*\*\*\* [...].[71]

Hay que añadir a este pasaje aquellos en los cuales Marx describe en los *Grundrisse* la sumisión total del «trabajo vivo» al «trabajo

---

\*     Las cursivas pertenecen a Marx. *(N. del E.).*
\*\*    La aclaración pertenece a Ernest Mandel. *(N. del E.).*
\*\*\*   Las cursivas pertenecen a Ernest Mandel. *(N. del E.).*
\*\*\*\*  La aclaración pertenece a Ernest Mandel. *(N. del E.).*

objetivado» (el «trabajo muerto», el capital fijo),⁷² así como el pasaje notable en el que Marx desarrolla la diferencia del trabajo «repulsivo», el trabajo de esclavo, el trabajo servil y el trabajo asalariado, por una parte, y el «trabajo libre», el «trabajo atractivo», por otra parte,⁷³ para completar este cuadro.

Además, hay otros muchos pasajes en los *Grundrisse* en los que el concepto de enajenación aparece explícitamente. Hay sobre todo un pasaje de los más importantes, en el que Marx vuelve a la distinción entre objetivación y enajenación:

> Los economistas burgueses están hasta tal punto cautivos en las concepciones de una fase histórica determinada del desarrollo de la sociedad, que la necesidad de la *objetivación* de las fuerzas de trabajo sociales se les manifiesta como algo indisociable de la necesidad de la *enajenación* de estas respecto del trabajo vivo [...]. No se necesita poseer una inteligencia fuera de lo común para comprender que, partiendo del trabajo libre o asalariado, surgido de la servidumbre, las máquinas no podían *ser creadas* efectivamente más que como propiedad enajenada de ellos [los obreros]* y que se les manifestaría como una fuerza hostil, es decir, que tenía que oponerse a ellos como capital. Pero se puede comprender con no menos facilidad que las máquinas no dejarán de ser agentes de la producción social una vez que se conviertan en propiedad, por ejemplo, de los obreros asociados.⁷⁴

Y sobre todo el pasaje siguiente, que nos recuerda casi textualmente los *Manuscritos... de 1844*:

> Pero si el capital se manifiesta como producto del trabajo, el producto del trabajo aparece, de la misma manera, como *capital*, y no ya solo como simple producto, ni solo como mercancía intercambiable,

---

\* La aclaración pertenece a Ernest Mandel. *(N. del E.)*.

sino como capital: trabajo objetivado como dominación, como fuerza de dominación sobre el trabajo vivo. Así, pues, se manifiesta como un producto del trabajo de tal modo que el producto aparece como una propiedad *enajenada*,\* como un modo de existencia autónomo con el cual el trabajo viviente es confrontado, como un valor que existe por sí mismo; es como si el producto del trabajo se cristalizara en forma de una *potencia extraña* (enajenada) respecto al trabajo.\*\* Desde el punto de vista del trabajo, se manifiesta su actividad en el proceso de producción de manera tal que separa al mismo tiempo, de sí mismo, su realización […] como una realidad extraña, y que se «pone» a sí mismo, por lo tanto, como una capacidad de trabajo sin sustancia, llena solamente de necesidades, frente a esta *realidad enajenada*\*\*\* que no le pertenece, sino que pertenece a otros.[75]

Dejemos de citar. De todos estos pasajes se desprende claramente una *teoría marxista de la enajenación*, que es el desarrollo coherente de la contenida en *La ideología alemana*, y el rebasamiento dialéctico de las contradicciones contenidas en los *Manuscritos… de 1844*.

En la sociedad primitiva, el individuo suministra directamente trabajo social. Está armoniosamente integrado en su medio social, pero si parece estar «plenamente desarrollado» ello solo se debe a la estrechez extrema de las necesidades de que ha tomado conciencia. En realidad, la pobreza material de la sociedad, la impotencia de los hombres ante las fuerzas de la naturaleza[76] son fuentes de enajenación, sobre todo social (de sus posibilidades *objetivas*), ideológica y religiosa.[77]

Con los lentos progresos de la productividad social del trabajo, aparece progresivamente un excedente económico. Crea las condiciones materiales del cambio, de la división del trabajo y de

---

\* Las cursivas pertenecen a Marx. *(N. del E.)*.
\*\* Las cursivas pertenecen a Marx. *(N. del E.)*.
\*\*\* Las cursivas pertenecen a Marx. *(N. del E.)*.

la producción mercantil. En esta, el individuo está enajenado del producto de su trabajo y de su actividad productora, su trabajo se vuelve, cada vez más, trabajo enajenado. Esta *enajenación económica*, que se añade ahora a la *enajenación social, religiosa e ideológica* es esencialmente el resultado de la división social del trabajo, de la producción mercantil y de la división de la sociedad en clases. Produce la *enajenación política*, con la aparición del Estado, y los fenómenos de violencia y de opresión que caracterizan las relaciones entre los hombres. En el seno del modo de producción capitalista, esta enajenación múltiple alcanza su punto culminante: «La transformación de todos los objetos en mercancías, su cuantificación en valores de cambio fetichistas [se convierte] [...] en un proceso intenso que opera sobre cada forma objetiva de la vida».[78] La enajenación económica adquiere una dimensión nueva en la *enajenación técnica*, por el hecho de que el obrero no solo está enajenado de sus instrumentos de trabajo, sino que estos se oponen a él como una fuerza extraña, hostil, que lo sojuzga y ahoga, y que mutila sus posibilidades elementales de autodesarrollo.[79] Pero este mismo modo de producción crea, con la universalidad de las relaciones del cambio y el desarrollo del mercado mundial, la universalidad de las necesidades humanas y de las capacidades humanas, y un nivel de desarrollo de las fuerzas productivas que hace posible la satisfacción de estas necesidades, el desarrollo universal del hombre.[80] La abolición del régimen capitalista hace que sea posible, entonces, la desaparición paulatina de la producción mercantil, de la división social del trabajo y de la mutilación de los hombres. *La enajenación no es «suprimida» por un acontecimiento único, tal y como no apareció de golpe y porrazo. Desaparece progresivamente, tal y como apareció progresivamente.* De todas maneras, no está arraigada en la «naturaleza humana», o en la «existencia humana», sino en las condiciones *específicas* del trabajo, de la producción y de la sociedad humanas. Así, pues, podemos entrever y precisar las condiciones necesarias de su decadencia.

No compartimos la opinión de Gajo Petrovic, según el cual la
enajenación constituye la ausencia de realización de las posibilidades humanas ya *históricamente creadas*.[81] Si así fuera, el hombre primitivo —que realizaba en efecto las posibilidades existentes en su
época— habría sido realmente un hombre desenajenado, contrariamente a lo que afirma el propio Petrovic. La siguiente observación
de Helmut Fleischer nos parece precisar mejor el problema:

> Algunas de las relaciones de enajenación reveladas por Marx pueden haber nacido de unidades previamente integradas; pero, en su
> sentido antropológicamente generalizado, la enajenación no puede
> ser una pérdida de lo que ya se tenía como esencial; el concepto
> debería tener un sentido prospectivo más que retrospectivo; podría
> señalar que se mantiene un retraso con lo que es posible, más que
> hacerlo en el sentido de que se haya perdido lo que antes se poseía.
> Ya que la noción positiva (opuesta a la de enajenación) de lo que es
> propio del hombre no puede ser concebida, a partir de las premisas
> de Marx, como una idea platónica o una entelequia aristotélica, sino
> más bien como una anticipación o proyección arraigada en la naturaleza y ligada a una situación histórica, y, con más precisión, como
> una proyección finita a partir del horizonte de la problemática social
> dada [...].[82]

No obstante, los conceptos de «anticipación» y de «proyección» no
deberían encerrarse en el de «lo históricamente posible», como el
autor parece hacerlo en la primera parte de la cita. Ya que uno de
los rasgos particulares de la capacidad de anticipación humana es
precisamente aquella de que el hombre puede plantearse problemas mucho antes de que las condiciones de su solución mediata
hayan madurado. La esperanza de una sociedad sin opresión ni
explotación, sin divisiones de clases ni enajenación, pudo surgir
en la Antigüedad clásica y en la Edad Media, mucho antes de que
las condiciones para la creación de tales sociedades hayan sido

«históricamente posibles». El hecho de que ese sueño pudiera surgir expresa sin embargo la conciencia subjetiva de la enajenación, en tanto que refleja su realidad objetiva. La misma comprobación se aplica, *mutatis mutandis*, a las religiones primitivas.[83]

Algunos autores han hablado de una transformación de la teoría primitiva marxista de la enajenación en una «teoría general del carácter fetichista de la mercancía».[84] No creemos que esta formulación sea exacta. Es verdad que Marx refirió la enajenación humana en la sociedad fundada en la producción mercantil, en lo esencial, a la reificación de las relaciones humanas y sociales, causada por las relaciones mercantiles. Pero, en primer lugar, hizo esta reducción solo por lo que toca a lo esencial, y no para todos los aspectos de la enajenación; ya que, incluso en la sociedad burguesa, el concepto de enajenación encierra un dominio mayor que el de «reificación» o el de «fetichismo de la mercancía» (por ejemplo: la enajenación en el plano del consumo; la enajenación de las capacidades de desarrollo del individuo; la enajenación de los conocimientos socialmente posibles, etcétera). Y, además, Marx siguió hablando de enajenación en la sociedad primitiva —como surge del pasaje de los *Grundrisse* citado antes— y, en esa sociedad, no había ni producción mercantil ni *a fortiori* fetichismo de las mercancías.

Y ahora se comprende mejor el sentido social de las tres interpretaciones engañosas de las relaciones entre los *Manuscritos... de 1844* y *El capital*, de las tres interpretaciones erróneas de las relaciones del Marx maduro con el concepto antropológico del trabajo enajenado. Reflejan *condiciones históricas y contextos socioeconómicos precisos*, que aclaran la aparición, más allá del azar de publicación, de los *Manuscritos...* en 1932.

Para la burguesía se trata, después del extraordinario crecimiento del movimiento obrero de inspiración marxista, de recuperar a Marx reduciéndolo por completo a Hegel. Por ello, trata de mellar el filo de la significación revolucionaria, explosiva, de la doctrina de Marx, para reintegrarlo, como «pensador» y «filósofo», a un mundo capitalista concebido, si no como el «mejor de los mundos», sí al menos como el menos malo de los mundos posibles.

La social-democracia reformista sigue los mismos pasos. Pero le resulta más difícil identificar al Marx de las obras de juventud con el Marx de *El capital*. Durante mucho tiempo, ha tratado de disfrazar la naturaleza revolucionaria de la obra de Marx, mediante la defensa de la interpretación mecanicista de la misma. La tarea de derrocar el modo de producción capitalista queda confiada al «desarrollo inexorable de las fuerzas productivas», en vez de corresponder a la acción del proletariado organizado.

Sin embargo, cuando la crisis económica de 1929-1933 y la aparición y triunfo del fascismo manifestaron ante los ojos de todos que ninguna relación causal *inevitable* conduce desde el conflicto indiscutible entre el nivel de desarrollo de las fuerzas productivas y las relaciones de producción capitalistas, por una parte, hasta el advenimiento del socialismo, por otra parte, la ideología socialdemócrata tuvo que cambiar de rumbo. Después de haber despreciado durante largo tiempo las obras de juventud de Marx,[85] de pronto comienza a buscar en ellas su inspiración, para oponer un «mensaje ético» tanto a la realidad capitalista desesperante como a la revolución socialista, por la cual no se decide a optar, y a su degeneración en la Unión Soviética durante la época de Stalin, que le viene muy a propósito como contraste. Esto nos explica la estimación que han tenido los *Manuscritos... de 1844* desde hace más de un cuarto de siglo en los medios socialdemócratas, aprecio que ha ido acompañado de un intento deliberado de embotar el mensaje revolucionario contenido en estos *Manuscritos...*[86]

A Marx, considerado como heredero que rebasa la filosofía clásica alemana, se le «descarga» de toda culpa por las atrocidades del estalinismo, en la medida precisa en que el «humanismo antropológico» del joven Marx se contrapone al «economismo» del «Marx de los años de madurez». Se «rehabilita» a Marx, con el objeto de poderlo volver contra el movimiento comunista y revolucionario internacional.

Por lo demás, la realidad soviética en la época de Stalin era de tal naturaleza que el concepto del trabajo enajenado tendría que provocar una identificación inevitable con la imagen corriente de esa realidad. Esta es la razón por la cual este concepto les pareció inaceptable (porque resultaba demasiado explosivo) a los dirigentes e ideólogos de este régimen. «En la sociedad soviética, no podía, no debía haber problema de enajenación. El concepto debía desaparecer, por orden superior, por razón de Estado».[87] Esto nos explica el intento de desfigurar las obras de juventud como los *Manuscritos... de 1844*, comenzando por la determinación de no reproducirlos *in extenso* en una sola edición.[88] De ahí el intento de reducir al mínimo el concepto de enajenación, o de declararlo lisa y llanamente «premarxista».

Los que habían degradado el marxismo al nivel de una apologética vulgar de la política del régimen estalinista por lo mismo se habían vuelto incapaces de responder al desafío de los exégetas idealistas o existencialistas de los *Manuscritos... de 1844*.

Por lo que respecta a los marxistas que, por una parte, reconocieron el carácter embaucador de esta intriga, pero que, por otra parte, trataron de conservar su lugar en el interior de la ortodoxia oficial, salieron de apuros volviendo a colocar todo el Marx maduro en el Marx joven, por lo cual llegaron a resultados a menudo análogos a los de la seudocrítica burguesa.

# Capítulo XI
## ¿Desenajenación progresiva por la construcción de la sociedad socialista o bien enajenación inevitable en la «sociedad industrial»?

La tendencia a deformar y falsificar la ideología de la teoría marxista de la enajenación tiene, por lo tanto, fuentes sociales específicas, en la realidad de nuestros días. Cumple, además, funciones apologéticas evidentes. Los ideólogos de la burguesía tratan de representar los rasgos más repelentes del capitalismo contemporáneo como resultados eternos e inevitables del «drama humano». Se esfuerzan por reducir la concepción sociohistórica de la enajenación humana a una concepción antropológica, impregnada de resignación y desesperación. Por lo que toca a los ideólogos estalinistas, se esfuerzan por reducir el «núcleo válido» de la teoría de la enajenación a rasgos específicos de la explotación capitalista del trabajo, para poder, de tal manera, «demostrar» que la enajenación ya no existe en la Unión Soviética y no puede existir en ninguna sociedad de transición del capitalismo al socialismo (y, *a fortiori*, en ninguna sociedad socialista).

Por el contrario, la supervivencia manifiesta de los fenómenos de enajenación en la sociedad soviética sirve de punto de apoyo a los ideólogos burgueses para demostrar triunfalmente la fatalidad inevitable de la enajenación en «la sociedad industrial». Y la obstinación de la ideología oficial de la URSS en negar la evidencia, es decir, la supervivencia de los fenómenos de enajenación en el transcurso de la fase de transición del capitalismo al socialismo, corre el riesgo de provocar conclusiones análogas en los teóricos marxistas de los países de base económica socialista, que aspiran sinceramente a descubrir la realidad bajo el velo de las mentiras oficiales.

Un análisis de la teoría marxista de la enajenación no está completo, por lo tanto, mientras no permita formular una *teoría marxista de la desenajenación progresiva* y no la defienda con éxito contra el mito de la «enajenación inevitable» en el seno de toda «sociedad industrial».

Semejante concepción marxista de la enajenación y la desenajenación no cuadra con la afirmación apologética de autores como Jahn, según el cual «el dominio de un poder extraño sobre los hombres queda eliminado con la supresión de la propiedad privada mediante la revolución proletaria y la construcción de la sociedad comunista, puesto que los hombres se sitúan aquí libremente frente a sus productos».[1] Una tesis análoga es defendida por Manfred Buhr, quien ha escrito que la enajenación es «eliminada solamente con la revolución socialista, la creación de la dictadura del proletariado en el proceso de construcción de la sociedad socialista».[2] El autor añade, además, que todos los fenómenos de enajenación no desaparecen de la noche a la mañana en la revolución socialista. Pero, a este respecto, se refiere a vagas «supervivencias» ideológicas y psicológicas de la era capitalista, al individualismo burgués y al egoísmo, sin revelar las raíces materiales y sociales.

En un escrito posterior, Manfred Buhr afirma claramente: «Así como el fenómeno social de la enajenación es un fenómeno de origen histórico y dejará de manifestarse en el curso de la historia, el concepto de enajenación que lo refleja es igualmente un concepto histórico y no tiene validez, de manera significativa, más que para condiciones capitalistas».[3] Evidentemente, no existe ninguna relación causal entre la primera y la segunda parte de esta frase. El hecho de que la enajenación sea un fenómeno históricamente limitado no implica, de ninguna manera, que su validez se limite solamente a la era capitalista.

T.I. Oiserman desarrolla su argumentación en un terreno más elevado:

> En el socialismo [el autor se refiere aquí, explícitamente a la «primera fase del socialismo», según la expresión de Marx en la *Crítica del programa de Gotha*]\* no existe lo que Marx ha llamado la esencia, el contenido de la enajenación, y este contenido propiamente dicho no puede existir: dominación de los productos del trabajo sobre los productores, enajenación de la actividad productora, relaciones sociales enajenadas, sumisión de la personalidad a las fuerzas espontáneas de la evolución social.[4]

Desgraciadamente, todos los fenómenos que Oiserman acaba de enumerar no solamente pueden subsistir en la época de la transición del capitalismo al socialismo, sino que subsisten incluso *inevitablemente*, en la medida en que subsisten la producción mercantil, el cambio de la fuerza de trabajo por un salario estrictamente limitado y calculado, la *obligación económica* de este cambio, la división del trabajo —y sobre todo, la división del trabajo en trabajo manual y trabajo intelectual, etcétera—. Y en una sociedad de transición burocráticamente deformada o degenerada, estos fenómenos amenazan con cobrar cada vez mayor amplitud.

Esto es evidente cuando se analiza en profundidad la realidad económica de los países de base económica socialista. Es manifiesto que las necesidades de consumo de los trabajadores no están enteramente satisfechas: ¿esto no implica una enajenación del trabajador en relación con los productos de su trabajo, sobre todo cuando estos productos son bienes que desea adquirir y que el desarrollo insuficiente de las fuerzas productivas —¡para no hablar de las

---

\* La aclaración pertenece a Ernest Mandel. *(N. del E.).*

deformaciones burocráticas del sistema de distribución!— le impide apropiarse? Es manifiesto también que la división del trabajo, cuyos males están reforzados por la organización burocrática, enajena a menudo al trabajador y al ciudadano de la actividad productiva. El número de candidatos a los estudios universitarios que no son admitidos en la Universidad y que se ven obligados a desempeñar una actividad con el *único fin de subsistir* son otros tantos testimonios de esta enajenación. Podríamos ampliar la lista al infinito.

En Checoslovaquia, un autor comunista, Miroslav Kusy, no ha vacilado en llamar la atención sobre los nuevos fenómenos de enajenación provocados por la burocratización de las instituciones, que se enajenan del pueblo.[5] Es un tema que podríamos desarrollar largamente...

Hasta un autor tan sagaz como J.N. Dawydow prefiere ignorar este problema y se limita prudentemente a un análisis de las condiciones de desenajenación en la segunda fase del socialismo, análisis notable, por lo demás, al que nos referiremos después.

En tales circunstancias, no podemos menos de aprobar a Henri Lefebvre cuando proclama perentoriamente: «Así, pues, Marx nunca limitó la esfera de la enajenación al capitalismo».[6] Y hay que ensalzar el valor de Wolfgang Heise cuando afirma: «El rebasamiento de la enajenación es, al mismo tiempo, idéntico al desarrollo del individuo socialista consciente y de la capacidad de creación colectiva. Se realiza a través de la construcción del socialismo y del comunismo. Por lo tanto, es un aspecto de todo el proceso histórico para superar en todas las relaciones y las actividades vitales las marcas de la antigua sociedad. Comienza con la emancipación de la clase obrera, la lucha por la dictadura del proletariado, *y concluye con la realización de la autogestión social plena y entera*».[7] Esto nos parece correcto en general, aunque tengamos que criticar a Heise en su análisis de los aspectos *concretos* de la enajenación y del proceso de desenajenación en la época de transición del capitalismo al socialismo.

Recordemos en última instancia esto: para Marx, el fenómeno de la enajenación es anterior al capitalismo. Está ligado al desarrollo insuficiente de las fuerzas productivas, a la economía mercantil, a la economía monetaria y a la división social del trabajo. Mientras sobrevivan estos fenómenos, la supervivencia de una determinada forma de enajenación humana es inevitable.[8]

El teórico comunista yugoslavo Boris Ziherl la reconoce, en su opinión, para la «sociedad socialista» —yo diría, más correctamente para la sociedad de transición del capitalismo al socialismo—, lo cual lo honra. Pero lo hace para indignarse contra los filósofos yugoslavos que reclaman un comienzo de desenajenación a través de un comienzo de desaparición de la economía mercantil, o que ponen de relieve las coacciones superfluas y enajenadoras que subsisten en la sociedad yugoslava.[9]

La posición de los teóricos yugoslavos oficiales es muy contradictoria a este respecto. Afirman que las condiciones materiales no están maduras para la desaparición de la economía mercantil y de la enajenación que es resultado de la misma. ¿Pero están maduras las condiciones materiales para la desaparición del Estado? Contra Stalin y sus discípulos, los comunistas yugoslavos habían apelado a Lenin, quien, en *El Estado y la revolución*, había demostrado que, para estar en concordancia con la marcha hacia el socialismo, la desaparición del Estado debería comenzar «a raíz de la revolución proletaria», que el proletariado debía construir un Estado «que ya no es un Estado en la acepción propia del término». Habían proclamado con sobrada razón que el negarse a avanzar por este camino, lejos de «preparar la maduración de las condiciones objetivas», tenía que levantar fatalmente *obstáculos complementarios* en el camino de una futura desaparición. ¡Esta no puede surgir de un reforzamiento continuo del mismo Estado!

Pero el razonamiento, que es válido por lo que toca al Estado, lo es también en lo referente a la economía mercantil.[10] El proletariado no puede privarse de ella en cuanto ha realizado el derrocamiento del capitalismo; está ligada a una fase histórica del desarrollo de las fuerzas productivas, que dista mucho de haber sido rebasada en los países que se «encuentran en proceso de desarrollo» —y todos los países de base económica socialista, con excepción de la RDA, se encontraban en esta categoría en el momento de iniciar la construcción del socialismo—. Puede y debe ser utilizada en el marco de una economía planificada, para perfeccionar esta planificación y acelerar el desarrollo de las fuerzas productivas, sin lo cual su desaparición final sería utópica.

Pero, al mismo tiempo, debe *comenzar a desaparecer*, pues de lo contrario su ampliación pondría obstáculos nuevos —objetivos y subjetivos— en el camino de su futura desaparición. La naturaleza de estos obstáculos nuevos se ha manifestado trágicamente en Yugoslavia, donde la mercancía ha reproducido una de las contradicciones sociales que contiene en germen: el desempleo, con todas las consecuencias que se desprenden también para la conciencia del hombre.[11] De la misma manera que el Estado no puede desaparecer milagrosamente de golpe y porrazo después de haberse reforzado constantemente en el período anterior, la economía mercantil no puede desaparecer milagrosamente después de haber sido consolidada y ampliada constantemente en el período de transición del capitalismo al socialismo.

Los filósofos yugoslavos que plantean el problema de la supervivencia y de la reproducción de los fenómenos de enajenación en su país[12] son, por lo tanto, más «marxistas» a este respecto que los teóricos oficiales, aun cuando a veces, a causa de las malas experiencias que han vivido, se hayan visto llevados a poner un punto de interrogación en la teoría marxista de la desenajenación integral del hombre en la sociedad comunista.

La posibilidad de esta desenajenación es igualmente discutida en dos obras recientes de Henri Lefebvre[13] en las que el autor no vislumbra más que un constante movimiento pendular de la enajenación a la desenajenación y de aquí a una nueva enajenación. Afirma con razón que es necesario «particularizar completamente, historizar y relativizar el concepto de enajenación».[14] Pero si, al relativizar este concepto, se suprime la posibilidad de su negación integral, se tiende a hacerlo de nuevo absoluto. Así, el intento de Lefebvre de «historizar» la enajenación debe considerarse fracasado, pues ha producido el resultado dialéctico inverso, ha transformado de nuevo la enajenación en un concepto inmanente a la sociedad humana, aun cuando se presente con formas diferentes en cada tipo de sociedad.

Las raíces de este escepticismo histórico son evidentes: son los fenómenos negativos que han acompañado a los primeros intentos históricos de construir una sociedad socialista.[15] Se trata de productos del estalinismo, que ha acentuado escandalosa e inútilmente los fenómenos de enajenación que no pueden dejar de subsistir en la época de transición del capitalismo al socialismo.

Así, el nuevo escepticismo de un Lefebvre o de un Pesic Golubovic no es sino una reacción negativa ante la experiencia estalinista, tal y como la apologética de los Buhr, Jahn, Oisermann e Ilenkov no es sino producto de la misma experiencia, que trata de callar los aspectos negativos de la realidad social en los países de base económica socialista. Cuando el pensamiento rebasa esta apologética, en un nuevo marco político, en el Este, puede desembocar en un retorno a la concepción original de desenajenación en Marx —la desenajenación concebida como proceso que depende de una infraestructura material y social que no existe todavía en la época de transición del capitalismo al socialismo—, o bien desembocar en el escepticismo por lo que respecta a las posibilidades de desenajenación integral.

La tarea científica, por lo contrario, consiste en analizar las fuentes socioeconómicas de la supervivencia de fenómenos de enajenación en la época de transición del capitalismo al socialismo, y durante la primera fase del socialismo, en descubrir los motores del proceso de desenajenación durante estas mismas fases. Se trata de efectuar el análisis haciendo abstracción, primero, de los factores que refuerzan y agravan la enajenación a consecuencia de la deformación o de la degeneración burocráticas de la sociedad de transición, y luego, de integrar estos factores particulares en un análisis más concreto de los fenómenos de enajenación en países como la URSS, las «democracias populares», etcétera.

La fuente general de la supervivencia de los fenómenos de enajenación en la época de transición, y en la primera fase del socialismo, es el grado de desarrollo insuficiente de las fuerzas productivas y la supervivencia de las normas de distribución burguesas que de ello se desprenden.[16] La contradicción entre el modo de producción socializado y las normas de distribución burguesas, contradicción principal de la época de transición, introduce factores de enajenación en las relaciones de producción. Los trabajadores siguen sufriendo, aunque sea parcialmente, el efecto de una evolución social objetiva y espontánea que no controlan —supervivencia de las «leyes del mercado» en el dominio de los bienes de consumo; supervivencia de una «selección profesional» que no desarrolla enteramente todas las aptitudes de todos los individuos, etcétera.

Cuando a esto se añade la hipertrofia de la burocracia, la falta de democracia socialista en el plano político, la falta de autogestión obrera en el plano económico, la falta de libertad de creación en el plano cultural, *factores específicos de enajenación* resultantes de la deformación o de la degeneración burocráticas, se añaden a los factores inevitables que acabamos de mencionar. La burocratización de la sociedad de transición tiende a agravar la contradicción entre el modo de producción socializado y las normas de distribución burguesas, sobre todo por la acentuación de la desigualdad social. La generalización de la economía monetaria avanza en el mismo sentido.

Wolfgang Heise se entrega a un análisis muy sutil, a este respecto. Si la propiedad colectiva de los medios de producción y la planificación socialista superan *en principio* la impotencia social ante la evolución de la sociedad en su conjunto, esto no significa que esta impotencia social se encuentre inmediatamente superada por todos los individuos. Hay que tener en cuenta no solamente las escorias ideológicas del pasado capitalista, de los miembros de las antiguas clases dominantes, de la educación insuficiente de una parte del proletariado, etcétera. Hay que comprender también que esta impotencia no es superada en la práctica más que cuando los individuos *realizan* su identidad con la sociedad a través de una actividad social fundada, en gran medida, en decisiones libres.[17] Esto implica no solamente una autogestión integral del trabajo al nivel de la economía considerada en su conjunto (no solo en el proceso de producción, sino también en el de la distribución y el consumo), sino además la desaparición del Estado y la supresión de todas las relaciones humanas fundadas en la coacción y en la opresión.

Hasta aquí, el análisis de Heise me parece correcto. Pero al afirmar que el proceso de desenajenación no puede ser un fenómeno espontáneo, sino que debe ser guiado por el partido, comienza por afirmar que el riesgo de burocratización —es decir, el peligro de que los aparatos se vuelvan autónomos en relación a los objetivos de la sociedad en su conjunto— puede neutralizarse mejor mediante esta acción del partido.[18] Esto es pecar por una visión idealista y perder de vista que hay *dos fuentes objetivas* de la burocratización: por una parte, la supervivencia de un proceso económico espontáneo —supervivencia de las normas de distribución mercantil y de elementos de la economía mercantil, supervivencia de la división del trabajo, de los privilegios de cultura y de delegaciones del poder, que llevan a los aparatos a volverse autónomos y a transformarse de servidores en amos de la sociedad— y, por otra parte, la centralización del sobreproducto social y el derecho de disponer libremente de este que le corresponde al aparato. El doble proceso de desenajenación por relación a estos fenómenos específicos de enajenación es, pues, la desaparición progresiva de la economía mercantil y de la desigualdad social y la sustitución del sistema de gestión estatal de la economía por un sistema de autogestión obrera, democráticamente centralizado. Gracias a esto, la infraestructura material de la burocratización queda destruida. Y solo en estas condiciones la acción subjetiva del partido —y la ampliación de la democracia socialista en el plano político, que implica el abandono del dogma del partido único— puede emanciparse de las cadenas burocráticas que lo subyugan.[19]

Heise insiste con razón en la importancia de un desarrollo suficiente de las fuerzas productivas para permitir el desencadenamiento de todos estos procesos de desenajenación. Pero después de haber pecado de voluntarismo primero, peca después de desviación mecanicista. Semejante desarrollo de las fuerzas productivas reclama «un grado extraordinariamente elevado de organización y de diferenciación de las funciones sociales»; por eso sería «insensato reclamar la democracia directa en la producción, o el abandono de la planificación central autoritaria [...] como condición del rebasamiento de la enajenación [...]. Esto sería una exigencia opuesta a la necesidad real de la producción racional, opuesta a la lógica económica y técnica [...]».[20]

Resulta curioso que, después de llevar a sus últimos fundamentos una apología de la falta de autogestión obrera en la RDA, esgrima el mismo argumento que los ideólogos burgueses utilizan para demostrar la inevitabilidad de la enajenación, no solo en un régimen capitalista sino en toda «sociedad industrial»: «el grado elevado de diferenciación de las funciones sociales». Más adelante hablaremos de esto. También es digno de observación que Heise no pueda concebir la planificación central más que como planificación autoritaria y que, al igual que los autores yugoslavos, quede encerrado en el dilema: o bien anarquía de la producción —economía de mercado— o bien planificación autoritaria. La posibilidad de una planificación *democráticamente centralizada*, resultante de un congreso de consejos obreros que administren las empresas, es algo que parece escapárseles. Lo que llama «la reducción del grado de organización de la sociedad» equivale en él —¡como en los autores estalinistas y burgueses!— a la supresión de las estructuras autoritarias. ¡Como si los «productores asociados» —para hablar como Marx— fuesen incapaces de mejorar el grado de la *organización* social sustituyendo, al menos entre ellos,[21] una jerarquía de gobernantes y gobernados por la disciplina libremente consentida!

Pero la debilidad fundamental del razonamiento de Heise es todavía más profunda. Por una parte, habla de la primacía de la acción del partido —contra las tendencias a la espontaneidad del burocratismo— y por otra parte invoca la primacía del crecimiento económico —contra la democratización de la vida de las empresas—. No parece advertir que el poderío de la burocracia se refleja *subjetivamente* en este argumento económico, y que, al aceptarlo, se paraliza de antemano toda acción subjetiva contra ella. ¿Pues no pretende acaso encarnar la «competencia» y la «especialización» frente a las masas ignorantes? Y no advierte tampoco *objetivamente* que la burocracia es todopoderosa mientras puede disponer soberanamente del sobreproducto social (ya sea mediante la autoridad, como en la URSS, o por intermedio de las «leyes del mercado» como en Yugoslavia).

Por eso reclama muchos «correctivos» contra los «errores» mediante un «derecho de control creciente de la colectividad»; por eso admite que, a la larga, la centralización del poder en el aparato deberá ser superada por la «democracia socialista» y el «desarrollo de una actividad consciente de las masas»,[22] sin sacar en conclusión lo que es manifiesto desde el punto de vista marxista, a saber, que el paso decisivo hacia esta democracia es el que pone en manos del conjunto de los trabajadores (los «productores asociados») la gestión de la producción y la posibilidad de disponer del sobreproducto social.

J.N. Dawydow se esfuerza por analizar los mecanismos de la desenajenación en la construcción del comunismo de manera mucho más profunda que Wolfgang Heise. Para Marx, la división del trabajo capitalista ha culminado en la eliminación completa de la libertad de la esfera de la producción material; esta libertad se la reintegrará el comunismo, pues las necesidades de la técnica misma reclaman una movilidad de función cada vez más grande en los productores, que se han convertido en la fuerza productiva principal gracias a sus conocimientos científicos. La individualidad universalmente desarrollada es posible sobre la base de esta técnica. Más aún, es una exigencia de la técnica, puesto que, desde el punto de vista de esta «economía política del comunismo», todo hombre que no se ha convertido en una «individualidad plenamente desarrollada» representa una enorme pérdida económica.[23]

Pero esto significa que, en condiciones de abundancia cada vez más generalizadas de bienes materiales, la finalidad primordial de la producción se convierte en la de producir individuos «totalmente» desarrollados, creadores y libres.[24] En la misma medida en la que el hombre se convierte en la «fuerza productiva principal»,[25] en virtud de la enorme extensión de la tecnología científica, queda integrado cada vez menos directamente en el proceso de producción. En la misma medida en que el «trabajo vivo» es expulsado del proceso de producción se valora como organizador y controlador de este proceso. Y en la misma medida en que se efectúa así la producción paralela de una abundancia de bienes materiales y de hombres universalmente desarrollados, el dominio del «trabajo muerto» respecto al «trabajo vivo» desaparece y se «restablece» la libertad en la producción material.[26]

Todo este análisis, que se apoya esencialmente en los pasajes de los *Grundrisse* de Marx que citamos anteriormente, nos parece que se presta a aclarar fundamentalmente el problema.[27] Su debilidad principal es la de que salta de golpe de la sociedad capitalista a las relaciones de producción *comunistas,* sin analizar las mediaciones históricas necesarias e inevitables, es decir, sin describir los motores concretos de la desenajenación progresiva en la fase de transición, en ocasión de la construcción del socialismo. La autogestión obrera, la planificación central democrática-centralista, la desaparición progresiva de la producción mercantil, la generalización de la enseñanza superior, la reducción radical de la jornada de trabajo, el desarrollo de la actividad creadora en el transcurso del «tiempo libre», la interpenetración progresiva de los hábitos de consumo a escala mundial, la revolución psicológica provocada por estas transformaciones sucesivas y, sobre todo, por la desaparición de la producción mercantil:[28] todo esto no está integrado en el análisis de Dawydow y debería completarlo para quitarle a su estudio una sospecha de axiomatismo, que sus críticos burgueses y dogmáticos le reprocharán sin razón.[29]

Y es que, para ser lógico, el análisis de la desenajenación progresiva del trabajo y del hombre en el socialismo debe integrarse en un análisis completo de su enajenación en la época de transición. Al faltar este, aquel se convierte en arbitrario. Adquiere un aspecto de «huida hacia adelante» que irrita a quienes dan prioridad a un enfoque más pragmático de la realidad inmediata. Pero al menos esta «huida hacia delante» tiene el mérito de la claridad y de las perspectivas precisas. Permanece fiel a la enseñanza de Marx, que rechaza toda concepción antropológica de la enajenación.

No corresponde el mismo mérito a las conclusiones desengañadas que un Adam Schaff saca de su enfrentamiento a la realidad polaca de hoy. Admite la supervivencia de fenómenos de enajenación en la sociedad socialista, pero sale de apuros poniendo en duda la posibilidad de realizar, incluso en la sociedad comunista, la desaparición del Estado, la supresión de la división del trabajo —que concibe de manera mecánica; ¡la lectura de Dawydow debería hacerlo cambiar de opinión!— y la supresión de la producción mercantil.[30] Esta revisión escéptica y misantrópica de Marx ha sido criticada por los dirigentes del PC polaco,[31] pero no en el sentido de un análisis franco de los obstáculos a la desenajenación que impone la realidad social burocratizada de su país, sino en el sentido de una simple negación apologética del problema. Schaff, que ha tratado de formular por lo menos un «programa de acción» contra la enajenación, es relativamente más sincero.[32] Pero tanto unos como el otro son incapaces de recordar las enseñanzas de Marx y no pueden, de tal manera, detener los progresos de la filosofía y de la sociología no marxistas en Polonia.

Es así como un sociólogo como Stanislaw Ossowski afirma que la concepción clásica de las clases sociales formulada por Marx no tiene validez, de manera íntegra, más que para un tipo de sociedad caracterizada por el capitalismo de libre competencia. Actualmente, no solo la apropiación de los medios de producción, sino también la de los bienes de consumo, permitiría establecer el «dominio económico sobre los hombres». Habría también nuevas formas de dominación «del hombre por el hombre, dominación que sería función o bien de la propiedad de los medios de producción, o bien de la propiedad de los medios de consumo, o bien de la propiedad de los medios de ejercer violencia, o bien de una combinación de estas diferentes propiedades».[33] Se pasa claramente de una sociología que parte de las nociones de clase social y de sobreproducto social a una sociología fundada en el concepto infinitamente más vago y menos operatorio de «grupos dominantes».[34] Y de tal manera se tiende el puente entre la sociología —la filosofía—, las críticas más revisionistas en los países llamados socialistas, y la sociología académica de los países capitalistas, que rechaza el marxismo en nombre de una división de la sociedad en «ordenadores» y «ordenados».

Es inútil subrayar el carácter apologético de esta concepción de la «sociedad industrial», tal como ha sido elaborada por numerosos autores. Lo que es específico del modo de producción capitalista es atribuido a toda sociedad de la era de la gran industria.[35] Lo que se desprende de un tipo de organización *social* es atribuido a una forma de organización *técnica*.

La mayoría de los sociólogos occidentales sacan conclusiones pesimistas de esta identificación ilegítima de las relaciones sociales y las relaciones técnicas. Hacen resurgir el antiguo mito del Leviatán de Hobbes y ven al hombre moderno aplastado inevitablemente por la máquina, salida de su cerebro. La enajenación del trabajo, el aplastamiento del trabajador por su propio producto, serían el resultado inevitable de la gran industria y esta enajenación se agravaría implacablemente, a medida que el aparato técnico se fuese perfeccionando.

Hay que reconocer que la degeneración burocrática de la URSS, sobre todo en la época de Stalin, ha proporcionado muchos argumentos a los partidarios de esta tesis pesimista. Lo que los caracteriza en general, sin embargo, es la falta de un análisis en profundidad, que desprendería las *leyes de desarrollo* de la realidad social de una descripción puramente fenomenológica.

Al afirmar que habrá siempre quienes den órdenes y quienes las reciban, que habrá siempre bienes escasos y la necesidad de un reparto alienante de los mismos, se elevan a nivel de axioma no las conclusiones sino las premisas de un razonamiento. Se cree tener fundamento en los hechos empíricos, pero se niega la realidad de una *tendencia* que avanza en sentido contrario. Pues es difícil negar que la riqueza potencial de la sociedad, el grado de satisfacción de las necesidades racionales y la posibilidad de eliminar, en virtud de este hecho, los mecanismos de coacción de la organización socioeconómica aumentan a pasos de gigante desde hace un siglo y sobre todo en el último cuarto de siglo, en la sociedad llamada «industrial». ¿Por qué suponer que esta tendencia no pueda desembocar en un «salto» cualitativo, en el que desaparecería la servidumbre del hombre a las necesidades de una «lucha por la existencia» y en el que florecería su capacidad de dominar su organización social como dominaría las fuerzas de la naturaleza?

Ahora bien, hay que reconocer que la tendencia de desarrollo de la técnica no se realiza, de ninguna manera, en el sentido previsto por los pesimistas. Georg Klaus distingue con sobrada razón dos tipos de automatización, el segundo de los cuales, mucho menos rígido que el primero, y fundado en la cibernética, crea la infraestructura de una desaparición del trabajo enajenado, las condiciones previas de un trabajo universalmente creador. Y un sabio como el profesor Van Melsen reconoce honradamente que la técnica se encuentra todavía en su fase primitiva y que muchos de sus aspectos embrutecedores son consecuencia, precisamente, de este primitivismo: «Cuando las primeras necesidades son satisfechas, en efecto, es muy posible, gracias en parte al progreso técnico mismo, producir muchas series pequeñas e incorporar en cada una de estas series proyectos artísticos originales. Además, el tiempo de "trabajo obligatorio" cada vez más reducido contribuirá a hacer que vuelvan a florecer todas esas cosas que reclaman tantos cuidados personales y tanto amor [...]. Sin duda, volverán a aparecer en forma de artes libres practicadas por aquellos que habrán sido liberados por la técnica».[36] Es indudable que esta acción emancipadora de la técnica no será posible más que cuando esta haya quedado liberada de las cadenas del beneficio privado y de la explotación del capital.

El pesimismo pronunciado de los partidarios de la tesis de la enajenación inevitable en la «sociedad industrial» se explica, además, en virtud de una confusión entre las *fuentes verdaderas del poder* y las *articulaciones funcionales del poder*.[37] El consejo de administración de una sociedad capitalista por acciones puede decidir el cierre de sus empresas —y la supresión de toda la jerarquía burocrática pacientemente construida— sin haber usurpado previamente la «autonomía creciente» de los laboratorios de investigación o las funciones del departamento de *planning* tecnológico. Pero su decisión de disolver la sociedad, tomada en función de imperativos de ganancia, revela hasta qué punto la delegación de poder que la precedió estaba limitada a funciones determinadas y hasta qué punto la propiedad sigue siendo la fuente real del poder. ¿Por qué un consejo obrero no podría delegar igualmente algunos poderes técnicos, sin perder por ello la posibilidad de tomar (o inclusive de hacer que tomaran los organismos colectivos de trabajadores) las decisiones fundamentales de *gestión económica*?

No es de la ineluctabilidad técnica de estas articulaciones funcionales de donde se desprende la imposibilidad de «democratizar las empresas». No son la complejidad y la diferenciación crecientes de las tareas las que se oponen a esta democratización. Es en el derecho de decisión en última instancia que quieren reservarse los grandes accionistas y sus aliados-delegados, los *managers*, donde reside el obstáculo infranqueable, en un régimen capitalista.[38] Si este obstáculo es eliminado por la revolución socialista, no hay ninguna razón *a priori* para creer que «nuevas enajenaciones» deben ser resultado de los imperativos técnicos en el seno de las empresas de autogestión, democráticamente centralizadas.

El mismo pesimismo es resultado, además, de una distinción insuficiente entre el *automatismo aparente de los mecanismos y las decisiones humanas inspiradas por móviles socioeconómicos* que caracterizan a la sociedad llamada «industrial». Cuando autores como Wiener temen que las máquinas terminen por tomar decisiones independientes del juicio de los hombres —mecanizados, a su vez—[39] se olvida de que la tendencia a la mecanización en la base va acompañada en la sociedad capitalista de una concentración inaudita de *poder de decisión* en la cumbre, donde un puñado de hombres, ayudados por una enorme masa de informaciones recibidas, y que se apoyan en todas las articulaciones funcionales del poder que aumentan su fuerza de acción, son los únicos que pueden decidir, en última instancia, si tal o cual orientación *sugerida* por las computadoras será tomada o no, definitivamente.[40] Lo que la teoría marxista aclara son los *móviles* que inspiran en definitiva a estos hombres: ni móviles arbitrarios, ni móviles irracionales, ni un simple juego, sino la defensa global de los intereses de clase, tal como los comprende la capa más poderosa en el seno la misma.

Ahora bien, si así es efectivamente, está claro que basta con sustituir este poder de decisión de un puñado por el de la masa de los «productores asociados», para que estas mismas máquinas se pongan *a servir* a la sociedad, en la misma medida en que parecen hoy tenerla sujeta a servidumbre.[41]

Al lado de las tergiversaciones pesimistas subsisten, sin embargo, otras optimistas. La enajenación del trabajo sería resultado inevitable de la «sociedad industrial», pero podría superarse sin un derrocamiento necesario del capitalismo. Bastaría, dicen unos, con dar a los trabajadores un «sentido de la participación»,[42] inclusive una «ética del trabajo» gracias al establecimiento de nuevas relaciones humanas en el seno de la empresa, para que los trabajadores perdiesen el sentimiento de estar enajenados.[43] Sería necesario, afirman otros, establecer mecanismos de comunicación, de diálogo y de creación, que le den al trabajador el sentimiento de su personalidad y de su libertad en el trabajo o en el ocio.[44]

La primera tesis es francamente apologética. Se puede decir, incluso, que está al servicio directo del gran capital, puesto que su fin confesado es atenuar los conflictos sociales *en el seno del régimen, tal cual es*. Lo que los especialistas en «relaciones humanas» tratan de suprimir no es la realidad de la enajenación; sino la conciencia que los trabajadores tienen de esta realidad. Su seudodesenajenación sería la enajenación llevada al paroxismo, aquella en la cual el trabajador enajenado sería enajenado de la conciencia de su estado de ser humano mutilado.[45] La enajenación adquiere, de tal manera, dimensiones suplementarias, por la determinación de la sociedad burguesa de manipular no solamente el pensamiento y los hábitos, sino, inclusive, el inconsciente de los productores. Sin embargo, es poco posible que los técnicos en «relaciones humanas» puedan impedir a la larga que los trabajadores tomen conciencia del estado de opresión en que se encuentran.[46]

La segunda tesis, más sutil, es sobre todo ambigua. Está formulada como un imperativo moral, al parecer independiente de la «forma de las instituciones» —es decir, del modo de producción—. Pero François Perroux señala que «no es en un marco rígido de instituciones, que consagran el error y la injusticia en el todo social, donde instituciones especializadas pueden cumplir su función».[47] Una sociedad fundada en la *obligación* en que se ve el trabajador de vender su fuerza de trabajo y de ejecutar un trabajo embrutecedor para obtener los bienes de subsistencia necesarios para su supervivencia, ¿no es un marco rígido que consagra el error y la injusticia? ¿Cómo se le puede dar al trabajador, en ese marco, «el sentimiento de que participa en una creación colectiva» o «la ocasión y los medios de tomar conciencia de sí» durante sus ocios? En el seno del modo de producción capitalista esto no sería sino un burdo engaño. La realización de este programa reclama el derrocamiento de la sociedad capitalista. Pero, a partir de ese momento, el programa de Perroux debería conocer una singular expansión. Ya no se trataría de darle al trabajador el «sentimiento» de participar en una creación colectiva, sino de hacer de él un creador efectivo. Ya no se trataría de darle la ocasión y los medios de «tomar conciencia de sí» en sus ocios, sino de darle la ocasión de realizarse a sí mismo mediante una creación libre, sin coacción exterior. Ya no se tratará solamente de permitir el desarrollo de «zonas benéficas» de «curiosidad desinteresada», sino de llegar a una autogestión íntegra de los hombres, en todas las esferas de la vida social.

En esto estriba la clave de la desenajenación definitiva. Es función de la abolición del trabajo —en el sentido en que Marx y Engels lo entienden en *La ideología alemana*—,[48] si se prefiere, de la sustitución del trabajo mecánico y esquemático por un trabajo verdaderamente creador, y que ya no es trabajo en la acepción tradicional del término, que ya no tiene como fin «ganarse la vida», que no lleva a perder la vida para asegurarse la existencia material, sino que se ha convertido en actividad creadora universal del hombre.[49]

Una crítica de las concepciones apologéticas de la burguesía y de la burocracia nos remite, de tal manera, a la visión grandiosa de la sociedad sin clases que Marx evocó en los *Grundrisse*, y que reproduce en un plano más elevado, porque está nutrida de conocimientos científicos y de una demostración socioeconómica coherente, la visión análoga que había esbozado ya en los *Manuscritos... de 1844* y en *La ideología alemana*.

Y es en la transformación de la teoría de la enajenación de concepción antropológica, metafísica y resignada, en una concepción histórica, dialéctica y revolucionaria, donde reside en resumen toda la obra económica gigantesca que Marx llevó a cabo entre su primera lectura de los economistas clásicos entre 1843-1844 y la redacción de los *Grundrisse* entre 1857-1858.

De tal manera, podemos terminar dando respuesta a una cuestión que no ha dejado de ser discutida por los comentadores de Marx: la que concierne a *la naturaleza específica de Marx como economista*. Dos tesis se encuentran la una en frente de la otra. Por una parte, tenemos los que, como M. Rubel o, en menor medida, en R.P. Bigo, discuten en realidad que Marx haya realizado una obra de economista y afirman que fue gracias a una «intuición genial»[50] como pudo formular sus teorías fundamentales, o dicen incluso, con mayor claridad: «Marx no será de ninguna manera el promotor de una nueva teoría económica, sino uno de los precursores de la sociología científica».[51]

Por otra parte, tenemos a los que admiten, como el profesor James, que Marx fue el más grande economista del siglo XIX,[52] que Marx ha sido el economista que le permitió a la ciencia de la economía obtener «la gran visión de una evolución inmanente de los procesos económicos».[53]

A mi juicio, Marx ha respondido de antemano tanto a unos como a otros en una definición de su método que constituye, al propio tiempo, una crítica del método de Lassalle: «Aprenderá a su propia costa [Lasalle] que una cosa es llevar una ciencia, por la crítica, al punto en que se la puede representar dialécticamente, y otra cosa es aplicar un sistema abstracto, acabado, de lógica, partiendo del presentimiento de tal sistema».[54] Y desde los *Manuscritos... de 1844* había incluido la advertencia siguiente en la introducción: «No tengo que aclararle al lector habituado a la economía política que mis resultados han sido obtenidos mediante un análisis fundado en un estudio concienzudo, crítico, totalmente empírico, de la economía política».[55]

Marx partió de la voluntad de una crítica de conjunto de la sociedad burguesa, considerada en su totalidad. Esto lo llevó a formular algunas leyes generales acerca de la evolución de *todas* las sociedades humanas. Una de estas leyes es el hecho de que las relaciones de producción constituyen, en cierta manera, «el sistema anatómico» de la sociedad. Para poder formular esta ley de manera eficaz, tuvo que comenzar por apropiarse todos los datos empíricos de la ciencia económica de su época —así como muchos datos de otras ciencias humanas—.[56] Para llevar a cabo la obra de crítica total respecto de la sociedad burguesa, tuvo que ahondar en la historia de las doctrinas económicas[57] cuyo desarrollo sigue una lógica interna, aun cuando esté determinada en última instancia por la evolución socioeconómica en su conjunto. Esta doble obligación lo llevó a ocuparse de la materia de la ciencia económica, como economista dotado de una conciencia particular de la imposibilidad de separar esta ciencia económica de las demás ciencias humanas.[58] Así, pues, Marx no ha podido ser uno de los «precursores de la sociología científica» más que en la medida en que llevó a cabo una obra autónoma de economista. Sin sus descubrimientos propios, como economista, toda su teoría social habría conservado un carácter esencialmente utópico, voluntarista y «filosófico» en la acepción negativa del término.[59]

Solo gracias a sus descubrimientos económicos pudo realizar lo que él mismo consideró que era la obra principal de su vida: *dar un fundamento científico a las aspiraciones y a las luchas socialistas del proletariado*: «El pensamiento dialéctico [...] hace comprensible la simultaneidad de la objetividad de los conocimientos científicos sociales y de las posiciones políticas que se le imponen en el proceso social a todo aquel que los posee».[60]

Es imposible *separar* en Marx al sociólogo del revolucionario, al historiador del economista. Pero no pudo ser eficazmente, es decir, científicamente, sociólogo, historiador y, sobre todo, revolucionario, sino porque fue economista, porque sacudió la ciencia económica mediante descubrimientos cuya génesis hemos querido seguir paso a paso en este estudio. Una vez realizado este trabajo, *El capital* estaba hecho; no le faltaba más que escribirlo.

# Notas

### Capítulo I. De la crítica de la propiedad privada a la crítica del capitalismo

1. Franz Mehring: *Aus dem literarischen Nachlass von Karl Marx und Friedrich Engels*, t. I, p. 359.
2. «En Manchester di de narices con el hecho de que las realidades económicas, que hasta entonces no habían desempeñado ningún papel, o un papel menospreciado en la historiografía, representan por lo menos en el mundo moderno una fuerza histórica decisiva; que constituyen la base del nacimiento de las contradicciones contemporáneas de clase; y que estas contradicciones de clase representan, en los países en los que se han de-sarrollado plenamente gracias a la gran industria, a saber, en Inglaterra, la base de la formación de los partidos políticos, de las luchas de partido, y en virtud de este hecho, de toda la historia política» (Friedrich Engels: «Zur Geschichte des Bundes der Kommunisten», p. 35).
3. Marx expresa este juicio acerca del «esbozo de una crítica de la economía política» en su prefacio a la *Crítica de la economía política* (Karl Marx y Friedich Engels: *Œuvres choisies en deux volumes*, t. I, p. 378).
4. Karl Marx y Friedrich Engels: *Historisch-kritische Gesamtausgabe* (MEGA), vol. I, t. 2, pp. LXXII y LXXIII.
5. Ibídem, pp. 346 y 351.
6. Ibídem, vol. I, t. 1, p. 263.
7. D.I. Rosenberg: *Die Entwicklung der ökonomischen Lehre von Marx und Engels in den vierziger Jahren des 19. Jahrhunderts*, p. 35.
8. Karl Marx y Friedrich Engels: *Ausgewählte Briefe*, p. 541.
9. A Plejanov corresponde el mérito de haber sido el primero en subrayar la importancia de Hegel como precursor del materialismo histórico, al atribuirle al desarrollo económico un lugar central en la explicación de lo que hay de específico en cada nación o en cada civilización. Los artículos de Plejanov de que hablamos aparecieron en 1891, en *Die Neue Zeit*, y fueron reproducidos en el n.º 22 (abril-junio de 1950) de *La Revue Internationale*.

    En su obra magistral *Der junge Hegel*, Georg Lukács ha estudiado en detalle las concepciones económicas del joven Hegel. Sobre todo ha demostrado el lugar central que el trabajo ocupa en la antropología hegeliana.

Hegel escribió en 1803-1804: «Cuanto más se efectúa el trabajo con ayuda de máquinas, menos valor tiene y se ve obligado a trabajar más tiempo de esta manera». Esta frase constituye una anticipación genial de lo que Marx y Engels escribirán 40 años más tarde (Georg Lukács: *Der junge Hegel*, pp. 421, 423, 440, etcétera). Tampoco hay que olvidar que en la *Lógica* de Hegel el trabajo es la forma original de la *praxis*. Volveremos al problema de las concepciones económicas de Hegel en el penúltimo capítulo de este estudio.

10. Pierre Naville: *De l'aliénation à la jouissance*, p. 11.
11. Paul Kaegi: *Genesis des historischen Materialismus*, p. 120.
12. Karl Marx y Friedrich Engels: MEGA, vol. I, t. 1, pp. 281-282.
13. Ibídem, pp. 274-276.
14. Ibídem, pp. 289 y 297.
15. El propio Marx, en su prólogo a la *Crítica de la economía política*, escribió a este respecto: «En 1842-1843, en mi calidad de redactor de la *Rheinische Zeitung*, me encontré por primera vez en la penosa obligación de dar mi opinión acerca de lo que se suele llamar intereses materiales. Las deliberaciones del *Landtag* renano sobre los robos de leña y el fraccionamiento de los latifundios, la polémica oficial que M. von Schapper, entonces *Oberpräsident* de la provincia renana, sostuvo con la *Rheinische Zeitung* acerca de la situación de los campesinos del Mosela, y por último los debates sobre el libre cambio y el proteccionismo me proporcionaron las primeras razones para ocuparme de cuestiones económicas» (Karl Marx y Friedrich Engels: *Œuvres choisies en deux volumes*, t. I, p. 376).
16. Karl Marx y Friedrich Engels: MEGA, vol. I, t. 1, p. 498. Günther Hillmann afirma que este primer encuentro de Marx con el problema de la propiedad privada fue, al mismo tiempo, un encuentro personal. Como redactor de la *Rheinische Zeitung* entró en conflicto con los intentos de un grupo de accionistas de salvar el periódico de una suspensión por la censura mediante concesiones políticas (Günther Hillmann: «Zum Verständnis der Texte», p. 205).
17. Ibídem, p. 574.
18. Paul Kaegi: ob. cit., pp. 140-147. En su ingeniosa investigación del momento preciso en que Marx pasa al socialismo, Kaegi se olvidó de consultar una fuente importantísima: la nota biográfica «Karl Marx» que el propio Engels redactó para el *Handwörterbuch der Staatswissenschaften* (t. VI). Señala que después de su llegada a París fue cuando Marx se volvió socialista, gracias al estudio de la economía política, de los socialistas franceses y de la historia de Francia (p. 497 de la 4ta. edición).
19. Auguste Cornu (*Karl Marx und Friedrich Engels*) carga el acento, con razón, en el medio sociohistórico como factor determinante de la evolución de Marx, mientras que Thier (*Das Menschenbild des jungen Marx*) exagera manifiestamente la influencia de Moses Hess.

20. Karl Marx y Friedrich Engels: MEGA, vol. I, t. 1, pp. 583-584 y 603.
21. Esta idea proviene indudablemente de Hess, cuya «Philosophie der Tat» (filosofía de la acción) había aparecido en octubre de 1863, en la recopilación de Georg Herwegh, *Einundzwanzig Bogen aus der Schweiz* (Paul Kaegi: ob. cit., p. 200).
22. Karl Marx y Friedrich Engels: MEGA, vol. I, t. 1, p. 614.
23. Ibídem, p. 620.
24. Friedrich Engels: «Ludwig Feuerbach und der Ausgang der klassischen deutschen Philosophie», p. 355.
25. Karl Marx y Friedrich Engels: MEGA, vol. I, t. 2, pp. 444-446 y 449.
26. Riazanov, en Karl Marx y Friedrich Engels: MEGA, vol. I, t. 2, p. LXXV.
27. *New Moral World*, de 4 de noviembre de 1843, en Karl Marx y Friedrich Engels: MEGA, vol. I, t. 2, p. 435.
28. Karl Marx y Friedrich Engels: MEGA, vol. I, t. 2, p. 369.
29. Página 31 en la edición de Mehring. Hay que relacionar esta impresión con la que causó en Marx la frecuentación de los círculos obreros franceses, que describe con admiración en los *Manuscritos... de 1844* (Karl Marx y Friedrich Engels: *Kleine ökonomische Schriften*, p. 149).
30. Riazanov, en Karl Marx y Friedrich Engels: MEGA, vol. I, t. 2, p. LXXII.
31. Émile Bottigelli observa a justo título que esta condena moral del comercio, de la competencia, etcétera, se apoya en el principio humanista de Feuerbach, que se combina con la filosofía de la historia hegeliana. Obtenemos así un ensayo de integración de crítica de la historia, de la sociedad y de la economía que puede considerarse como una etapa preparatoria de los *Manuscritos... de 1844* y de *La ideología alemana* (Émile Bottigelli: *Génèse du socialisme scientifique*, pp. 124-125).
32. Karl Marx y Friedrich Engels: MEGA, vol. I, t. 2, p. 383.
33. Ibídem, p. 381.
34. Ibídem, pp. 387-388.
35. Ibídem, p. 394.
36. La llama «concepción vergonzosa e infame», «innoble blasfemia contra la naturaleza y la humanidad» (ibídem, p. 398).
37. Ibídem, p. 401.
38. Ibídem, pp. 391 y 396.
39. D.I. Rosenberg subraya que en una obra de juventud, redactada a la edad de 19 años, *Briefe aus dem Wuppertal*, Engels quedó impresionado ya por las inhumanas condiciones de trabajo de los obreros, «que les deben quitar todo gusto por la vida» (D.I. Rosenberg: *Die Entwicklung der ökonomischen Lehre von Marx und Engels, in den vierziger Jahren des 19. Jahrhunderts*, p. 51).

40. Karl Marx y Friedrich Engels: MEGA, vol. I, t. 4, pp. 24-25.
41. Véase sobre todo Frantz Fanon: *Les damnés de la terre*, pp. 45-47 y 84-90.
42. Véase sobre todo Herbert Marcuse: «Les perspectives du socialisme dans la société industrielle développée»; Paul Baran y Paul M. Sweezy: *Monopoly Capital*, pp. 363-364; y C. Wright Mills: *The Marxists*, pp. 113-115.
43. Friedrich Engels: «Ludwig Feuerbach und der Ausgang der klassischen deutschen Philosophie», p. 334.
44. Véase León Trotski: *Die russische Revolution 1905*, pp. 44-45. Para Lenin: «Estos factores esenciales hacen que esta fuerza no pueda obrar por sí misma; por eso los intentos realizados en este sentido en el transcurso de todas las revoluciones han fracasado siempre. Cuando el proletariado no logra tomar la dirección de la revolución esta fuerza se coloca siempre bajo la dirección de la burguesía» (Vladimir Ilich Lenin: *Œuvres choisies en deux volumes*, t. II, p. 839). Véase también la Segunda Declaración de La Habana.
45. Según Marx: «El comunismo no es posible empíricamente más que como acción de los pueblos dominantes "de una sola vez" o simultáneamente, lo que presupone el desarrollo universal de la fuerza productiva y de la circulación mundial ligada con ella» (Karl Marx y Friedrich Engels: *Die deutsche Ideologie*, p. 32).
46. «Él [Marx] parece creer que la conciencia de clase es una consecuencia psicológica necesaria del desarrollo económico objetivo, que incluye la división en propietarios y trabajadores» (C. Wright Mills: ob. cit., p. 114).
47. Véase el prólogo que Engels redactó en 1892 para la *Situación de la clase trabajadora en Inglaterra* (Karl Marx y Friedrich Engels: *Ausgewählte Werke*, pp. 390-393).
48. Baran y Sweezy indican que, entre 1950 y 1962, el número de obreros no calificados se ha reducido en los Estados Unidos de 13 a 4 millones a consecuencia de la automatización (Paul Baran y Paul M. Sweezy: *Monopoly Capital*, p. 267).
49. Véase cap. V.
50. Véase la introducción de Engels a Karl Marx: «Les luttes de classes en France (1848-1850)».
51. Véase, sobre todo, A. Andrieux y J. Lignon: *L'ouvrier d'aujourd-hui*; y Hans-Paul Bahrdt *et al.*: *Gibt es noch ein Proletariat?*, etcétera. Un ejemplo divertido concerniente a la Gran Bretaña ha sido revelado recientemente por Robin Blackburn («The Unequal Society», pp. 48-51). Un sociólogo había consagrado un estudio a la actitud de los trabajadores de la fábrica de Vauxhall, en Luton, respecto de la dirección de la misma; el 77% de los que trabajaban en el departamento de montaje manifestaron una «actitud positiva». Apenas transcurrido un mes de la publicación de ese estudio, hubo una verdadera revuelta en esa misma fábrica, dirigida precisamente contra quienes formaban parte de dicha dirección.

## Capítulo II. De la condenación del capitalismo a la justificación socioeconómica del comunismo

1. Maximilien Rubel: *Karl Marx, Essai de biographie intellectuelle*, pp. 117-118.
2. Las «Notas de lectura parisienses» han aparecido, en gran parte, en Karl Marx y Friedrich Engels: MEGA, vol. I, t. 3, pp. 411-583; las notas de lectura hechas en Bruselas y en ocasión de un viaje de seis semanas a Inglaterra, en el verano de 1845 (véase el prólogo de Engels a Karl Marx: *Das Elend der Philosophie*, p. VII), no han sido publicadas *in extenso*; están resumidas en Karl Marx y Friedrich Engels: MEGA, vol. I, t. 6, pp. 597-618; las hechas en Londres entre 1850-1851 están publicadas en Karl Marx: *Grundrisse der Kritik der politischen Ökonomie*, t. II.
3. En el penúltimo capítulo de este estudio volvemos a hacer el examen de las controversias provocadas por los *Manuscritos económicos y filosóficos de 1844*, sobre todo a propósito del «trabajo alienado» y de las relaciones entre las obras de juventud y las llamadas obras «de madurez» de Marx.
4. A este respecto, D.I. Rosenberg subraya que la idea maestra que liga todos los comentarios críticos que contienen estas notas de lectura es una idea tomada del *Esbozo de una crítica de la economía política*, de Engels: la economía política se apoya en una base falsa, a saber, la de la pretendida inviolabilidad de la propiedad privada (D.I. Rosenberg: *Die Entwicklung der ökonomischen Lehre von Marx und Engels, in den vierziger Jahren des 19. Jahrhunderts*, p. 87).
5. Jürgen Habermas observa, además, que Schelling habla ya del «ser extraño al cual pertenecen el trabajo y el fruto del trabajo» y que la superación materialista de la dialéctica del trabajo fue presentada por Schelling (Jürgen Habermas: *Theorie und Praxis*, pp. 154-156).
6. Paul Kaegi: *Genesis des historischen Materialismus*, pp. 194-195.
7. Karl Marx y Friedrich Engels: MEGA, vol. I, t. 3, p. 531. He aquí otro pasaje de las mismas notas sobre James Mill: «una vez reconocida la existencia de la relación de cambio, el trabajo se convierte en trabajo directamente consagrado a la subsistencia (*unmittelbare Erwerbsarbeit*) [...] cuanto más multiforme se vuelve la producción, y más multiformes son, pues, por una parte, las necesidades, y más uniformes se vuelven, por otra parte, las realizaciones del productor, tanto más su trabajo cae en la categoría de trabajo de subsistencia, hasta que no llega a tener más que esta significación y se vuelve entonces completamente accidental y carente de importancia saber si el productor guarda una relación de disfrute inmediato y de necesidad personal con su producto, y si la actividad, la acción del trabajo mismo, es para él autodisfrute de su personalidad, realización de su talento natural y meta espiritual» (ibídem, p. 539).

8. Karl Marx: «Zur Kritik der Nationalökonomie, Ökonomische-philosophische Manuskripte», en Karl Marx y Friedrich Engels: *Kleine ökonomische Schriften*, p. 42.
9. Ibídem, pp. 127-129. La experiencia de la rebelión de los tejedores de Silesia, que se produjo mientras Marx redactaba los *Manuscritos económicos y filosóficos de 1844*, influyó ciertamente en esta toma de conciencia.
10. Karl Marx y Friedrich Engels: *Kleine ökonomische Schriften*, pp. 124-126 y 127-129.
11. Ibídem, p. 128.
12. Hay que recordar que el economista suizo Schulz había elaborado ya ideas análogas antes que Marx, y que este se apoyó en la obra de Schulz (Auguste Cornu: *Karl Marx und Friedrich Engels*, t. II, p. 123).
13. Karl Marx y Friedrich Engels: *Kleine ökonomische Schriften*, p. 46.
14. Ibídem, pp. 49-50.
15. Ibídem, p. 51.
16. Ibídem, p. 54.
17. Ibídem, p. 71.
18. Ibídem, pp. 92-93.
19. Auguste Cornu: *Karl Marx, l'homme et l'oeuvre*, pp. 332-334.
20. Karl Marx: «Zur Kritik der Nationalökonomie», ob. cit., pp. 108-109 y 128.
21. En una novelita titulada muy acertadamente *Les choses*, Georges Perec ha descrito magistralmente al hombre contemporáneo, esclavo de un montón cada vez más incontrolable de objetos de consumo.
22. Karl Marx: «Zur Kritik der Nationalökonomie», ob. cit., pp. 140-141. Un ejemplo extremo de estas necesidades «inhumanas, refinadas, contra natura e imaginarias» suscitadas por la producción capitalista es ofrecido por la industria norteamericana de pompas fúnebres que incluye «camas Beautyrama» en los ataúdes, sin exceptuar el colchón, para que los difuntos descansen mejor (Jessica Mitford: *The American Way of Death*, p. 47).
23. Ibídem, pp. 157-160. La película *Blow-Up*, de Antonioni, ilustra de manera sorprendente cómo la especialización a ultranza en la división del trabajo rebaja al hombre a objeto, o a circunstancia de un fotógrafo dotado. Siguiendo el mismo proceso de reificación, este fotógrafo se vuelve incapaz de establecer relaciones humanas normales con otros hombres. Un asesinato solo tiene importancia como reproducción pictórica; la personalidad del asesinado llega a ser a tal punto insignificante que la película mantiene a propósito hasta el fin la duda sobre la identidad de la víctima. El juego mismo degenera finalmente en pura representación y apariencia, un juego de tenis sin pelota, en el que todos los movimientos son representados por personajes mudos, incapaces de comunicar. Esta incapacidad de comunicar es una

dimensión trágica de la alienación en la sociedad capitalista. Conocemos la grabación en cinta de «conversaciones» entre amas de casa, en la calle o en almacenes, conversaciones que ya no son más que monólogos paralelos sin ninguna relación mutua.

24. Karl Marx y Friedrich Engels: *Die deutsche Ideologie*, p. 30. Véanse también pp. 464-465.
25. Dos ejemplos: en la página 128 de la edición de Mehring, Marx afirma en *La sagrada familia*: «El valor está determinado, al principio aparentemente, de manera racional por los costos de producción de una cosa y por su utilidad. Y después resulta que el valor es una determinación puramente accidental, que no guarda necesariamente relaciones ni con los costos de producción ni con la utilidad social». En la página 147 de la misma obra, Marx escribe: «que el tiempo de trabajo que ha costado la producción de un objeto forme parte [sic] de sus costos de producción [...] he ahí un punto de vista que hasta la critica debe haberse apropiado» (Karl Marx: «Die heilige Familie»).
26. Véase Franz Mehring: *Aus dem literarischen Nachlass von Karl Marx und Friedrich Engels 1841-1850*, II, pp. 76-77. El pasaje criticado de Engels se encuentra en p. 109.
27. Ibídem, p. 127.
28. Ídem. Es interesante comparar esta opinión con la que Marx formuló veinte años más tarde a propósito de la misma obra. «Su primera obra, *¿Qué es la propiedad?*, indudablemente es su mejor obra. Hace época, ya que no por su contenido, sí por la manera nueva e impertinente de expresarlo todo. Evidentemente, en las obras de los socialistas y de los comunistas franceses que conocía, la "propiedad" no solo había sido criticada ampliamente, sino además, "suprimida" utópicamente. Proudhon ocupa en esta obra una posición respecto de Saint-Simon y de Fourier más o menos equivalente a la que Feuerbach ocupa respecto de Hegel [...] En una historia severamente científica de la economía política la obra apenas si merecería ser mencionada» («Carta al Sozial-demokrat de 24 de junio de 1865», en Karl Marx: *Das Elend der Philosophie*, pp. XXV y XXVI).
29. Emilio Agazzi: «La formazione della metodologia di Marx», p. 461.
30. Karl Marx y Friedrich Engels: *Die deutsche Ideologie*, p. 31.
31. Ibídem, pp. 29-32, 44 y 69.
32. Véase Karl Marx: *Das Elend der Philosophie*, p. 5.
33. Karl Marx y Friedrich Engels: *Die deutsche Ideologie*, p. 34; véase también p. 50.
34. Karl Marx: *Grundrisse der Kritik der politischen Ökonomie*, p. 231.
35. Karl Marx y Friedrich Engels: *Die deutsche Ideologie*, p. 34.
36. Ibídem, pp. 34-35, 68-69, 456-457, etcétera.
37. Ibídem, p. 32.

38. Branko Horvat: *Towards a Theory of Planned Economy*, pp. 131-133.

## Capítulo III. Del rechazo a la aceptación de la teoría del valor-trabajo

1. Karl Marx y Friedrich Engels: MEGA, vol. I, t. 3, pp. 409-583.
2. Karl Marx: *Das Elend der Philosophie*.
3. Véase, sobre todo, D.I. Rosenberg: *Die Entwicklung der ökonomischen Lehre von Marx und Engels, in den vierziger Jahren des 19. Jahrhunderts*, p. 95.
4. Adam Smith: *La Richese des Nations*, t. I, pp. 60-61, de la edición citada por Marx en Karl Marx y Friedrich Engels: MEGA, vol. I, t. 3, p. 458.
5. Karl Marx y Friedrich Engels: MEGA, vol. I, t. 3, p. 458.
6. Ibídem, p. 501.
7. Ibídem, p. 493.
8. Ibídem, p. 502.
9. Véase también D.I. Rosenberg: ob. cit., pp. 92-93.
10. Karl Marx y Friedrich Engels: MEGA, vol. I, t. 3, p. 504.
11. Ibídem, p. 514.
12. Empleará la misma fórmula en lo concerniente al «cínico Ricardo» en un artículo publicado en el *Vorwärts* de los días 7 y de 10 de agosto de 1844: «Glosas críticas en lo concerniente al artículo: "El rey de Prusia y la reforma social"», en Franz Mehring (ed.): *Aus dem literarischen Nachlass von Karl Marx und Friedrich Engels*, t. 2, p. 45.
13. Karl Marx y Friedrich Engels: MEGA, vol. I, t. 3, pp. 530-531.
14. Ibídem, vol. III, t. 1, p. 10.
15. D.I. Rosenberg: ob. cit., pp. 279-80.
16. Karl Marx y Friedrich Engels: *Briefe über «Das Kapital»*, p. 40.
17. Franz Mehring (ed.): ob. cit., t. 2, p. 332.
18. Karl Marx y Friedrich Engels: MEGA, vol. I, t. 6, pp. 597-622.
19. Ronald L. Meek: *Studies in the Labour Theory of Value*, p. 124.
20. Karl Marx y Friedrich Engels: MEGA, vol. I, t. 6, p. 601.
21. Karl Marx y Friedrich Engels: *Die deutsche Ideologie*, p. 388.
22. Ibídem, p. 420.
23. Véase Karl Marx y Friedrich Engels: MEGA, vol. I, t. 3, p. 531: «la verdadera ley de la economía política es el azar, de cuyo movimiento nosotros, los sabios, fijamos arbitrariamente algunos momentos en forma de leyes».
24. Karl Marx: *Grundrisse der Kritik der politischen Ökonomie*, t. II, p. 806.
25. Paul Kaegi (*Genesis des historischen Materialismus*, pp. 311-327) estudia con mucho detalle los orígenes de la doctrina del determinismo económico y

de la ideología, que constituyen según él los dos elementos esenciales de la teoría del materialismo histórico.
26. Karl Marx y Friedrich Engels: *Die deutsche Ideologie*, p. 17.
27. Piero Sraffa: *Production of Commodities by means of Commodities*, pp. V-VT, 34-40, 93-95, etcétera.
28. Karl Marx: *Das Elend der Philosophie*, pp. 23-24.
29. Karl Marx y Friedrich Engels: *Briefe über «Das Kapital»*, p. 22.
30. El profesor Emile James descubre en ello una contribución perdurable y válida de Marx a la ciencia económica. (Emile James: *Histoire sommaire de la pensée économique*, pp. 168 y 177).
31. «Los objetos útiles (*Gebrauchsgegenstände*) no se convierten en mercancías más que por ser los productos de trabajos privados efectuados independientemente los unos de los otros» (Karl Marx: *Das Kapital*, t. I, p. 39).
32. Milentije Popovic: «Pour une revalorisation de la doctrine de Marx sur la production et les rapports de production».
33. Véase la carta de Marx a Kugelmann del 11 de julio de 1868: «La forma en que este reparto proporcional del trabajo se impone en una situación social en la cual la interconexión del trabajo social se expresa por el cambio privado de los productos de trabajo individual, es, precisamente, el valor de cambio de estos productos» (Karl Marx: *Briefe an Kugelmann*, pp. 51-52). Véase igualmente Karl Marx: *Das Kapital*, t. I, capítulo 1, 4 (el famoso pasaje sobre el carácter fetichista del valor), donde Marx afirma explícitamente que el tiempo de trabajo será el criterio del reparto de los productos en una sociedad socialista, en oposición al reparto mediante el cambio privado fundado en el trabajo privado y en la propiedad privada (p. 45).
34. «En el seno de una sociedad cooperativa, fundada en la propiedad colectiva de los medios de producción, los productores no cambian sus productos; el trabajo empleado en la obtención de estos productos tampoco aparece como valor de estos productos, como una cualidad objetiva que les pertenece puesto que, contrariamente a la sociedad capitalista, los trabajos individuales no existen solo en virtud de un "rodeo", sino directamente, como parte del trabajo global» (Karl Marx: «Kritik des Gothaer Programms», p. 15).
35. «Los hombres producen su existencia trabajando y produciendo bienes, valores de uso. Al producir, incorporan su trabajo al producto: mediante su trabajo concreto, producen–crean un bien determinado (el valor de uso); mediante su trabajo abstracto, producen–crean el valor» (Milentije Popovic: ob. cit., p. 86). Aquí y en las páginas siguientes el autor sugiere que, para Marx, «relaciones de producción» y «producción de la vida material» implicarían siempre producción de valor de cambio, independientemente de las condiciones sociales, de las relaciones sociales: «Es en este sentido

en el que se puede decir que, en la sociedad [sic], los hombres "producen su existencia" no solo porque producen bienes, sino porque, al mismo tiempo, producen valor» (p. 91). «Además, estas relaciones (de producción) no dependen de la voluntad de los hombres pues se establecen "a espaldas de los productores", fuera de la actividad consciente de los productores o *de los productores asociados*» (p. 101, el subrayado es nuestro). «Así comienza igualmente a modificarse la naturaleza misma del trabajo considerado como trabajo abstracto, creador de valor y, por esto mismo, la naturaleza del trabajo vivo. El trabajo creador de valor no es simple (!) gasto de la fuerza física del productor [...] El trabajo que crea el valor comienza a adquirir para el hombre un sentido más humano. En pocas palabras, se humaniza» (p. 113), etcétera. No es este el lugar de analizar el contenido de esta tesis (que me parece por demás discutible). Pero es manifiestamente abusivo atribuirla a Marx. «Si se parte del hecho de que las relaciones (?) del costo de la producción son expresadas objetivamente en nuestras relaciones de autogestión, se llega a la conclusión de que los precios del mercado están también objetivamente [sic] expresados en nuestras condiciones socioeconómicas» (p. 119). Véase el pasaje anteriormente citado de «Kritik des Gothaer Programms», donde Marx niega explícitamente que los productos conserven un «valor objetivo» después del derrocamiento del capitalismo.

36. He aquí un pasaje especialmente claro de Marx a propósito de Proudhon, pero que le viene muy bien a Milentije Popovic: «la determinación del valor por el tiempo de trabajo, es decir, la fórmula que el señor Proudhon nos presenta como si fuera la que hubiese de regenerar el porvenir, no es sino la expresión científica de las relaciones económicas de la sociedad actual» (Karl Marx: *Das Elend der Philosophie*, p. 44).

### Capítulo IV. Un primer análisis de conjunto del sistema de producción capitalista

1. Karl Marx y Friedrich Engels: MEGA, vol. III, t. 1, pp. 34-35 y 41-42.
2. Véase, sobre todo, *Das Elend der Philosophie* (pp. 34-38), donde Marx demuestra que Proudhon se engaña al establecer, en lo absoluto, un lazo entre la intensidad de la necesidad física y el aumento de la productividad de trabajo que fabrica las mercancías antes de satisfacer esta necesidad.
3. Otto Rühle: *Karl Marx, Leben und Werk*, pp. 131-132.
4. Pierre Naville: *De l'aliénation à la jouissance*, p. 291.
5. Emilio Agazzi: «La formazione della metodologia di Marx», p. 481.
6. August Bebel y Eduard Bernstein (comp.): *Briefwechsel zwischen Friedrich Engels und Karl Marx 1844-1883*, vol. III, p. 166.
7. Karl Marx: «Arbeitslohn», pp. 223-249.

8. Karl Marx: «Travail salarié et capital», pp. 85-86.
9. Véase esta observación de Hegel escrita en Jena en 1805: «las fábricas, las manufacturas fundan su existencia, precisamente, en la miseria de una clase» (citado por Georg Lukács: *Der junge Hegel*, p. 423).
10. Karl Marx: *Das Elend der Philosophie*, pp. 121-144; y Karl Marx y Friedrich Engels: *Das kommunistische Manifest*, pp. 26-27.
11. Karl Marx: *Das Elend der Philosophie*, p. 117.
12. Karl Marx y Friedrich Engels: *Das kommunistische Manifest*, p. 39.
13. Karl Marx: *Das Elend der Philosophie*, p. 81.
14. Marx ve inclusive «el lado positivo del asalariado» en su manuscrito «Arbeitslohn», p. 248.
15. Véase, acerca del papel civilizador del capital, también «Grundsätze des Kommunismus», p. 206. En los *Grundrisse der Kritik der politischen Ökonomie* Marx vuelve a desarrollar esta idea del papel civilizador desempeñado por el sistema de producción capitalista, el primer modo de producción que, desde los orígenes de la sociedad humana, debe manifestar la tendencia a extenderse por el mundo entero, o más exactamente a englobar al mundo entero en su dominio (pp. 311-313).
16. Karl Marx y Friedrich Engels: *Das kommunistische Manifest*, pp. 28-30.
17. Friedrich Engels: «Grundsätze des Kommunismus», p. 208.
18. En los escritos de 1846-1848, Marx y Engels no distinguen todavía el tiempo de trabajo *socialmente necesario* del tiempo de trabajo sin más. Tampoco distinguen la *fuerza de trabajo* y el trabajo, hablando de «venta del trabajo», de «precio del trabajo», etcétera, fórmula que Marx corregirá hacia finales de los años de la década de 1850, sobre todo en los *Grundrisse* y en las *Theorien über den Mehrwert*. Engels subraya esta corrección en los prefacios que escribió treinta años más tarde para *Das Elend der Philosophie* y para «Trabajo asalariado y capital».
19. Karl Marx: *Das Elend der Philosophie*, pp. 24-25; Friedrich Engels: «Grundsätze des Kommunismus», p. 223; Karl Marx: «Travail salarié et capital», p. 82; Karl Marx y Friedrich Engels: *Das kommunistische Manifest*, p. 32.
20. Karl Marx: «Arbeitslohn», pp. 231-232.
21. Ibídem, p. 235; Friedrich Engels: «Grundsätze des Kommunismus», p. 204; y Karl Marx: «Rede über die Frage des Freihandels», en *Das Elend der Philosophie*, p. 184.
22. Karl Marx: «Rede über die Frage des Freihandels», ob. cit., p. 185.
23. Karl Marx: *Das Elend der Philosophie*, p. 37.
24. Karl Marx: «Arbeitslohn», pp. 233-234. Es este pasaje el que permite hablar, en el joven Marx, de una teoría de la pauperización absoluta y relativa a la

vez. Veremos más adelante en qué se convierte esta teoría en el transcurso de la preparación de *El capital*.

25. Karl Marx: *Theorien über den Mehrwert*, vol. II, 1956, pp. 575-576 y ss.
26. Karl Marx: «Arbeitslohn», p. 242.
27. Karl Marx y Friedrich Engels: *Das kommunistische Manifest*, p. 31.
28. Karl Marx: «Arbeitslohn», p. 232.
29. Es lo que no ha comprendido Proudhon, que sueña con un restablecimiento de la competencia después de la abolición del capitalismo. «La competencia y la asociación se apoyan la una en la otra», escribía en la *Miseria de la filosofía*. Marx le predijo que si quería restablecer el reino de la competencia en una sociedad socialista, correría el riesgo de reproducir todo el cortejo de miseria y anarquía que el cambio individual y la competencia producen en el seno de la sociedad capitalista. Si se quiere el progreso sin esta anarquía, hay que mantener las fuerzas productivas suprimiendo el cambio (Karl Marx: *Das Elend der Philosophie*, p. 44).
30. Karl Marx: *Das Elend der Philosophie*, p. 43.
31. Daniel Guérin: *L'anarchisme*, p. 65.
32. Friedrich Engels: «Grundsätze des Kommunismus», pp. 208-209.
33. Karl Marx: *Das Elend des Philosophie*, p. 145.
34. Karl Marx y Friedrich Engels: *Das kommunistische Manifest*, p. 31.
35. Friedrich Engels: «Grundsätze des Kommunismus», p. 208.
36. Karl Marx: *Das Elend der Philosophie*, pp. 161-162.
37. Friedrich Engels: «Grundsätze des Kommunismus», pp. 216-217.
38. Véase a este respecto Otto Morf: *Das Verhältnis von Wirtschaftstheorie und Wirtschaftsgeschichte bei Karl Marx*; y Peter Bollhagen: *Soziologie und Geschichte*.
39. Talcott Parsons y Neil J. Smelser: *Economy and Society*, pp. 6-7, 21 y ss.
40. Ibídem, p. 83.
41. Ibídem, p. 42.
42. Ibídem, p. 22.
43. Ibídem, pp. 104 y ss.
44. Véase la manera en que Talcott Parsons trata la esclavitud. Los esclavos se compran y venden en el mercado «independientemente de los servicios que prestan» (p. 12). Pero como de todas maneras son humanos, los amos de esclavos han dado pruebas siempre de que guardan un mínimo de consideración por su vida familiar (p. 137). Una breve discusión con un especialista en historia económica de la Roma antigua, o un breve análisis del sistema económico de los campos alemanes de exterminio, le habrían evitado escribir tales enormidades.

45. Talcott Parsons y Neil J. Smelser: ob. cit., pp. 114-115 y 121-122.

### Capítulo V. El problema de las crisis periódicas

1. Franz Mehring: *Karl Marx, Geschichte seines Lebens*, p. 182.
2. En un estudio apasionante, Roman Rosdolsky ha demostrado que la concepción errónea de Engels acerca de los «pueblos sin historia» (*geschichtslose Völker*, es decir, las pequeñas nacionalidades eslavas), que se observa en toda la *Neue Rheinische Zeitung*, y en numerosos artículos escritos en el transcurso de la década de 1850, a consecuencia del papel desempeñado por los checos, los croatas, los rutenos, etcétera, en el transcurso de la revolución de 1848 es resultado, en definitiva, de la incomprensión de las raíces socioeconómicas de este papel, es decir, de una incomprensión de los problemas de la lucha de clases entre campesinos checos, eslovacos, croatas, por una parte, y propietarios de tierras revolucionarios polacos y húngaros, por otra parte. Roman Rosdolsky: «Friedrich Engels und das Problem der keschichtslosen Völker», pp. 87-282.
3. Karl Marx: «Ansprache der Zentralbehörde an den Bund», en *Enthüllungen über den Kommunistenprozess zu Köln*, p. 128.
4. Karl Marx y Friedrich Engels: «Revue-Mai bis Oktober», pp. 317-318.
5. Karl Marx y Friedrich Engels: MEGA, vol. I, t. 3, pp. 576-577.
6. Karl Marx y Friedrich Engels: *Die deutsche Ideologie*, pp. 417-418 y 557.
7. Friedrich Engels: «Introduction» a Karl Marx : «Les luttes de classes en France (1848-1850)», p. 117.
8. Véase sobre todo el análisis de las medidas fiscales y de la actitud de la Banca inmediatamente después de la revolución de febrero de 1848. Karl Marx: «Les luttes de classes en France (1848-1850)», pp. 151-152.
9. Karl Marx y Friedrich Engels: «Revue», febrero de 1850, p. 119.
10. Ibídem, pp. 120-121. La revolución china llamada de los Tai-Ping estalló de hecho el 11 de enero de 1851, menos de un año después de lo que habían previsto Marx y Engels.
11. Karl Marx y Friedrich Engels: «Revue», abril de 1850, pp. 213-215.
12. Karl Marx y Friedrich Engels: «Revue-Mai bis Oktober», p. 304.
13. Ibídem, pp. 311-312.
14. Ibídem, p. 317.
15. Karl Marx y Friedrich Engels: «Revue-Mai bis Oktober», p. 312. Véase también la carta de Marx a Engels del 19 de agosto de 1852 (August Bebel y Eduard Bernstein [comp.]: *Briefwechsel zwischen Friedrich Engels und Karl Marx 1844-1883*, t. 1, p. 334).

16. «Pauperismo y libre cambio. La amenaza de una nueva crisis comercial», artículo enviado el 15 de octubre de 1852 al *New York Daily Tribune*. Karl Marx: «Pauperismus und Freihandel», en *Gesammelte Schriften 1852-1862*, vol. I, p. 33.
17. Serie de artículos publicados con el título de «La crisis comercial en la Gran Bretaña», en la *Neue Oder-Zeitung* del 11 al 22 de enero de 1855 y en el *New York Daily Tribune* de 20 de enero de 1855.
18. «En principio, en economía política, nunca hay que agrupar las cifras de un solo año para sacar leyes generales. Hay que tomar siempre el término medio de 6 a 7 años, lapso durante el cual la industria moderna pasa por las diferentes fases de prosperidad, de sobreproducción, de estancamiento, de crisis y termina su ciclo» (Karl Marx: «Rede über den Freihandel», en Karl Marx y Friedrich Engels: *Kleine ökonomische Schriften*, p. 515).
19. D. Riazanov en Karl Marx y Friedrich Engels: *Gesammelte Schriften 1852-1862*, t. 1, p. 453.
20. Karl Marx: *Das Kapital*, t. III, p. 40.
21. Karl Marx y Friedrich Engels: *Gesammelte Schriften 1852-1862*, t. 1, p. 33.
22. Ibídem, pp. 65-71.
23. Ibídem, p. 34.
24. Ibídem, p. 500.
25. Rosa Luxemburgo: *Die Akkumulation des Kapitals*, pp. 371-374.
26. August Bebel y Eduard Bernstein (comp.): *Briefwechsel zwischen Priedrieh Engels und Karl Marx 1844-1883*, vol. 2, pp. 105-106 y 127.
27. Ibídem, p. 200.
28. Ibídem, pp. 252-254 y 255-256.
29. Ibídem, pp. 292-293.
30. Véase su artículo «El comercio con China», aparecido en el *New York Daily Tribune* del 3 de diciembre de 1859. Karl Marx: «Der Handel in China», pp. 540-504.
31. Michael Tugan-Baranowsky: *Studien zur Theorie und Geschichte der Handelskrisen in England*. El libro de Tugan-Baranowsky ha sido analizado de manera crítica sobre todo por Rosa Luxemburgo: *Die Akkumulation des Kapitals*, pp. 239-244.
32. Alvin H. Hansen, en Alvin H. Hansen y Richard V. Clemence: *Readings in Business Cycles and National Income*, p. 129. Véase también Wassily Leontief: «The Significance of Marxian Economics for Present-day Economic Theory», p. 3.
33. Hemos examinado este problema de manera más detallada en Ernest Mandel: *Traité d'Économie Marxiste*, t. 1, pp. 449-467.

## Capítulo VI. El perfeccionamiento de la teoría del valor, de la teoría de la plusvalía y de la teoría de la moneda

1.  August Bebel y Eduard Bernstein (comp.): *Der Briefwechsel zwischen Friedrich Engels und Karl Marx 1844-1883*, t. II, p. 219.
2.  Véase su carta a Lassalle del 21 de diciembre de 1857: «la actual crisis comercial me ha incitado a dedicarme ahora, minuciosamente, a la elaboración de los rasgos fundamentales de la economía y también a preparar algo sobre la crisis presente» (Ferdinand Lassalle: *Nachgelassene Briefe und Schriften*, t. 3, p. 111).
3.  August Bebel y Eduard Bernstein (comp.): ob. cit., t. 1, p. 164.
4.  Instituto Marx-Engels-Lenin: prólogo a Karl Marx: *Grundrisse der Kritik der politischen Ökonomie*, p. ix.
5.  Maximilien Rubel: *Karl Marx. Essai de biographie intellectuelle*, p. 297.
6.  Franz Mehring: *Karl Marx, Geschichte seines Lebens*, p. 263.
7.  August Bebel y Eduard Bernstein (comp.): ob. cit., t. II, pp. 265-269 y 341.
8.  Ibídem, pp. 269-270.
9.  Y él mismo en las *Notas de lectura* y en los *Manuscritos económicos y filosóficos de 1844*.
10. Karl Marx: «Travail salarié et capital», p. 81.
11. En la «Introducción», Marx describe el método dialéctico que le ha permitido descubrir la categoría del trabajo abstracto (Karl Marx: *Zur Kritik der politischen Ökonomie*, pp. XXXIX-LXI). Naville insiste con razón en el hecho de que se encuentra esta categoría en potencia ya en otros autores, sobre todo en Hegel y en Adam Smith (Pierre Naville: *De l'aliénation à la jouissance*, p. 399). El propio Marx indica que Benjamin Franklin había avanzado considerablemente por el camino del descubrimiento de esta categoría del trabajo abstracto (Karl Marx: *Zur Kritik der politischen Ökonomie*, p. 38). Rosdolsky subraya que, en Ricardo, no es analizado el carácter específico del trabajo abstracto creador de valor, distinto del trabajo concreto productor de valores de uso (Roman Rosdolsky: «Ein neomarxistisches Lehrbuch der politischen Ökonomie», p. 642).
12. Karl Marx: *Zur Kritik der politischen Ökonomie*, p. 33.
13. No analizaremos en este estudio las *Theorien über den Mehrwert*, consideradas como t. IV de *El capital*, aunque su redacción precede a la del t. I.
14. Karl Marx: *Zur Kritik der politischen Ökonomie*, pp. 44-46.
15. Ibídem, pp. 44-45.
16. Ibídem, p. 230. Redactamos este estudio antes de que apareciese en la editorial Anthropos de París, la traducción francesa de este libro. Los pasajes aquí citados fueron traducidos al francés por mí mismo.

17. El propio Marx ha considerado que su análisis de la plusvalía en general, más allá de sus formas específicas de ganancia, de interés, de renta de los bienes raíces, constituye su mérito principal (carta a Engels del 24 de agosto de 1867, en August Bebel y Eduard Bernstein [comp.]: *Briefwechsel zwischen Friedrich Engels und Karl Marx*, vol. ix, p. 395).
18. Este pasaje parece darle la razón a Pierre Naville, que ha afirmado que en los *Grundrisse* Marx no distingue todavía «trabajo» y «fuerza de trabajo» (Pierre Naville: *De l'aliénation à la jouissanee*, p. 432). En realidad, no obstante que se encuentran en los *Grundrisse* (lo mismo que en las *Theorien über den Mehrwert*) algunos pasajes en los que esta distinción no se hace claramente, hay un gran número de pasajes en los que Marx distingue perfectamente *trabajo y capacidad de trabajo* (*Arbeitsvermögen*), que es sinónimo de fuerza de trabajo. Véase, sobre todo, en los *Grundrisse*, pp. 200 y ss., 491, 497, 502-503, 565-566, etcétera. El pasaje de la p. 566 es especialmente típico. Habla del cambio de la «capacidad de trabajo», del valor de uso de esta «capacidad de trabajo» que permite, precisamente, la valoración del capital: «Por el hecho de que el capital ha cambiado la capacidad de trabajo sobre la base de la equivalencia, ha cambiado (obtenido)... tiempo de trabajo sin equivalente».
19. Karl Marx: *Grundrisse der Kritik der politischen Ökonomie*, pp. 213-214.
20. En el «Prólogo» a los *Grundrisse*, que había sido publicado en 1903 en *Die Neue Zeit* por Kautsky, Marx señala que la noción de «trabajo abstracto» no pudo desarrollarse más que a partir del momento en que la industria moderna se había desarrollado hasta el punto en que la mano de obra llamada «de los obreros de fábrica» podía de hecho transferirse fácilmente de una rama industrial a otra: «La indiferencia respecto de la forma determinada del trabajo corresponde a una forma de sociedad en la cual los individuos pueden pasar fácilmente de un trabajo a otro, y en la cual una forma determinada del trabajo les es accidental y, por consiguiente, indiferente... semejante situación es la más avanzada en la forma de existencia más moderna de las sociedades burguesas, en los Estados Unidos» (Karl Marx: *Grundrisse der Kritik der politischen Ökonomie*, p. 25).
21. Ibídem, pp. 367-368.
22. Una de las críticas más célebres en lo concerniente a la «contradicción» entre el t. I y el t. III de *El capital* es la que Eugen von Böhm-Bawerk había formulado en *Zum Abschluss des Marxschen Systems* desde 1896 (Eugen Von Bohm-Bawerk: *Karl Marx and the Close of his System*, pp. 30 y ss.). Ha sido repetida innumerables veces después, sobre todo por Wilfredo Pareto, en el t. II de *Les systèmes socialistes*, pp. 354-355 y 358-359.
23. En su carta a Lassalle, del 11 de marzo de 1858, Marx había subrayado la contradicción entre la teoría del valor de Ricardo y su teoría de la ganancia (Karl Marx y Friedrich Engels: *Briefe über «Das Kapital»*, p. 87). La teoría

marxista del reparto equitativo de la tasa de utilidades permite evitar una contradicción análoga.

24. Karl Marx: *Zur Kritik der politischen Ökonomie*, p. 46.
25. Marx elaboró su teoría de la renta del suelo en forma de una crítica de las teorías de Rodbertus y de Ricardo. Descubre que, contrariamente a lo que pensaba Ricardo, no es solamente una renta diferencial (superganancia obtenida por los capitales invertidos en los campos más fértiles que los que rinden la utilidad media), sino además una renta absoluta que proviene del hecho de que la composición orgánica del capital invertido en la agricultura es más baja que la del capital invertido en la industria; que el capital invertido en la agricultura obtiene por lo tanto una plusvalía que no participa en la distribución equitativa de la tasa de utilidades, porque la propiedad de bienes raíces impide la libre entrada de los capitales en este sector, y porque todos los capitales invertidos en la agricultura producen una superganancia (por relación a las utilidades medias obtenidas en las demás ramas de la economía), superganancia que se apropian los dueños de bienes raíces.
26. August Bebel y Eduard Bernstein (comp.): *Briefwechsel zwischen Friedrich Engels und Karl Marx*, vol. ix, pp. 77-82.
27. Franz Mehring: *Karl Marx, Geschichte seines Lebens*, pp. 294-295.
28. August Bebel y Eduard Bernstein (comp.): ob. cit., p. 377.
29. Karl Marx: *Theorien über den Mehrwert*, 1956, vol. II, p. 500.
30. Karl Marx: *Zur Kritik der politischen Ökonomie*, p. 50.
31. El propio Marx se apoya todavía en esta misma teoría en *Das Elend der Philosophie*, pp. 66-69.
32. Karl Marx: *Zur Kritik der politischen Ökonomie*, p. 97.
33. Ídem.
34. Karl Marx: *Zur Kritik der politischen Ökonomie*, p. 114.
35. Ídem.
36. Hemos examinado las críticas tradicionales en lo tocante a la teoría del valor-trabajo en Ernest Mandel: *Traité d'économie marxiste*, t. II, pp. 404-411.
37. Frank H. Knight: «Value», pp. 218-219.
38. Para simplificar el razonamiento, hacemos a un lado el «factor tierra», pero se le puede reintegrar fácilmente en la argumentación sin modificar esta.
39. ¿Cómo explicar, entonces, que las «fábricas que se mueven solas» obtengan ganancias, las cuales deben provenir de la plusvalía? Mientras estas fábricas sean la excepción y no la regla, obtendrán utilidades sin que se produzca plusvalía entre sus paredes, es decir, se apropiarán simplemente una parte de la plusvalía producida por los trabajadores de las demás empresas, a través del juego de la competencia de los capitales. A partir del momento

en que el fenómeno de la automatización integral se generaliza en todas las empresas, las utilidades y la plusvalía desaparecen necesariamente; en efecto, no hay lugar para una «economía del mercado» en condiciones de abundancia manifiesta, creada por la automatización generalizada.

40. Joseph Schumpeter: *History of Economic Analysis*, pp. 558-559.

41. Es significativo que cuando los economistas quieren medir el verdadero progreso económico, están obligados a volver sobre los progresos de la productividad del trabajo viviente (véase Jean Fourastié: *Le grand espoir du $xx^e$ siécle*, pp. 7-31) y no sobre alguna «productividad del capital» o «productividad de la tierra» cuyos coeficientes de aumento, como índices del progreso económico, son incapaces de calcular.

42. Oskar Lange: «Marxian Economics and Modern Economic Theory», pp. 189-201.

43. Ibídem, p. 194.

44. Una de las razones que conducen a esta clase de equívoco es la incomprensión de la naturaleza de los esquemas de reproducción contenidos en el tomo II de *El capital*. Estos esquemas no tienden, de ninguna manera, a explicar el «equilibrio estático» del modo de producción capitalista. Por lo contrario, tratan de explicar cómo puede subsistir este modo de producción a pesar de la interrupción constante del equilibrio la introducción periódica de la reproducción ampliada.

45. Oskar Lange: ob. cit., pp. 198-199.

46. Joan Robinson: *Introducción a la economía marxista* y «The Labour Theory of Value: A Discussion».

47. Roman Rosdolsky: «Joan Robinsons Marx-Kritik», en *Arbeit und Wirtschaft*, 1958, pp. 178 y ss.

48. Como Lange afirma erróneamente, ob. cit., p. 195.

49. Roman Rosdolsky: «Joan Robinsons Marx-Kritik», pp. 182-183.

50. Maurice Godelier: *Racionalidad e irracionalidad en economía*, p. 154.

51. Véase la cita de los *Grundrisse der Kritik der politischen Ökonomie*, pp. 89-90, que reproducimos en el capítulo siguiente.

52. Véase su definición de la mercancía en *Racionalidad e irracionalidad en economía*, pp. 225-226. «Para Marx, una mercancía es un objeto (?) caracterizado por dos propiedades: a) es útil y por eso la mercancía tiene un valor de uso […] b) se cambia en determinada proporción por bienes de utilidad distinta. Tiene un valor de cambio y solo tiene este valor de cambio porque tiene primero un valor de uso para otros». Véase lo que el propio Marx dice, en el famoso pasaje del capítulo I de *El capital* (tomo I) acerca del carácter fetichista de la mercancía: «Lo que es válido para esta forma particular de producción, la producción mercantil, a saber el hecho de que el carácter específicamente social de los trabajos privados independientes unos de

otros consiste en su identidad como trabajo humano [...], les parece ser a quienes han tomado partido por las condiciones de la producción mercantil [...] definitivo» (p. 41). Estas palabras parecen estar dedicadas a todos aquellos que quieren conservar la «forma mercantil» y el «valor» de los productos del trabajo en el socialismo.

53. Maurice Godelier: ob. cit., pp. 153-154.
54. Véase también Friedrich Engels: *Herrn Eugen Dührings Umwälzung der Wissenschaft*, pp. 272-274; y *Anti-Dühring*, pp. 197-215.

**Capítulo VII. Los *Grundrisse* o la dialéctica del tiempo de trabajo y del tiempo libre**

1. El primero que trató este problema de manera seria fue Henryk Grossmann («Die Änderung des Aufbauplans des Marxschen "Kapital"»). Atribuyó el cambio de plan de *El capital* a la decisión de Marx de tratar la plusvalía en su conjunto, independientemente de sus formas de aparición: utilidades, renta, interés. Es verdad que el propio Marx, en carta dirigida a Engels el 15 de agosto de 1863, habla de la «necesidad» que tuvo de «modificarlo todo de pies a cabeza» (August Bebel y Eduard Bernstein [comp.]: *Briefwechsel zwischen Friedrich Engels und Karl Marx*, t. 3, p. 143). Queda por decir que Marx había desarrollado ya plenamente la categoría de la plusvalía por separado de sus formas de aparición en los *Grundrisse*. En su artículo «Das Kapital im Allgemeinen und die "Vielen Kapitalien"», Roman Rosdolsky distingue trece variantes del plan de *El capital* esbozadas por Marx entre septiembre de 1857 y abril de 1868.
2. Roman Rosdolsky: «Ein neomarxistisches Lehrbuch der politischen Ökonomie», p. 651.
3. Karl Marx: *Grundrisse der Kritik der politischen Ökonomie*, p. 289.
4. Sobre todo en K. Marx: *Grundrisse*, Berlín, Dietz-Verlag, pp. 219-343.
5. Ibídem, pp. 417-418.
6. Ibídem, pp. 311-312.
7. Ibídem, pp. 264-265.
8. Ibídem, pp. 217-362.
9. Aunque Marx la conociese ya y la analizase, aunque de manera no muy clara, en las pp. 283-289.
10. Marx resolvió por primera vez el problema de la reproducción en una carta a Engels del 6 de junio de 1863 (August Bebel y Eduard Bernstein [comp.]: ob. cit., pp. 138-142).
11. August Bebel y Eduard Bernstein [comp.]: ob. cit., vol. II, p. 235.

12. Gino Longo: *Il metodo dell'economia politica*, pp. 120-125, que cita la carta de Marx a Lachâtre del 18 de marzo de 1872, así como un texto de Lenin que apareció en el tomo 38 de las *Œuvres complètes*.
13. Karl Marx: *Grundrisse der Kritik der politischen Ökonomie*, pp. 742-743.
14. Véase igualmente, a este respecto, los pasajes concernientes a la necesidad que tiene el capital de ampliar el ámbito de su circulación, pero no hacia medios no capitalistas: «la plusvalía creada en un punto exige la creación de la plusvalía en otro punto, por la cual se cambia» (ibídem, p. 311).
15. Ibídem, p. 755.
16. Ibídem, p. 89.
17. Ibídem, pp. 89-90.
18. Ibídem, pp. 301-302.
19. Ibídem, p. 305.
20. Ibídem, p. 527.
21. Es un eco sorprendente de la teoría del capital de Böhm-Bawerk.
22. Karl Marx: *Grundrisse der Kritik der politischen Ökonomie*, pp. 594-595.
23. Ibídem, p. 592.
24. Ibídem, p. 593.
25. Ibídem, p. 231.
26. Es lo que no parece comprender Kostas Axelos, que contrasta el «positivismo» de Marx, que admiraba los efectos de la industrialización, con su «romanticismo», que se lamentará de estos mismos efectos (Kostas Axelos: *Marx, penseur de la technique*, p. 81). En realidad, el juicio de Marx reúne los dos aspectos contradictorios de la industria y del crecimiento económico bajo el capitalismo.
27. Salvo, evidentemente, en la forma de un régimen que asegura la supervivencia de una parte importante de la clase burguesa como rentista del Estado, forma prevista por Engels en el *Anti-Dühring*.
28. Karl Marx: *Grundrisse der Kritik der politischen Ökonomie*, p. 317.
29. Ibídem, p. 412.
30. Véase sobre todo Hans-Paul Bahrdt *et al.*: *Gibt es noch ein Proletariat?*, pp. 88-89 y 92.
31. Especialmente Hans Magnus Enzensberger: *Culture ou mise en condition*, pp. 9-18; y Edgar Morin: *L'esprit du temps*, como fuentes, entre muchas otras.
32. Véase Paul Baran y Paul M. Sweezy: *Monopoly Capital*, pp. 346-349, que resaltan el vacío completo, el «no hacer nada» que caracteriza a los ocios de una buena parte de las masas norteamericanas.
33. Erich Fromm: *The Sane Society*, pp. 321 y ss.

34. Jean Fallot lo recuerda oportunamente en *Marx et le Machinisme*, pp. 183-188. La planificación permite inclusive economizar el trabajo extra.
35. Inclusive un autor tan conformista como George Soule (*The Shape of Tomorrow*, p. 121) reconoce la posibilidad de una semana de 24 horas a partir de 1990, o a principios del siglo XXI.
36. Kostas Axelos: *Marx, penseur de la technique*, pp. 265 y 268.
37. Jean Fallot: ob. cit., p. 40.
38. Véase sobre todo Hannah Arendt (*Condition de l'homme moderne*, p. 365) en lo tocante a los sabios; Alain Touraine, pp. 420 y ss. del *Traité de sociologie du travail*, de Georges Friedmann y Pierre Naville (t. I) en lo tocante a los ingenieros y a los cuadros superiores; Gunther Hillmann («Zum Verständnis der Texte», p. 203) en lo que concierne a unos y a otros.
39. Véase J. N. Dawydow (*Freiheit und Entfremdung*, p. 114): «La perspectiva de desarrollo de la sociedad comunista es la perspectiva de crear una sociedad de sabios».
40. Véase en el capítulo XI de esta obra un examen más profundo de las relaciones entre el progreso técnico y la sociedad sin clases.

**Capítulo VIII. El «modo de producción asiático» y las precondiciones históricas del desarrollo del capital**

1. Las dos cartas, así como la respuesta de Marx del 14 de julio de 1853 a Engels. Karl Marx y Friedrich Engels: MEGA, vol. III, t. 1, pp. 474-477, 478-482 y 483-487. El artículo del 10 de junio apareció en el *New York Tribune* del 25 de junio de 1853.
2. Karl Marx: *Grundrisse der Kritik der politischen Ökonomie*, pp. 375-413.
3. Maurice Godelier ha establecido una bibliografía provisional de los escritos de Marx y Engels acerca del «modo de producción asiático», bibliografía que no retoma las *Theorien über den Mehrwert*, así como otros pasajes de los *Grundrisse* sino en el capítulo «Formas que preceden a la producción capitalista». Maurice Godelier: «Bibliographie sommaire des écrits de Marx et de Engels sur le mode de production asiatique», pp. 56-66.
4. Véase a este respecto Karl A. Wittfogel: *Le despotisme oriental*, que publica una revista bastante completa de los pasajes de Lenin relativos a este «asiatismo» en pp. 494-495 de su obra.
5. Véase sobre todo George Plejanov: *Introduction à l'histoire sociale de la Russie*, p. 4: «Sabemos ahora no solamente que Rusia, al igual que la Europa occidental, ha atravesado la fase del feudalismo, sino también que esta misma fase ha existido en Egipto, en Caldea, en Asiria, en Persia, en el Japón, en China, en pocas palabras, en casi todos los países civilizados del Oriente». Había conservado el concepto de un modo de producción asiático

en *Les questions fondamentales du marxisme* (p. 53), subrayando con razón que este modo de producción no podía ser considerado como anterior al modo de producción antiguo (esclavista).
6. Vladimir Ilich Lenin: *Œuvres complétes*, t. 21, p. 40.
7. Año I, n.º 2, pp. 370-378. Lucien Goldmann nos ha señalado que quien puso de nuevo en circulación el concepto de modo de producción asiático no fue Rjasanov, sino que fueron los comunistas húngaros que editaban la revista *Communisme* desde 1920.
8. Véase Karl A. Wittfogel: *Le despotisme oriental*.
9. Tres ejemplos: el manual de W.I. Avdijev (*Geschichte des Alten Orients*, aparecido en Moscú en 1948 y traducido en Berlín en 1953) se apoya en la opinión del académico V.V. Struve para afirmar que los pueblos «de la India y de China han seguido la misma ruta de la constitución gentilicia a la esclavitud» (pp. 12-13). En 1950, Kuo Mo-jo habla aún de una «sociedad esclavista» de la antigua China que evoluciona hacia una «sociedad feudal» («La société esclavagiste chinoise», pp. 32-33, 41 y 51), aunque se trate evidentemente de una sociedad que, aun teniendo esclavos, no estaba cimentada en un modo de producción esclavista. *An Outline History of China*, aparecido en Pekín en 1958, habla de la más antigua sociedad de clases de China (la dinastía Shang) como de una sociedad fundada en la esclavitud (p. 15).
10. Karl A. Wittfogel: *Wirtschaft und Gesellschaft Chinas*, p. 768.
11. Véase en este sentido Maurice Godelier: «La notion de "mode de production asiatique" et les schémas marxistes d'évolution des sociétés», pp. 26-27; y Eric Hobsbawm: «Introduction», en Karl Marx: *Introduction to Karl Marx: Pre-capitalist Economic Formations*, pp. 61-63.
12. Véase a este propósito, entre otros, A.A. Bernchtam: *Sotsialnoekonomitcheskii Stroj Orogono-Enisejskig Tiourok VIVIIIwekow* (*El régimen socio-económico de los turcos orochones y el lenisei de los siglos VI a VIII)*; S.E. Tolybekov (*Voprossi Ekonomiki*, n.º 1, 1955) crea asimismo el concepto de «feudalismo patriarcal», dotado de una... ¡propiedad colectiva del suelo!
13. Wittfogel se refiere a esto.
14. John Stuart Mill habla de la «sociedad oriental» en 1848 y Richard Jones de «sociedad asiática» ya desde 1831 (Karl A. Wittfogel: *Wirtschaft und Gesellschaft Chinas*, p. 489).
15. Eric Hobsbawm (ob. cit., p. 22) hace una lista bastante completa. Comprende los *Voyages* de Bernier, *L'Histoire de Java* de Raffles, la *Géographie historique de l'Arabie* del pastor C. Foster, el *Treatise on the East India Trade* de J. Child, etcétera. Pierre Naville (*La Chine future*, pp. 89-93) recuerda que los *Voyages* de Bernier fueron redactados para contrarrestar un proyecto de Luis XIV de proclamar la propiedad real sobre todas las tierras de Francia,

o por lo menos un proyecto que los adversarios del absolutismo le habían atribuido.

16. Maximilian Rubel llama la atención sobre dos estudios de Marx que datan del año de 1853: uno acerca de la comunidad aldeana en Escocia («The Duchess of Sutherland and Slavery», artículo aparecido en el *New York Daily Tribune* del 9 de febrero de 1853); el otro sobre las relaciones entre la monarquía absoluta y la descentralización en España (Maximilian Rubel: *Karl Marx. Essai de biographie intellectuelle*, pp. 297-301).

17. En lo tocante a la India: «Se puede decir que la propiedad privada de las casas y de los huertos era un hecho reconocido en las zonas urbanas y en los alrededores de las mismas desde el siglo VI antes de nuestra era. Pero no había propiedad privada de los campos cultivados» (D.D. Kosambi: *An introduction to the Study of Indian History*, p. 145). En lo tocante a China, véase Henri Maspero, citado en Pierre Naville, *La Chine future*, pp. 96-98. Por lo que respecta al imperio clásico del Islam y los comienzos del imperio otomano, véase Reuben Levy: *The Social Structure of Islam*, pp. 13 y 401.

18. El autor hindú antiguo Kautilya escribe en su Anthasastra: «Las *samghas* (comunidades aldeanas tribales) son invencibles por otras, a causa de su unidad». Citado en Debiprasad Chattopadiyaya: *Lokayata, A Study in Ancient Indian Materialism*, p. 173.

19. Véase la descripción de la antigua aldea hindú en H.D. Malaviya: «Village Communities in India, a Historical Outline», en A.R. Desai: *Rural Sociology in India*, pp. 164-170. El pasaje siguiente es particularmente significativo: «El método original de remunerar a los servidores (artesanos) de la aldea consistía en darles una dotación de tierra libre de renta, y a veces, inclusive, exenta de impuestos, o en atribuirles determinadas partes de la reserva colectiva de cereales» (ob. cit., p. 170).

20. Engels a Marx, 6 de junio 1853, en Karl Marx y Friedrich Engels: MEGA, vol. III, t. 1, p. 480.

21. Véase D.D. Kosambi (ob. cit., p. 280) a propósito del imperio de los Gupta.

22. Karl Marx: *Grundrisse der Kritik der politischen Ökonomie*, p. 377: «Las condiciones comunes de la apropiación real por el trabajo, las conducciones de agua, muy importantes para los pueblos asiáticos, los medios de comunicación, etc., se manifiestan desde entonces como el trabajo de la unidad superior: el gobierno despótico que planea por encima de las comunas pequeñas». En *Les questions fondamentales du marxisme* (p. 43), Plejanov atribuye una importancia decisiva a las condiciones geográficas que hacen necesarios tales trabajos. Vuelve a decir, un poco más adelante: «Y si estos dos tipos [el modo de producción esclavista y el modo de producción asiático (E.M.)] difieren considerablemente el uno del otro, sus signos distintivos principales se han formado por la influencia del medio geográfico» (p. 53).

23. Ibídem, p. 377. «Es seguro que los comerciantes y los artesanos, la burguesía considerada como clase organizada en sus gremios, no alcanzó jamás la supremacía que su equivalente europeo conquistó cuando tomó el poder en las ciudades. En la India, la ciudad era casi siempre un puesto avanzado del Estado territorial, gobernada por prefectos o por organismos designados por el centro». (K.S. Shelvankar, citado en A.R. Desai: ob. cit., p. 150).

24. Karl Marx: *Grundrisse der Kritik der politischen Ökonomie*, p. 384. Véase A.R. Desai, ob. cit., p. 25: «En la India prebritánica, la agricultura aldeana producía esencialmente para satisfacer las necesidades de la población de la aldea. Esta economía agrícola de subsistencia en la aldea fue transformada en una economía de mercado durante el período británico».

25. Karl Marx: *Grundrisse der Kritik der politischen Ökonomie*, p. 405. Véase Leon Trotski: «Así, las ciudades rusas, al igual que las ciudades bajo los despotismos asiáticos, y en oposición a las ciudades artesanales y mercantiles de la Edad Media europea, no desempeñaban más que un papel de consumidores... ¿Dónde estaban entonces la industria manufacturera y las artesanías? En el campo, ligadas a la agricultura» («Balance Sheet and Perspectives», en *The Permanent Revolution*, p. 179).

26. Marx subraya en los *Grundrisse* (pp. 407-408) la importancia de un artesanado libre en las ciudades para preparar la obra disolvente del capital sobre las antiguas relaciones comunitarias en el campo. En nuestro *Traité d'économie marxiste* (t. I, p. 148) citamos una opinión semejante de Etienne Balazs en lo que concierne a las ciudades de la antigua China y señalamos que la paternidad de esta idea, atribuida a Max Weber, pertenece en realidad a Marx.

27. Evidentemente, esto no significa que las naciones asiáticas hubiesen sido incapaces de llegar al capitalismo por sus propios medios. Esto explica simplemente cómo Europa occidental pudo tomar, a partir del siglo XVI, una delantera cada vez mayor respecto de las demás partes del mundo. El subdesarrollo actual de las naciones de Asia no es el producto del «modo de producción asiático», sino de la acción retardadora y regresiva que la relación de subordinación, resultante de la penetración europea, ha ejercido sobre estas naciones. La nación asiática que logró conservar una independencia real, el Japón, ha logrado también escapar grandemente al subdesarrollo.

28. Maurice Godelier: «La notion de "mode de production asiatique" et les schémas marxistes d'évolution des sociétés»; Jean Chesnaux: *La Pensée*, n.º 114, abril de 1964; Jean Suret-Canale: *La Pensée*, n.º 117, octubre de 1964; Pierre Boiteau: *La Pensée*, octubre de 1964. Este último afirma inclusive (p. 68) que el modo de producción asiático constituye un fenómeno universal, por el cual han pasado todas las sociedades.

29. Jean Chesnaux (ob. cit., p. 42) afirma: «Debemos preguntarnos si esta noción de "alto mando económico" no encubre otras funciones aparte del mantenimiento de los diques y de los canales: por ejemplo, el control de la rotación de las tierras; el mantenimiento y el control de su seguridad... la protección militar de las aldeas contra las incursiones de los nómadas o de los ejércitos invasores extranjeros; la dirección estatal de algunos sectores de la producción industrial, que rebasaban las posibilidades de las comunidades campesinas, por ejemplo, en el dominio de las minas o de la metalurgia». Se trata evidentemente de una petición de principio, a partir del momento en que no se atribuye a las «obras hidráulicas» la causa esencial de la aparición de tal Estado-empresario. ¿Por qué, en otras civilizaciones, confederaciones de aldeas, inclusive las primeras corporaciones urbanas, o señores locales han podido cumplir las funciones que Chesnaux acaba de enumerar, siendo que en el «modo de producción asiático» estas corresponden al Estado?
30. Maurice Godelier: ob. cit., p. 30.
31. Por ejemplo, la organización colectiva del trabajo en las aldeas del África occidental, que se desliza insensiblemente de la ayuda mutua colectiva al trabajo efectuado, a cambio de regalos, en beneficio de los «hombres más eminentes», y después a la servidumbre apenas disfrazada (véase Claude Meillassoux: *Anthropologie économique des Gouro-de Côte d'Ivoire*, pp. 175-185).
32. El profesor checoslovaco Jan Harmatta llega a una conclusión análoga, en su interpretación de la estructura social del antiguo imperio de los hunos: «La sociedad de la época de Atila era, sin duda alguna, una sociedad de clases; pero las relaciones de producción que prevalecían entre los hunos no correspondían a las categorías de un sistema social establecido, como los sistemas esclavista y feudal. El rasgo característico de la sociedad huna es precisamente su naturaleza transitoria: es una sociedad de clases, pero con supervivencias tenaces de la antigua organización en clanes» (Jan Harmatta: «La société des huns a l'à époque d'Attila», p. 238).
33. Jean Chesnaux: ob. cit., p. 41: «El modo de producción asiático parece caracterizarse por la combinación de la actividad productiva de las comunidades aldeanas y de la intervención económica de una autoridad estatal que explota a aquellas».
34. Maurice Godelier: ob. cit., p. 21.
35. Véase Maurice Godelier: ob. cit., p. 33, acerca de las formas de disolución del modo de producción asiático. A este respecto es interesante observar que aun un historiador marxista tan profundo como Ernst Werner da la definición siguiente de «relaciones de producción de un tipo puro feudal»: «la preponderancia de la pequeña producción campesina, la dominación de la agricultura sobre la artesanía y del campo sobre la ciudad, el mono-

polio de tierras de una minoría, la apropiación de la sobreproducción campesina por la clase dominante» (Ernst Werner: *Die Geburt einer Grossmacht, die Osmanen*, p. 305). Esta definición se aplicaría al Bajo Imperio romano de los siglos III-IV al igual que a la Europa feudal del siglo IX, a la China o a la India del siglo XVI (¡ya que se habla de *monopolio* de tierras y no de *propiedad* de tierras!), al Imperio otomano del siglo XVIII y aun a la Rusia zarista de principios del siglo XIX, es decir, a sociedades y a Estados profundamente distintos unos de otros. Werner olvida la característica fundamental del feudalismo: *la propiedad privada* del suelo de la nobleza feudal y la *corvée* (o la renta en productos) arrancada al campesinado (que solo más tarde evolucionaría hacia la renta en dinero). Ya que conoce los *Grundrisse*, y los cita incluso, este olvido es imperdonable.

36. Recordemos a este respecto que el subcapítulo del cual está sacado el pasaje de los *Grundrisse* que trata del «modo de producción asiático» se titula: «Formas que preceden a la producción *capitalista*» y que está intercalado en un capítulo consagrado a la acumulación primitiva de *capital*. El contexto demuestra inmediatamente que esta intercalación tiene un sentido preciso: se trata de demostrar por qué, en el seno del «modo de producción asiático», ni siquiera la más vasta acumulación de sumas de dinero no ha producido un proceso de acumulación de capital. Igualmente, Lenin caracteriza al «despotismo asiático» en 1914, con estos términos: «Todo el mundo sabe que esta clase de régimen político disfruta de gran estabilidad en los países en los que la economía está marcada por el predominio de rasgos totalmente patriarcales, precapitalistas, y por un débil desarrollo de la economía mercantil y de la diferenciación en clases» (Vladimir Ilich Lenin: *Œuvres complétes*, t. 20, p. 426). Apenas se reconocerá en esta descripción a la sociedad que se intercala entre el comunismo tribal y la sociedad fundada en la esclavitud... Es verdad que, en los *Grundrisse*, Marx caracteriza también al modo de producción asiático como una de las formas de propiedad colectiva del suelo emanadas de la descomposición del comunismo tribal; al mismo nivel que la propiedad colectiva del *ager publicus* en Roma o que la propiedad colectiva del suelo en los germanos o en los eslavos (pp. 380-386). Sin duda, es este pasaje el que ha inducido a error a algunos autores. Pero en el mismo contexto, Marx señala claramente que de todas estas formas de propiedad colectiva, la del modo de producción asiático es la más tenaz y perdurable, lo cual implica que se ha mantenido hasta los umbrales del capitalismo moderno.

37. Romesh Dutt: *The Economic History of India*, vol. 1, p. 107.

38. En *Le despotisme oriental*, Wittfogel alega, sin prueba alguna, que Marx «mistificó» el carácter de clase de la «burocracia» del «modo de producción asiático», por temor a condenar, de tal modo, a la burocracia del «Estado socialista» que quería crear. Es el mismo móvil, por lo demás, que lo llevó a poner en sordina su concepción del «modo de producción

asiático» (ob. cit., pp. 497-499). Aparte del hecho de que la segunda parte de esta tesis no está demostrada de ninguna manera, la primera, que atribuye a Marx una concepción burocrático-estalinista del Estado después del derrocamiento del capitalismo (siendo que Marx encontró en la *Commune*, nacida del sufragio universal, sin funcionarios permanentes y con un pago de los servicios prestados equivalente al de los obreros calificados, el modelo de su «dictadura del proletariado») constituye una falsificación histórica medianamente escandalosa. Rubel (nota de la p. 1680 de la edición de las *Œuvres complètes* de Marx, en la colección la *Pléiade-Economie*) señala con justa razón que esta «denuncia retrospectiva de una deshonestidad intelectual en Marx pertenece a la patología más que a la discusión científica».

39. Karl A. Wittfogel: *Wirtschaft und Gesellschaft Chinas*, pp. 187, 192-193 y, sobre todo, pp. 285-287.
40. Véase un presentimiento impresionante de la existencia de estas manufacturas chinas en los *Grundrisse*, pp. 397 y 410.
41. Karl A. Wittfogel, ob. cit., pp. 670-609. Véase un pasaje del mismo libro (p. 572), en el que el autor demuestra que el artesano chino sigue siendo sirviente, y las más de las veces sirviente ambulante, ¡en virtud del hecho de la extensión asiática de los latifundios! Este pasaje podría estar integrado en el contexto de los *Grundrisse* que comentamos aquí.
42. Michael Mauke: «Thesen zur Klassentheorie von Marx», p. 29.
43. Inclusive la burguesía cumple una función útil desde el punto de vista del conjunto de la sociedad: la de desarrollar las fuerzas productivas; Marx lo señala en repetidas ocasiones en los *Grundrisse*.
44. Karl Marx: «El propietario de tierras, un funcionario de la producción esencial, desde luego, en el mundo antiguo y medieval». (Karl Marx: *Theorien über den Mehrwert*, 1959, II, p. 36).
45. Véase, a este respecto, G.L. Admya: *Early Indian Economics*, p. 98 para los comerciantes y pp. 84-87 para los artesanos urbanos.
46. Eric Hobsbawm: ob. cit., p. 37.
47. Ibídem, p. 34.
48. Maxime Rodinson: *Islam et capttalisme*, pp. 73-83.
49. Es el sociólogo polaco Julian Hochfeld (*Studia o marksowskief teorii spoleczenstwa [Estudios sobre la teoría marxista de la sociedad]*), quien ha establecido la distinción correcta entre un «modo de producción», es decir, un modelo económico «puro», por lo tanto abstracto, y una formación socioeconómica, es decir, un tipo concreto de sociedad en el seno de la cual un «modo de producción» ocupa un lugar predominante. Así, podrá decirse con razón que el modo de producción capitalista se desarrolló en la Gran Bretaña a partir del siglo XVI; pero caracterizar a la Gran Bretaña como una «forma-

ción socioeconómica» capitalista no sería correcto más que a partir de la segunda mitad del siglo XVIII.

50. Maxime Rodinson: «What happened in History», pp. 97-99.
51. Pierre Vidal-Naquet: ob. cit., p. 10.
52. Guy Dhuquois: *Le mode de production asiatique*, p. 13.
53. Ibídem, pp. 4-5.
54. Ibídem, p. 7.
55. Ibídem, p. 8.
56. E.R. Leach: «Hydraulic Society in Ceylon», pp. 2-26.
57. D.D. Kosambi (ob. cit., pp. 326-31 y 351-365) afirma que los invasores musulmanes de la India crearon a partir del siglo XI el embrión de una clase feudal, pero que nunca pudo hacerse del poder en todo el territorio, comprendido entre el despotismo en la cumbre y la comunidad de aldea en la base.
58. Véase, a este respecto, Henri Goblot: «Dans l'anclen Iran, les techniques de l'eau et la grande histoire», pp. 500-520.
59. Señalemos a este respecto que en su *Filosofía de la historia universal*, que Marx y Engels habían estudiado con ardor, Hegel había percibido la diferencia esencial entre la evolución histórica china y la europea: «De igual manera no hay aristocracia hereditaria en China, ni situación feudal, ni tampoco dependencia respecto de la riqueza como hay en Inglaterra, sino que el poder supremo es habitualmente ejercido por el monarca» (G.W.F. Hegel: *Philosophie der Weltgeschichte*, t. II: *Die Orientalische Welt*, p. 290). Véase también esta definición notable, que anuncia ya el análisis del «modo de producción asiático»: «Lo que predomina en China es la igualdad [la comunidad aldeana] [...] China es el imperio de la igualdad absoluta [...] Pero todo debe ser reglado por la administración. Porque en China reina la igualdad, pero no la libertad, el despotismo es el modo de gobierno necesáriamente dado» (ibídem, p. 299).
60. Karl Marx: *Grundrisse der Kritik der politischen Ökonomie*, p. 165.
61. Ibídem, pp. 740 y 741-742.
62. Ibídem, p. 375.
63. K.S. Shelvankar señala que inclusive en el siglo XVIII la tierra era abundante todavía en la región del Ganges (en A.R. Desai: ob. cit., p. 149).
64. Ibídem, p. 397.
65. Ibídem, p. 395.
66. Véase la fórmula casi idéntica utilizada en los *Manuscritos económicos y filosóficos de 1844*. «El hombre se hace a sí mismo». *Man makes himself* es también el título del excelente resumen de prehistoria y de historia antigua redactado por el lamentado Gordon Childe.

67. A.R. Desai: ob. cit., p. 395.
68. Ibídem, p. 387.
69. Véase por ejemplo el prólogo de François Perroux a la edición de las obras de Karl Marx (*Œuvres-Economie*, t. I, p. xxii): «El hombre socializado del comunismo final no es hombre más que en el todo social, en la totalidad que es la sociedad comunista. El individuo se objetiviza en y por la pertenencia a esta sociedad». E igualmente, en la página xxiii: «Este hombre que se ha vuelto verdadero en y por el todo social, este hombre que no es verdadero más que en y por la totalidad social, no es caracterizado como un sujeto original y único capaz esencialmente de acción libre y de palabra libre. No es verdadero más que por la espontaneidad irreductible del espíritu, fuente de la acción y de la palabra personales; lo es por la participación en la socialidad; no es sino por la totalidad por lo que se ha vuelto y sigue siendo hombre». La cita de los *Grundrisse* que acabamos de reproducir demuestra cómo la imagen que Perroux esboza aquí del «hombre socialista» o del «hombre comunista» según Marx es poco conforme a la visión marxista. Por lo contrario, Marx asigna a la sociedad del porvenir la función de asegurar «el libre desarrollo de las individualidades» que es esencialmente su desarrollo «artístico, científico, etcétera» (Karl Marx: *Grundrisse der Kritik der politischen Ökonomie*, ob. cit., p. 593). Este pasaje, así como su profundización (pp. 599-600) de la misma obra, donde Marx se extiende a propósito de la acción recíproca del «tiempo libre» (que transforma al hombre en «otro sujeto» capaz de experimentar, de crear libremente) y el desarrollo de las fuerzas productivas, indica hasta qué punto otra idea de Perroux (ob. cit., p. xvii), según la cual Marx pensaba que «un número pequeñísimo de amos de las máquinas» subsistiría inclusive en la sociedad comunista, es contraria a las concepciones de Marx.
70. Esto no está, de ninguna manera, en contradicción con la sexta tesis sobre Feuerbach que afirma que la «esencia humana no es algo abstracto inherente a cada individuo. En su realidad, es el conjunto de las relaciones sociales». Se trata precisamente de relaciones sociales infinitamente más ricas, que permitirán que se afirme el hombre socialista.

### Capítulo IX. Rectificación de la teoría de los salarios

1. Hay que añadir a la defensa de Ricardo que este no ignoraba los efectos de la acumulación del capital sobre los salarios, que había supuesto primero que la expansión del maquinismo tendería a aumentar los salarios, para modificar más tarde esta opinión y admitir que el maquinismo podría ejercer efectos nefastos en estos (véase la «Introducción» de Piero Sraffa a David Ricardo: *The Works and the Correspondence of David Ricardo*, vol. I, p. LVII). Pero estaba demasiado hipnotizado por su teoría de las rentas y la

hipótesis de un encarecimiento general y permanente de los víveres para romper de manera decisiva con las concepciones de Malthus.

2. «La ley económica férrea que determina el salario en las condiciones actuales, bajo el dominio de la oferta y de la demanda de trabajo, es la siguiente: que el salario medio está siempre reducido a la subsistencia que es necesaria para la existencia y la procreación según los hábitos de un pueblo» (Ferdinand Lasalle: «Offenes Antwortschreiben an das Zentralkomitee zur Berufung eines allgemeinen Deutschen Arbeiterkongresses zu Leipzig», p. 58).

3. Karl Marx y Friedrich Engels: *Historisch-Kritische Gesamtausgabe*, vol. I, t. 2, p. 401.

4. Ibídem, p. 399.

5. Es interesante observar que el joven Marx utiliza aquí la palabra «Proletariat» no como idéntico a la clase obrera, sino en referencia exclusiva a los desempleados, por analogía con el antiguo proletariado romano.

6. Karl Marx: «Zur Kritik der Nationalökonomie», en Karl Marx y Friedrich Engels: *Kleine ökonomische Schriften*, p. 50.

7. Dos años más tarde escribirá a Annenkov: «Desde 1825, la invención y la aplicación de las máquinas no es sino el resultado de la guerra entre los amos y los obreros». Karl Marx y Friedrich Engels: *Briefe über «Das Kapital»*, Dietz-Verlag, Berlín, 1954, p. 21.

8. Karl Marx: «Zur Kritik der Nationalökonomie», en Karl Marx y Friedrich Engels: *Kleine ökonomische Schriften*, p. 114.

9. Ibídem, pp. 48-49.

10. Karl Marx y Friedrich Engels: *Kleine ökonomische Schriften*, pp. 246-247.

11. Véase el pasaje célebre del *Manifiesto comunista*: «Los gastos que ocasiona el obrero se limitan pues, casi exclusivamente, a los víveres de que tiene necesidad para su subsistencia y para la procreación de su raza. El precio de una mercancía, y por tanto también el trabajo, es sin embargo igual a sus gastos de producción. En la misma medida en que crece el carácter repugnante del trabajo, el salario baja» (Karl Marx y Friedrich Engels: *Das kommunistische Manifest*, p. 32).

12. Sin embargo, desde 1847, en el cuaderno *Arbeitslohn*, Marx considera que este mínimo no es una noción fisiológica absoluta; que diferentes elementos pueden ser introducidos o suprimidos: que los burgueses mismos englobaban «un poco de té, de ron, de azúcar y de carne», y que los obreros mismos juntan su cotización sindical (Karl Marx y Friedrich Engels: *Kleine ökonomische Schriften*, p. 247).

13. «Hacia 1850, Marx no había puesto todavía punto final a su crítica de la economía política. No lo hizo sino hasta el final de los diez años siguientes» (Karl Marx: «Travail salarié et capital», p. 63).

14. Karl Marx: *Grundrisse der Kritik der politischen Ökonomie*, pp. 197-198.
15. Ibídem, p. 231.
16. Ibídem, pp. 194 y 198.
17. Ibídem, p. 312.
18. Ricardo había tenido el presentimiento de estos efectos complejos, cuando subrayó que la baja de los precios de numerosas mercancías podía permitir el consumo de las mismas por los obreros. Pero añadía: a condición de que haya desproporción entre los precios de las materias primas (y de la fuerza de trabajo) y los precios de las mercancías acabadas, y a condición de que los obreros sacrifiquen una parte del ingreso previsto para la compra de víveres. Como subraya Marx, al suprimir esta «desproporción» el libre cambio suprimiría al mismo tiempo la fuente de expansión de las necesidades de los obreros (Karl Marx: *Grundrisse der Kritik der politischen Ökonomie*, t. II, pp. 817-818).
19. Karl Marx: *Theorien über den Mehrwert*, vol II, p. 570.
20. Ibídem, vol. III, p. 221.
21. Karl Marx: *Salaires, prix et profits*, pp. 23-24.
22. August Bebel y Eduard Bernstein (comp.): *Briefwechsel zwischen Friedrich Engels und Karl Marx 1844-1883*, vol. III, p. 259.
23. Karl Marx: *Salaires, prix et profits*, p. 25.
24. Karl Marx: *Theorien über den Mehrwert*, vol. II, ob. cit., pp. 573-574. Véase una observación análoga hecha desde diciembre de 1846 en la carta a Annenkov: «Finalmente, en lo que respecta a la América del Norte, la introducción de las máquinas era favorecida tanto por la competencia con los demás pueblos como por la escasez de brazos, es decir, por la desproporción entre la población y las necesidades industriales de la América del Norte» (Karl Marx y Friedrich Engels: *Briefe über «Das Kapital»*, p. 21).
25. Karl Marx: *Salaires, prix et profits*, p. 27.
26. Ibídem, p. 20. Marx concede una importancia enorme a la noción de «salario relativo» y considera que uno de los principales «méritos científicos» de Ricardo fue el de haber establecido la categoría de salario relativo o proporcional (t. II, p. 415). Él mismo había subrayado la importancia de esta noción desde 1847, en sus conferencias tituladas «Travail salarié et capital» (pp. 90-91).
27. Karl Marx: *Salaires, prix et profits*, p. 20.
28. Karl Marx: *Theorien über den Mehrwert*, vol. III, ob. cit., p. 309.
29. Ibídem, vol. II, pp. 569-70 y 572.
30. Véase sobre todo Karl Marx: «Travail salarié et capital», pp. 98-99.
31. Karl Marx: *Salaires, prix et profits*, p. 26.

32. Véase Ernest Mandel: *Traité d'économie marxiste*, pp. 175-177.
33. Karl Marx y Friedrich Engels: *Œuvres choisiesen deux volume*, vol. I, p. 88; y Karl Marx: *Das Kapital*, t. I, p. 611. Todo el problema de la teoría de los salarios de Marx es examinado de manera notable por Roman Rosdolsky: «Der esoterische und der exoterische Marx».
34. Eliane Mossé: *Marx et le probléme de la croissance dans une économie capitaliste*, p. 60.
35. Karl Marx: *Das Kapital*, t. I, p. 611.
36. En el *Manifiesto comunista*, Marx y Engels utilizaron todavía de manera poco clara y ambigua la tan conocida fórmula: «El trabajador se vuelve un pobre» (*Der Arbeiter wird zum Pauper*), ya que esta fórmula podía referirse tanto a la caída de los salarios de los proletarios aún asalariados (que el *Manifiesto comunista* proclama inevitable) como a los proletarios eliminados del proceso de producción. En *El capital*, el término «pauperismo» no se aplica ya más que a esta capa mendiga del proletariado.
37. Karl Marx y Friedrich Engels: *Das kommunistische Manifest*, p. 609.
38. Michael Harrington: *The Other America-Poverty in the United States*, pp. 177-178.
39. Ibídem, p. 174.
40. Émile James: prólogo a Eliane Mossé: *Marx et le probléme de la croissance dans une économie capitaliste*.
41. Friedrich Engels: «Kritik des Erfurter Programm», p. 231.
42. Karl Marx: *Grundrisse der Kritik der politischen Oekonomie*, p. 426.
43. Ídem.
44. August Bebel y Eduard Bernstein (comp.): *Briefwechsel zwischen Friedrich Engels und Karl Marx 1844*-1883, vol. III, p. 259.

**De los *Manuscritos económicos y filosóficos de 1844*
a los *Grundrisse*: de una concepción antropológica
a una concepción histórica de la enajenación**

1. Herbert Marcuse: *Reason and Revolution*, pp. 271-272. Véase también la observación de Émile Bottigelli en su «Présentation» de la edición de los *Manuscritos económicos y filosóficos de 1844*: «De Hegel, Marx toma la idea del devenir histórico del hombre. De Feuerbach, toma el materialismo, el hombre concreto y la fórmula humanismo = naturalismo. Pero su concepción propia es completamente diferente de la síntesis de estos elementos. Los rebasa de una manera original, inclusive cuando parece hablar el lenguaje de aquellos que inspiran su pensamiento» (Émile Bottigelli: «Présentation», p. LXIX). Plejanov había afirmado ya: «Si Marx comenzó la obra de su interpretación materialista de la historia mediante la crítica de la *filosofía*

*hegeliana del derecho*, no lo pudo hacer sino porque la crítica de la filosofía especulativa de Hegel había sido hecha por Feuerbach» (George Plejanov: *Les questions fondamentales du marxisme*, p. 24).

2. Véase Ernest Mandel: *Traité d'économie marxiste*, t. II, capítulo 18, pp. 383-385 y 387-390; y Jurgen Habermas: *Theorie und Praxis*, p. 79.
3. Véase a este respecto el excelente capítulo relativo a la filosofía del trabajo en Hegel, en Pierre Naville: *De l'aliénation à la jouissance*.
4. Georg Lukács, en *Der junge Hegel*, ha analizado sobre todo el *System der Sittlichkeit*, en el cual Hegel parte de la primera triada dialéctica: necesidades-trabajo-disfrute, y la *Realphilosophie* de Jena.
5. G.W.F. Hegel: *Phänomenologie des Geistes*, p. 148.
6. G.W.F. Hegel: *Rechtsphilosophie*, p. 193. Es el argumento-clave que innumerables economistas han opuesto a la posibilidad del socialismo. Un teórico comunista yugoslavo, Branko Horvath, se vale todavía hoy del mismo para «refutar» la posibilidad de la desaparición de la producción mercantil, inclusive en el comunismo (Branko Horvath: *Towards a Theory of Planned Economy*, p. 132).
7. G.W.F. Hegel: *Rechtsphilosophie*, p. 243.
8. G.W.F. Hegel: *Aesthetik*, t. I, pp. 255-256.
9. Véase a este respecto la célebre dialéctica del amo y del servidor que no se resuelve por la supresión *efectiva* de la servidumbre, sino solo por la afirmación de que *espiritualmente* el servidor se vuelve más libre que el amo (G.W.F. Hegel: *Phänomenologie des Geistes*, pp. 145-148).
10. Louis Althusser: *La revolución teórica de Marx*, pp. 128-129.
11. Herbert Marcuse: *Reason and Revolution*, p. 258. Véase igualmente Habermas (ob. cit., p. 279): «Marx ya no quiere filosofar según las suposiciones de la filosofía, sino más bien según las suposiciones de su rebasamiento; es decir, quiere criticar. Así absorbidas, las categorías se transforman, lo mismo que los problemas de la filosofía, y con ellas se transforma igualmente el instrumento mismo de la reflexión».
12. Véase Karl Marx: introducción a *Zur Kritik der Nationalökonomie*, pp. 42-45.
13. Ibídem, p. 148.
14. Pierre Naville: *De l'aliénation à la jouissance*, p. 136.
15. Es aquí donde encontramos el error de Louis Althusser que se esfuerza en vano por presentar los *Manuscritos... de 1844* como la obra de una ideología acabada en todas sus partes, que «forma un todo». Tiene razón en oponerse a todo método analítico-teleológico, que concibe la obra de un autor joven, exclusivamente, desde el punto de vista de llegar a establecer hasta qué punto se acercó al «fin» (que constituye la obra de madurez). Pero se equivoca al oponerle un método que corta arbitrariamente en rebanadas ideo-

lógicas coherentes fases sucesivas de la evolución de un mismo autor, so pretexto de considerar «cada ideología como un todo» (Louis Althusser: *La revolución teórica de Marx*, p. 49). Una totalidad rica y fluida (el pensamiento de un autor considerado como un todo, que evoluciona sin cesar bajo el peso de sus propias contradicciones internas, evolución determinada en última instancia por la dinámica del contexto socioeconómico, vivido por el autor) se sacrifica de tal manera a una totalidad empobrecida y estática. No es por casualidad por lo que Althusser se ve llevado a hablar de «mutaciones» de un pensamiento, es decir, de saltos más o menos arbitrarios, y por lo que la noción de las contradicciones internas de este, como motores de su evolución, desaparece completamente. La objeción de Althusser, según la cual esta concepción volvería a situar a «Marx en Hegel», puesto que el marxismo «nacería de las contradicciones internas del hegelianismo», carece de fundamento. No se trata de las contradicciones de Hegel, sino de las contradicciones de Marx, que combina elementos tomados de Hegel con conocimientos nuevos, nacidos de una experiencia nueva y de una práctica nueva, en un contexto histórico socioeconómico nuevo.

16. Pierre Naville: *De l'aliénation a la jouissance*, p. 131. Véase también este consejo de Kaegi: «Es aconsejable examinar con precisión primero los restos [de estos esbozos, E.M.] por separado. Esto nos evitará recombinarlos demasiado pronto, dejarnos llevar por nuestra imaginación hacia el esbozo de un todo, y perder de vista diferencias esenciales entre los fragmentos (Paul Kaegi: *Genesis des historischen materialismus*, p. 218). Bottigelli (presentación de los *Manuscritos... de 1844*, pp. xxxvii-xxxviii) dice igualmente: «Los *Manuscritos... de 1844* no se presentan como una obra acabada. En primer lugar, no los poseemos en su totalidad... En segundo lugar, terminan sin conclusión y su redacción se detuvo por razones indudablemente exteriores. Por último, las diversas partes carecen de homogeneidad».

17. Wolfgang Jahn: «Der ökonomische Inhalt des Begriffs der Entfremdung der Arbeit in den Frühschriften von Karl Marx», p. 850. Jahn toma esta idea en Auguste Cornu (Karl Marx: *Die ökonomisch-philosophischen Manuskripte*) que había dicho con sobrada razón: «El problema fundamental sigue siendo para él el de la emancipación humana; pero lo plantea ahora desde el punto de vista del proletariado, lo que lo lleva a concebir la supresión de la alienación, que sigue considerando como condición fundamental de la emancipación humana, ya no en su forma politicosocial, como supresión de la esencia humana en el Estado, sino en su forma economicosocial, como supresión de la alienación de la actividad humana, del trabajo humano» (p. 9). Donde se ve cuánto se equivoca Jacques Rancière que afirma que por lo menos en el primer manuscrito «[la alienación económica] no aparece como la alienación fundamental obtenida por reducción de las demás alienaciones... Las alienaciones se presentan en primer lugar como si fuesen todas de un mismo nivel» (Jacques Rancière: «La critique

de l´économie politique des manuscrits de 1844 au Capital», p. 102). Esto se halla en contradicción total con el texto: «En la determinación de que el obrero guarda relación con el producto de su trabajo como con un objeto alienado, todas las consecuencias están contenidas ya» (primer manuscrito, p. 99).

18. Karl Marx: *Zur Kritik der Nationalökonomie*, primer manuscrito, p. 98.
19. Se podría objetar que hay un pasaje en el cual Marx afirma que el trabajo alienado es la causa y la propiedad privada el *efecto* (ibídem, p. 108). Pero Jahn observa con razón que Marx no plantea aquí el problema del *origen histórico* de la propiedad privada, sino el problema de su naturaleza, de su reaparición cotidiana en un modo de producción fundado en el trabajo alienado (Wolfgang Jahn: «Der ökonomische Inhalt des Begriffs der Entfremdung der Arbeit in den Frühschriften von Karl Marx», p. 856).
20. Karl Marx: *Zur Kritik der Nationalökonomie*, primer manuscrito, pp. 102-107.
21. Pierre Naville: *De l'aliénation à la jouissance*, p. 152.
22. Karl Marx: *Zur Kritik der Nationalökonomie*, tercer manuscrito, pp. 140-144.
23. Esta contradicción queda reforzada además por el hecho de que en el cuarto manuscrito Marx se niega a seguir a Hegel cuando este identifica objetivación y alienación (Karl Marx y Friedrich Engels: *Historisch-Kritische Gesamtausgabe*, vol. I, t. 3, p. 162) y distingue, para citar una expresión de Garaudy (*Dieu est mort*, p. 69), la objetivación alienada y la objetivación humana.
24. «El pasaje acerca del trabajo alienado, cuyo final desgraciadamente se ha destruido, ha sido preparado por las... observaciones concernientes a las notas copiadas del James Mill. Verdaderamente, se puede captar en vivo cómo llega Marx a aplicar la imagen de Hegel y de Fuerbach en lo concerniente a la alienación a los fenómenos económicos, y convertirla, de tal manera, en un medio fértil de demostración, y cómo este medio de demostración se transforma imperceptiblemente en un medio de conocimiento» (Paul Kaegi: *Genesis des historischen Materialismus*, pp. 231-232).
25. Karl Marx y Friedrich Engels: *Die deutsche Ideologie*, pp. 29-32; y Karl Marx: *Zur Kritik der Nationalökonomie*, pp. 153-154.
26. Karl Marx: *Das Kapital*, ob. cit., pp. 39-41 y ss.
27. Popitz reprocha precisamente a Marx haber abandonado en *La ideología alemana* el postulado hegeliano de las «necesidades que rebasan necesariamente el nivel de desarrollo de las fuerzas productivas» (Heinrich Popitz: *Der entfremdete Mensch*, p. 151). No ve 1) que Marx lo había abandonado ya en el tercer *Manuscrito de 1844*; 2) que este postulado vale lo que valen todos los «postulados filosóficos», es decir, no mucho; 3) que un análisis concreto de la historia económica humana demuestra que, durante decenas de milenios, las necesidades casi no han rebasado, o casi nunca

han rebasado, el nivel dado del desarrollo de las fuerzas productivas; 4) que este «rebasamiento» generalizado e institucionalizado no es sino el *producto* de la economía mercantil generalizada, es decir, del modo de producción capitalista que no podría subsistir sin la reproducción permanente de «necesidades no satisfechas»; 5) que este modo de producción crea al mismo tiempo las premisas para el rebasamiento de la «dialéctica necesidades-trabajo», al crear las premisas materiales de la abundancia.

28. Los antecedentes de este intento deben buscarse en el esfuerzo de la ideología burguesa por reapropiarse a Marx, después de haberse esforzado en vano por ignorarlo o por declararlo definitivamente superado. N.J. Lapin (*Der junge Marx im Spiegel der Literatur*, p. 12) recuerda que es a partir de 1895 cuando el número de trabajos académicos consagrados a Marx y al marxismo aumenta rápidamente (20 antes de 1883; 66 obras entre 1883 y 1895; 214 entre 1895 y 1904). Es la creciente importancia del movimiento obrero lo que explica evidentemente este esfuerzo de reapropiación. El antepasado directo de los filósofos y de los sociólogos que han tratado de reducir Marx a Hegel es el doctor Johann Plenge (*Marx und Hegel*), que afirma que Marx fue toda su vida lo que había sido como estudiante en Berlín, a saber, un «realista dialéctico, un dialéctico realista» (pp. 16-17). Veremos más adelante que sin haber conocido los *Manuscritos... de 1844* Plenge ha presentado la mayoría de los argumentos de quienes oponen el «joven» Marx al Marx «maduro». Pero en vez de ver una oposición entre estas dos fases del pensamiento marxista, la concibe como una contradicción inherente al marxismo. Lo que es más matizado y sutil en los autores contemporáneos es brutal y grosero en Plenge: toda su tesis está fundada en la negación de los principales aspectos *materialistas* del materialismo histórico, lo cual constituye una falsificación manifiesta.

29. Especialmente Palmiro Togliatti: «De Hegel au Marxisme», pp. 36-52; Roger Garaudy: *Dieu est mort*; Erich Fromm: *Marx's Concept of Man*; Maximilien Rubel: *Karl Marx. Essai de biographie intellectuelle*; R.P. Bigo: *Humanisme et économie politique chez Karl Marx*; R.P. Jean-Yves Calvez: *La pensée de Karl Marx*.

30. Erich Fromm: ob. cit., p. 51.

31. El problema de la evolución de la idea que Marx se formó de la naturaleza ha sido tratado con gran detalle por Alfred Schmidt (*Der Begriff der Natur in der Lehre von Marx*), que muestra también el abandono por el Marx maduro de la esperanza ingenua «de una solución del conflicto del hombre con la naturaleza» que encontramos todavía en los *Manuscritos... de 1844*.

32. «Que se hundiría cualquier nación que dejase de trabajar, no por un año, sino simplemente durante unas semanas, es algo que hasta los niños saben» (Karl Marx: *Briefe an Kugelmann*, p. 51).

33. Erich Fromm: ob. cit., pp. 51-52.

34. Maximilien Rubel: ob. cit., pp. 121 y 135.
35. Palmiro Togliatti: ob. cit., pp. 48-49.
36. R.P. Jean-Yves Calvez: ob. cit., pp. 316-317 y 319. Véase también una idea análoga en el R.P. Bigo: ob. cit., p. 30.
37. Jean Hyppolite: *Études sur Marx et Hegel*, p. 145.
38. Karl Marx y Friedrich Engels: MEGA, vol. 1, t. 3, p. XIII.
39. Wolfgang Jahn: ob. cit., p. 854.
40. Heinrich Popitz: ob. cit., p. 161.
41. El análisis, en general excelente, de los *Manuscritos... de 1844* por Wolfgang Heise, contiene igualmente algunos elementos de idealización excesiva de este texto (Wolfgang Heise: «Über die Entfremdung und ihre Überwindung», pp. 690-692).
42. Sobre todo Heinrich Popitz: ob. cit.; Heinrich Weinstock: *Arbeit und Bildung*; Jakob Hornmes: *Der technische Eros*; Erich Thier: *Das Menschenbild des jungen Marx*; Victor Leemans: *De junge Marx en de marxisten*; Karl Löwith: *Von Hegel zu Nietzsche*; parcialmente también Herbert Marcuse: *Reason and Revolution*; Hendrik De Man: «Der neu entdeckte Marx»; Kostas Axelos: *Marx, penseur de la technique*; Robert Blauner: *Alienation and Freedom: The Factory Worker and his Industry*; etcétera. En una obra anterior a *Marx's Concept of Man* que citamos anteriormente, a saber *The Sane Society* (la obra data de 1956), Erich Fromm había opuesto también el joven Marx al «viejo Marx», exclusivamente preocupado por un «análisis puramente económico del capitalismo» y prisionero de la «concepción tradicional de la importancia del Estado y del poder político» (ob. cit., pp. 263 y 259).
43. Esta diferencia abarca evidentemente también una diferencia de método, diferencia entre la dialéctica idealista apriorista, y la dialéctica materialista experimental, que busca la lógica específica del objeto específico (Galvano Della Volpe: *Rousseau e Marx*, pp. 150 y 153).
44. Jürgen Habermas: ob. cit., pp. 318-319.
45. Karel Kosic: *Die Dialektik des Konkreten*, pp. 206-207.
46. Karl Marx: *Der historische Materialismus, Die Frühschriften*, t. I, p. XIII.
47. Kostas Axelos: ob. cit., p. 47.
48. Hendrik de Man: ob. cit., pp. 275-276.
49. Erich Thier: *Das Menschenbild des jungen Marx*, pp. 69-70.
50. Ibídem, p. 25.
51. R.P. Bigo ha efectuado el mismo intento de reducir a Marx a un hegeliano puro y simple: «La fenomenología del espíritu es trocada simplemente (!) en la del trabajo, la dialéctica de la alienación humana en la del capital, la metafísica del saber absoluto en la (!) del comunismo absoluto» (R.P. Bigo: *Humanisme et économie politique chez Marx*, p. 34). Para hacerlo, el Bigo debe

negar los trabajos empíricos laboriosos que efectuó Marx en el dominio de la economía política y presentar su toma de conciencia como el producto de una simple «intuición genial» (pp. 36-37).

52. Erich Thier: ob. cit., p. 71.
53. Véase la observación correcta de Leónidas Pajitnov: «Las ideas fundamentales de Marx (en los *Manuscritos... de 1844*) están todavía en evolución y paralelamente a formulaciones notables, gérmenes de la futura concepción del mundo, podemos encontrar también, frecuentemente, pensamientos no maduros aún, que llevan la marca de la influencia de las fuentes teóricas que han servido de material a la reflexión de Marx y de las cuales partió para la elaboración de su doctrina» (p. 98, en «Les manuscrits économico-philosophiques de 1844»).
54. Igualmente, nos parece exagerado afirmar, como lo hace T.I. Oiserman, que Marx atribuye la alienación, en los *Manuscritos económicos y filosóficos de 1844*, al grado de desarrollo insuficiente de las fuerzas productivas (T.I. Oiserman: *Die Entfremdung als historische Kategorie*, p. 83). Cuando mucho, podemos afirmar que hay un presentimiento de esta tesis que no se desarrollará de manera clara más que en *La ideología alemana*.
55. Heinrich Popitz: ob. cit., p. 88.
56. Ibídem, p. 152.
57. Ibídem, p. 160. Adam Schaff (*Marxismus und das menschliche Individuum*) expresa una idea análoga.
58. En un pasaje que criticamos anteriormente, desde otro punto de vista, el profesor Perroux puede representarse, por lo que a él se refiere, una vida social en la cual «la economía está entera y plenamente automatizada», lo que hace posible una vida enteramente libre (en la que todo el mundo hace lo que quiere y cuando quiere). La única objeción que Perroux hace a esta imagen es que implica una desaparición del Estado, mientras que, según él, «contradicciones fundamentales (subsistirán todavía) entre los individuos», contradicciones entre «dueños de máquinas» y «vigilantes y controladores». Pero Perroux no demuestra de ninguna manera la inevitabilidad de esta supervivencia de las contradicciones sociales, en condiciones de abundancia (François Perroux: prólogo a Karl Marx: *Œuvres-Économie* p. XVII). Dahrendorf afirma, igualmente, que habrá siempre «dominadores» y dominados, y que no se puede representar uno de «manera realista» una «sociedad sin diferenciación» (de los hombres) desde el punto de vista de su «poder legítimo» (R. Dahrendorf: *Soziale Klassen und Klassenkonflikte in der industriellen Gesellschaft*, p. 181). La atrofia de la imaginación social del señor Dahrendorf no es, evidentemente, un argumento científico. Por lo que toca a Marx, lejos de querer el mantenimiento de cualesquiera «élites de mando», presupone, por lo contrario, que la extensión constante del «tiempo libre», en el sentido real del término, desarrollará al máximo las

capacidades científicas y creadoras en la gran mayoría de los hombres y los hará más aptos para ejercer funciones técnicas de administración (administración de las cosas en lugar de administración de los hombres).

59. Heinrich Popitz: ob. cit., pp. 164-165.
60. Wolfgang Jahn: ob. cit.
61. Auguste Cornu: *Karl Marx und Friedrich Engel*, t. II. La misma tesis había sido expuesta ya por el autor en *Karl Marx, Die ökonomisch-philosophischen Manuskripte*.
62. Karl Marx: *Manuscrits de 1844*. La presentación de Bottigelli, en general prudente y llena de buen sentido, señala (p. LX) que «el problema de la identificación del sujeto y del objeto que Hegel había resuelto por la dialéctica de la Idea absoluta, Marx lo resuelve concretamente. Con el comunismo, forma necesaria del futuro próximo, el hombre tomará posesión de su verdadera naturaleza y el mundo, al cual toda su práctica lo oponía en el tiempo de la alienación, volverá a ser el mundo humano, la prolongación de su propia esencia. Así, el problema del retorno a la unidad que ha preocupado a todo el pensamiento alemán desde fines del siglo XVIII hasta principios del siglo XIX se encuentra resuelto, no en un sentido místico, sino en favor del hombre, al afirmar su libertad y su derecho al libre despliegue de sus facultades». Por eso le sorprende a uno leer unas cuantas páginas más adelante (p. LXVII) que en los *Manuscritos* «es todavía la idea, en sí hegeliana, del desarrollo de las contradicciones la que prepara el pasaje de un régimen social a otro». En realidad, en los *Manuscritos*, Marx no se apoya de ninguna manera en una «idea» cualquiera; sino en el análisis concreto de las contradicciones sociales; y el comunismo, desde este momento, ya no es el resultado de «la idea del desarrollo de las contradicciones», sino de la *lucha práctica del proletariado*.
63. Manfred Buhr: «Entfremdung-Philosophische Anthropologie-Marx-Kritik», en *Deutsche Zeitschrift für Philosophie*, pp. 806-834.
64. Wolfgang Jahn: ob. cit., p. 683; August Cornu: ob. cit., p. 152.
65. Wolfgang Jahn: ob. cit., pp. 863-864.
66. Émile Bottigelli: presentación de los *Manuscrits de 1844*, pp. LXVII-LXVIII.
67. Manfred Buhr: «Entfremdung-Philosophische Anthropologie-Marx-Kritik», p. 813.
68. Louis Althusser: *La revolución teórica de Marx*, p. 199. Véase también: «Será necesario entrar un día en los detalles y dar de este texto una explicación palabra por palabra, interrogarse acerca del status teórico y del papel teórico asignados al concepto clave de trabajo alienado; examinar el campo conceptual de esta noción; reconocer que desempeña sin duda el papel que Marx le asignara entonces: un papel de fundamento originario; pero que no desempeña ese papel más que bajo la condición de recibirlo como mandato

y misión de toda una concepción del hombre que va a sacar de la esencia del hombre la necesidad y el contenido de los conceptos económicos que nos son familiares. En una palabra será necesario descubrir, bajo los términos consagrados a la inminencia de un sentido futuro, el sentido que los retiene todavía cautivos de una filosofía que va a ejercer sobre ellos sus últimos encantos y sus últimos poderes [...] Bajo esta relación [...] el Marx más alejado de Marx [sic] es ese Marx» (ibídem, pp. 129-130). ¿Qué podemos decir, entonces, del Marx de los *Grundrisse*?

69. La redacción de los *Grundrisse* es, en efecto, *posterior* (Karl Marx: *Grundrisse der Kritik der politischen Ökonomie*, pp. VII y VIII), a la del célebre prólogo que, según Althusser («L'objet du Capital») ¡sería la quintaesencia del método marxista puro!

70. Véanse, sin embargo, los pasajes siguientes: «La forma [*Gestalt*] autónoma y alienada [*entfremdet*] que el modo de producción da en general a las condiciones de trabajo y al producto del trabajo, por relación al obrero, se desarrolla con el maquinismo en un antagonismo total» (*Das Kapital*, t. 1, p. 397). «Como hemos visto en la cuarta parte, en ocasión del análisis de la producción de la plusvalía relativa: en el seno del sistema capitalista, todos los métodos de acrecentamiento de la productividad social del trabajo se realizan a expensas del obrero individual; todos los medios para desarrollar la producción se transforman en medios para dominar y explotar al productor, mutilan al obrero hasta convertirlo en un hombre parcial, lo degradan al estado de anexo de la máquina, destruyen el contenido de su trabajo a consecuencia del tormento que este representa, le alienan [*entfremden*] las potencias espirituales del proceso de trabajo, en la misma medida en la cual la ciencia es integrada como poder autónomo en este proceso» (ibídem, p. 610). «Puesto que desde antes de su entrada [del obrero] en el proceso [de producción] su propio trabajo le es *alienado* [*entfremdet*], es apropiado por el capitalista e incorporado en el capital, se objetiva en el transcurso del proceso, constantemente, en forma de productos alienados [*in fremdem Produkt*]» (ibídem, p. 533). «El capital se manifiesta cada vez más como una fuerza social, de la que el capitalista es un funcionario, y que no guarda de ninguna manera una relación posible con lo que el trabajo de un simple individuo podría crear, sino como una fuerza social *alienada* [*entfremdete*], que se ha vuelto autónoma, que se levanta como una cosa y como poderío de los capitalistas, gracias a esta cosa, contra la Sociedad» (*Das Kapital*, t. III, p. 247).

71. Karl Marx: *Grundrisse der Kritik der politischen Ökonomie*, pp. 81-82.

72. Ibídem, pp. 582-592.

73. Ibídem, p. 505.

74. Ibídem, pp. 716-717.

75. Ibídem, pp. 357-358.

76. El pasaje extraído de los *Grundrisse* (pp. 81-82), que citamos anteriormente, demuestra con claridad que Marx no trataba de idealizar al hombre primitivo o de presentarlo como desalienado. Henri Lefebvre se equivocó, pues, cuando habló del «equilibrio maravilloso de la comunidad de la aldea», en la cual el hombre podía entregarse a su «vitalidad espontánea» (*Critique de la vie quotidienne*, t. I, p. 221), siguiendo a Engels, que había escrito ideas semejantes en *El origen de la familia, de la propiedad privada y del Estado*. Lefebvre había escrito, igualmente: «La alienación ha despojado a la vida de todo lo que, antaño, en su debilidad primitiva, le confería alegría y sabiduría» en su primer tomo de la *Critique de la vie quotidienne* (p. 242), que contiene, por lo demás, una de las mejores exposiciones de la teoría marxista de la alienación. Véase también Gajo Petrovic: «Marx's Theory of Alienation», pp. 419-426.
77. George Novack: «Basic Differences between Existentialism and Marxism», en *Existentialism versus Marxism*, p. 337. Véase también, T.I. Oiserman: *Die Entfremdung als historische Kategorie*: «El hombre se ha apoderado cada vez más de las fuerzas espontáneas de la naturaleza y, simultáneamente, se ha sometido cada vez más a las fuerzas espontáneas de la evolución social» (p. 8).
78. Georg Lukács: *Geschichte und Klassenbewusstsein*, p. 187. La obra de Lukács, redactada antes de que el autor hubiese podido leer los *Manuscritos económicos y filosóficos de 1844* o los *Grundrisse*, constituye una reconstrucción magistral del pensamiento de Marx respecto de los problemas de la alienación y la reificación, a pesar de algunas exageraciones idealistas que hay en las conclusiones.
79. Un ejemplo típico —y trágico— de estos efectos mutiladores de la técnica capitalista nos lo da un dominio aparentemente marginal de la vida social: el de la evolución de los juguetes. Al fabricar muñecas que hablan, la industria de los juguetes amenaza con agostar una de las fuentes del desarrollo de la imaginación, del lenguaje y de la inteligencia de los niños, que reside precisamente en el diálogo espontáneamente descubierto y progresivamente agrandado entre la niña y la muñeca. El juego pierde así su carácter espontáneo y se vuelve mecánico —teleguiado y predeterminado por la industria.
80. Un ejemplo característico de alienación en el dominio de las necesidades es ofrecido por el intento deliberado de la sociedad burguesa norteamericana de «devolver al hogar» a la mujer que ha hecho estudios universitarios. La finalidad es estimular la venta de aparatos domésticos eléctricos, de muebles, etc. El efecto es provocar una verdadera atrofia de las capacidades intelectuales de las mujeres, su «deshumanización progresiva». Betty Friedan: *The Feminine Mystique*.
81. Gajo Petrovic: ob. cit., pp. 422-423.

82. Helmut Fleischer: «Umrisse einer "Philosophie des Menschen"», p. 19.
83. Véase Gramsci, en un pasaje que parece anticipar la problemática althusseriana: «No se trata este punto fundamental: cómo nace el movimiento histórico sobre la base de la estructura [...] Es el punto capital de toda la problemática nacida alrededor de la filosofía de la praxis y sin haberlo resuelto no es posible resolver el otro problema relativo a las relaciones entre la sociedad y la "naturaleza"» (Antonio Gramsci: «Il materialismo storico e la filosofia de Benedetto Croce», p. 129).
84. Por ejemplo, Fredy Perlman: «Essay on Commodity Fetishism», ensayo inédito que el autor puso gentilmente a nuestra disposición. Este ensayo se refiere a una opinión análoga que expresaría una obra marxista hoy olvidada, que merecería ser reeditada, del eminente marxista soviético I.I. Rubin: *Ensayos sobre la teoría marxista del valor*. Véase también Karl Korsch: *Karl Marx*, pp. 99-100. Ni Rubin ni Korsch conocieron los *Grundrisse* y no podían saber que Marx había retomado en ellos el hilo de su pensamiento sobre la alineación, ya tejido en los *Manuscritos económicos y filosóficos de 1844*. Korsch escribe, en el pasaje que acabamos de indicar: «La principal diferencia entre esta crítica filosófica de autoalienación económica [en los *Manuscritos económicos y filosóficos de 1844*] y la representación científica posterior consiste en aquella que Marx dio a su crítica económica en *El capital*... una significación más profunda y general al devolver todas las categorías enajenadas de la economía al carácter fetichista de la mercancía». Esto solo es verdad en parte. El análisis del carácter fetichista de la mercancía permite sin duda develar de manera científicamente más exacta los rasgos fundamentales del modo de producción capitalista y así también de la alienación en el seno de ese modo de producción. Pero aquel no es idéntico al análisis del problema mayor de la alienación.
85. N.I. Lapin: ob. cit., pp. 72-75. Es interesante observar que esta tradición de rechazar las obras de juventud de Marx como «muy hegelianas», «poco maduras», «demasiado románticas», «demasiado filosóficas», tiene también raíces burguesas. La encontramos expresada, sobre todo, en economistas burgueses como Schumpeter. Hoy continúa vegetando entre los neostalinianos.
86. Victor Leemans (ob. cit., pp. 126-130), que no tiene que tomar las precauciones oratorias que se imponen a los socialdemócratas, ve en la voluntad de acción revolucionaria de Marx, en su praxis política, su pecado original y la contradicción fundamental de su obra de juventud. No se podría hablar más claro...
87. Henri Lefebvre: prólogo a la 2da. edición del t. I de la *Critique de la vie quotidienne*, p. 63.
88. Louis Althusser se queja con justa razón del hecho de que ningún economista haya estudiado los *Manuscritos... de 1844* como filósofo, y de que

ningún filósofo los haya estudiado como economista. Pero este desgarramiento en la interpretación no deja de tener relación con el hecho de que en la RDA durante mucho tiempo se publicaron los tres primeros manuscritos por separado del cuarto, y que en la URSS la primera edición rusa íntegra de los *Manuscritos...* data de... ¡1956! (Gunther Hillmann: «Zum Verständnis der Texte», pp. 203-204 y 240).

### Capítulo XI. ¿Desenajenación progresiva por la construcción de la sociedad socialista o bien enajenación inevitable en la «sociedad industrial»?

1. Wolfgang Jahn: «Zum Verständnis der Texte», p. 864.
2. Manfred Buhr: «Entfremdung», p. 140. Hay que señalar que a pesar de esta debilidad en relación al problema de la desalienación, este texto de Buhr representa un progreso con relación a la manera en que el problema de la alienación había sido tratado anteriormente en la RDA.
3. Manfred Buhr: «Entfremdung-Philosophische Anthropologie-Marx-Kritik», p. 814. En una nota de pie de página, Manfred Buhr admite que la desalienación es un *proceso* que no hace sino *comenzar* con el derrocamiento de la sociedad capitalista. Pero llega a la conclusión de que no se puede deducir de estas premisas que hay todavía fenómenos de alienación en la sociedad socialista (más exactamente: en la época de transición del capitalismo al socialismo). Todo lo que se designa «comúnmente y a la ligera» con el término de alienación en el socialismo sería, cuando mucho, «exteriormente análogo» a la alienación capitalista. El aspecto apologético de esta casuística es evidente.
4. T.I. Oiserman: *Die Entfremdung als historische Kategorie*, p. 135.
5. Citado por Gunther Hillmann: «Zum Verständnis der Texte», pp. 216-217.
6. Henri Lefebvre: prólogo a la 2da. edición del tomo 2 de la *Critique de la vie quotidienne*, p. 74.
7. Wolfgang Heise: «Über die Entfremdung und ihre eberwindung», p. 701.
8. Una variante de la concepción apologética es la que nos ofrece Evald Vasilievic Ilenkov, que afirma que solo la «división antagonista del trabajo», «la división burguesa del trabajo», mutilan al hombre (Evald Vasilievic Ilenkov: *La dialettica dell'astratto e del concreto nel Capitale di Marx*, p. 32). En Marx, *toda división* del trabajo que condena al hombre a no ejercer más que una sola profesión, y por consiguiente también la que existe en la URSS, es alienante.
9. Boris Ziherl: «Sur les conditions objetives et subjetives de la desaliénation dans le socialisme», pp. 122 y 129-130.
10. Wolfgang Heise (*Über die Entfremdung und ihre Überwindung,* pp. 700-711) analiza en detalle numerosos factores que frenan el proceso de desaliena-

ción en el transcurso de la fase de construcción del socialismo (es decir, en realidad durante la fase de transición del capitalismo al socialismo). Pero no menciona siquiera, en este contexto, la supervivencia de las economías mercantil y monetaria, ¡siendo que es una de las fuentes esenciales de alienación en Marx!

11. Olvidándose por completo de los lazos entre alienación y producción mercantil, el economista yugoslavo Branko Horvat ve en la autogestión un camino para la supresión de la alienación. Y escribe: «El control de la producción sin el intermedio del Estado significa el control por los productores directos, lo cual quiere decir, a su vez, que la igualdad de los proletarios se transforma en una igualdad de dueños. El proceso de alienación humana [...] llega a su fin» (Branko Horvat: *Towards a Theory of Planned Economy*, p. 80). ¡Extraños «dueños» en verdad, que pueden encontrarse en la calle, sin trabajo ni ingresos dignos de tal nombre!

12. Señalemos entre estos: Rudi Supek: «Dialectique de la pratique sociale»; Gajo Petrovic: «Marx´s Theory of Alienation» y «Man as Economic Animal and Man as Praxis»; Predrag Vranicki: «Socialism and the Problem of Alienation» y «La signification actuelle de l'humanisme du jeune Marx»; Zaga Pesic-Golubovic: «What is the Meaning of Alienation?»; etcétera.

13. Henri Lefebvre: *Critique de la vie quotidienne* e *Introduction à la Modernité*.

14. Henri Lefebvre: *Critique de la vie quotidienne*, p. 209.

15. «Estamos menos convencidos *hoy*, que Marx, de un fin absoluto de la alienación» (Henry Lefebvre: *Introduction à la Modernité*, p. 146. El subrayado es del autor). Refiriéndose a las condiciones actuales para demostrar la validez de esta conclusión, Lefebvre parece olvidar las premisas del razonamiento de Marx: desaparición de la producción mercantil, de la economía monetaria, de la división social del trabajo en un marco mundial y sobre la base de un desarrollo muy elevado de las fuerzas productivas.

16. Véase la fórmula empleada por Marx en «Kritik des Gothaer Programms», pp. 16-17. Véase también Ernest Mandel: *Traité d'Économie Marxiste*, t. II, p. 231.

17. Wolfgang Heise: *Über die Entfremdung und ihre Überwindung*, pp. 702-703.

18. Ibídem, p. 704.

19. Es bien sabido que en la URSS, en la época de Stalin, el partido fue el principal vehículo de la burocratización.

20. Wolfgang Heise: ob. cit., p. 706.

21. La coacción es evidentemente inevitable respecto de las demás clases sociales, pero el grado de esta coacción depende de la violencia de las contradicciones sociales.

22. Wolfgang Heise: ob. cit., pp. 706-707.

23. J.N. Dawydow: *Freiheit und Entfremdung*, p. 114.

24. Ibídem, p. 117.
25. Véase Karl Marx en los *Grundrisse der Kritik der politischen Ökonomie*, p. 593: «Es el desarrollo del individuo social lo que aparece [ahora] como el gran pilar fundamental de la producción y de la riqueza».
26. J.N. Dawydow: ob. cit., pp. 117 y 131.
27. Véase la serie de citas contenidas en el capítulo VII de esta obra.
28. Hemos consagrado a estos problemas una gran parte del capítulo XVII de Ernest Mandel: *Traité d'économie marxiste*.
29. Varios aspectos del razonamiento de Dawydow han recibido ya un comienzo de verificación empírica, sobre todo la necesidad de una mayor movilidad del trabajo y de las tareas, en el seno de equipos funcionales, que es resultado en la gran industria de los progresos de la automatización (véase Georges Friedman y Pierre Naville: *Traité de sociologie du travail*, pp. 380-381).
30. «No hago más que mencionar este problema, tanto más cuanto que se puede estimar que la producción mercantil habrá desaparecido de la sociedad comunista plenamente desarrollada, aunque esta estimación parezca ser problemática (!) a la luz de las experiencias actuales» (Adam Schaff: *Marxismus un das menschliche Individuum*, p. 177).
31. *Nowe Drogi*, número de diciembre de 1965.
32. Schaff reconoce que la socialización de los medios de producción no puede menos de comenzar el proceso de desalienación. Pero subraya más la educación socialista que el cambio de las condiciones económicas (sobre todo la desaparición necesaria de las normas de distribución burguesas) para llevar a cabo este proceso. Su alegato en favor de un «igualitarismo moderado» y de una mayor libertad de opinión y de crítica respecto de la «élite que está en el poder» es meritorio, pero no va al fondo de las cosas.
33. Stanislaw Ossowski: *Klassenstruktur im sozialen Bewusstsein*, pp. 227-228.
34. Las ideas de Ossowski son análogas, en este aspecto, a las de un Frangois Perroux o de un Dahrendorf, anteriormente citados, o a las de un antropólogo conservador como Arnold Gehlen: la autoridad funcional sustituiría cada vez más a la división social en clases (Arnold Gehlen: *Anthropologische Forschung*, p. 130). Ossowski da a entender (ob. cit., p. 223) que es la incapacidad del «marxismo» dogmático y apologético de la época estalinista para explicar los fenómenos de los privilegios sociales en las sociedades de medios de producción socializados lo que constituye el fundamento de su revisionismo escéptico.
35. Véase, sobre todo, Raymond Aron: *Dix-huit lecons sur la société industrielle*; Reinhard Bendix: *Work and Authority in Industry*; Rolf Dahrendorf: *Soziale Klassen und Klassenkonflikt in der industriellen Gesellschaft*; etcétera.

36. Georg Klaus: *Kybernetik in philosophischer Sicht*, pp. 414-415; A.G.M. van Melsen: *Natuurwetenschap en Techniek*, p. 321.
37. Son características, a este respecto, las consideraciones de Alain Touraine acerca de la descentralización creciente de las decisiones en el seno de las grandes empresas «burocratizadas», en Georges Friedmann y Pierre Naville: *Traité de sociologie du travail*, t. 1, pp. 420 y ss. Uno de los primeros que empleó este argumento fue el doctor Johann Plenge, verdadero ancestro de la crítica burguesa contemporánea de Marx: «La técnica moderna implica el trabajo espiritual, implica la subordinación del trabajo manual disciplinado en la empresa en su conjunto»; el ejercicio del poder por los trabajadores manuales sería imposible por esta razón (Johann Plenge: *Marx und Hegel*, p. 134). Hay que comparar este pasaje con el de Wolf-gang Heise, citado anteriormente, concerniente a la imposibilidad de una democracia en el seno de la empresa en virtud del hecho de la «diferenciación de las funciones sociales». Se ve que la defensa de la jerarquía burguesa en la empresa proporciona el argumento principal de la apología de la jerarquía burocrática.
38. Es esto lo que revela de manera impresionante François Bloch-Lainé en *Pour une réforme de l'entreprise*. Habla en favor de una mayor participación de los sindicatos y de los trabajadores en la gestión de algunos aspectos de la actividad de las empresas. Pero añade inmediatamente que esta «participación» mantiene la dirección única, la jerarquía maestra que es la única que conserva el derecho de tomar las decisiones clave (pp. 41, 43-44 y 100).
39. Norbert Wiener: *Cybernétique et société*, pp. 161-163.
40. El caso de la maquinaria bélica norteamericana, altamente mecanizada (sobre todo el sistema de alerta guiado por *computadoras*) pero que culmina, en última instancia, en el presidente de los Estados Unidos, que es el único que puede «oprimir» determinados botones, es simbólico del mecanismo de conjunto del régimen capitalista.
41. Ejemplo notable de confusión entre *poder de decisión socioeconómica* y *autoridad técnica* es este «argumento» del diario burgués alemán llamado *Frankfurter Allgemeine Zeitung*: en vista de los extremos a que se ha llegado en estas reivindicaciones de autogestión, ¿por qué no exigir que un «consejo de enfermos» dicte a los médicos diagnósticos y terapéuticas? (16 de agosto de 1967).
42. Elton Mayo: *The Human Problems of an Industrial Civilization*, pp. 158-159 y 171 passim.
43. Reinhard Bendix: ob. cit., pp. 448-450.
44. Frangois Perroux: «Aliénation et creation collective», pp. 92-93.
45. Además, Bendix clasifica con razón la teoría de las «relaciones humanas» en la categoría más general de la «ideología de los empresarios» (yo diría más bien: la ideología capitalista en lo que concierne a la empresa). Sería fácil demostrar que la evolución de esta ideología, en el transcurso de un siglo,

reflja no solamente la evolución de la estructura de la empresa capitalista misma, sino también, y sobre todo, la evolución de las relaciones de fuerza entre burguesía y proletariado. Nada es más revelador a este respecto que la transformación del puritanismo altanero o del darwinismo social de la época de la omnipotencia capitalista en un alegato hipócrita en favor de la asociación capital-trabajo.

46. Vance Packard: *The Hidden Persuaders*. Si un Wright Mills teme el de-sarrollo de una indiferencia ante la alienación (*The Marxists*, p. 113), Bloch-Laine subraya, con mayor realismo, a propósito de esta misma alienación, al menos su aspecto más impresionante (la ausencia de poder obrero en el seno de las empresas): «La calma es engañosa. Oculta muchas insatisfacciones particulares, que podrán fácilmente prender el fuego de la rebelión en cuanto se produzca una depresión general» (Bloch-Laine: *Pour une réforme de l'entreprise*, p. 23). Véanse en el capítulo I algunas fuentes bibliográficas acerca del estado de ánimo de la clase obrera.
47. François Perroux: *Aliénation et création collective*, p. 44.
48. Karl Marx y Friedrich Engels: *Die deutsche Ideologie*, pp. 70, 78, 222 y 228.
49. Véase Georg Klaus: «Con objeto de desarrollar todas las potencialidades creadoras del hombre, es necesario liberarlo ampliamente de la obligación de producir trabajo esquemático». «La cibernética y la automatización son las condiciones técnicas de esta situación (comunista) pues permiten al hombre liberarse de todo trabajo esquemático no creador […]. Le proporcionan sobre todo el tiempo necesario para una formación científica y técnica universal, es decir, las condiciones de un trabajo verdaderamente creador al nivel actual de la producción» (Georg Klaus: *Kybernetik in philosophischer Sicht*, pp. 457 y 464).
50. R.P. Bigo: *Humanisme et économie politique chez Karl Marx*, pp. 36-37. La tesis de Rubel acerca del carácter ético de la obra de Marx había sido formulada desde 1911 por Karl Vorländer en *Kant und Marx*, p. 293. Estaba implícita en una controversia célebre con Max Adler.
51. Maximilien Rubel: *Karl Marx. Essai de biographie intellectuelle*, p. 12.
52. Emile James: *Histoire sommaire de la pensée économique*, p. 167.
53. Jean Marchal: *Deux essais sur le marxisme*, p. 80. Véase también Ernest Teilhac: «Marx, a la manera de los economistas clásicos, pretende situarse, estrictamente, en el orden económico, formular una teoría propiamente económica, hacer obra de economista» (Ernest Teilhac: *L'économie politique perdue et retrouvée*, p. 106).
54. August Bebel y Eduard Bernstein (comp.): *Briefwechsel zwischen Friedrich Engels und Karl Marx 1844-1883*, vol. II, p. 243.
55. Karl Marx y Friedrich Engels: *Kleine ökonomische Schriften*, p. 42.

56. «Marx se refiere siempre al conjunto de datos empíricos, a la intuición socialmente realizada» (Evald Vasilievic Ilenkov: *La Dialettica dell'astrato e del concreto nel Capitale di Marx*, p. 13).
57. «El investigador debe esforzarse siempre por volver a encontrar la realidad total y concreta, aun cuando sepa que no lo logrará más que de una manera parcial y limitada, y para hacer esto, ha de integrar, en el estudio de los hechos sociales, la historia de las teorías acerca de estos hechos y, por otra parte, ligar el estudio de los hechos de conciencia a su localización histórica y a su infraestructura económica y social» (Lucien Goldmann: *Sciences sociales et philosophie*, p. 18).
58. «La introducción de las nociones de estructura y de sistema parece ser el único medio que la ciencia haya encontrado hasta ahora para tender un puente entre los órdenes de investigaciones, muy a menudo separados: la investigación histórica y el análisis teórico» (André Marchal: *Systèmes et structures économiques*, p. 11). Precisamente fue Marx el primero que logró tender este puente entre la historia y el análisis económico, gracias al empleo de las categorías históricas para el análisis, que permiten, además, introducir las nociones de estructura y de sistema reclamadas por André Marchal.
59. De igual manera Karl Korsch (*Marxisme et philosophie*) se equivoca cuando, movido por el deseo legítimo de restablecer la unidad entre la teoría y la práctica en la doctrina de Marx, y de defender su significación revolucionaria contra epígonos reformistas, termina por discutir el carácter objetivamente científico del análisis económico de Marx y no ve en él más que la «expresión teórica de un proceso revolucionario» (p. 103). Para poder formular de manera teóricamente válida, es decir, eficaz, el análisis de la lucha de clases en un régimen capitalista, y de la marcha hacia el derrocamiento revolucionario del capital, era necesario apropiarse empíricamente primero todos los datos de las ciencias humanas y realizar luego su crítica, su rebasamiento científico. El propio Marx ha definido demasiadas veces, de esta manera, su obra para que podamos deformar su sentido, y discutir su valor científico objetivo, independientemente de la «pasión revolucionaria» que tuvo toda su vida y del objetivo revolucionario que trató constantemente de alcanzar.
60. Max Adler: *Marxistische Probleme*, p. 59.

# Bibliografía

## Obras citadas de Carlos Marx y Federico Engels

BEBEL, AUGUST y EDUARD BERNSTEIN (comp.): *Briefwechsel zwischen Friedrich Engels und Karl Marx 1844-1883*, 4 tt., Dietz-Verlag, Stuttgart, 1921.

ENGELS, FRIEDRICH: «Zur Geschichte des Bundes der Kommunisten», en Karl Marx: *Enthüllungen über den Kommunistenprozess zu Köln*, 4ta. ed., Buchhandlung Vorwärts, Berlín, 1914.

_____: «Artikel Karl Heinrich Marx», en *Handwörterbuch der Staatswissenschaften*, vol. VI, t. 4, Gustav-Fischer-Verlag, Auflage, Jena, 1925.

_____: «Briefe aus England filr die Rheinische Zeitung», en Karl Marx y Friedrich Engels: *Historisch-kritische Gesamtausgabe*, vol. I, t. 2, Verlagsgesellschaft, Frankfurt/Main, 1927.

_____: «Umrisse zu einer Kritik der Nationalökonomie», en Karl Marx y Friedrich Engels: *Historisch-kritische Gesamtausgabe*, vol. I, t. 2, Verlagsgesellschaft, Frankfurt/Main, 1927.

_____: «Artikel aus *The New Moral World*», en Karl Marx y Friedrich Engels: *Historisch-kritische Gesamtausgabe*, vol. I, t. 2, Verlagsgesellschaft, Frankfurt/Main, 1927.

_____: «Die Lage der Arbeitenden Klasse in England», en Karl Marx y Friedrich Engels: *Historisch-kritische Gesamtausgabe*, vol. I, t. 4, Verlagsgesellschaft, Frankfurt/Main, 1927.

_____: *Herrn Eugen Dührings Umwälzung der Wissenschaft*, Verlagsgenossenschaft Ausländischer Arbeiter in der URSS, Moscú/Leningrado, 1934.

_____: «Ludwig Feuerbach und der Ausgang der klassischen deutschen Philosophie», en Karl Marx y Friedrich Engels: *Ausgewählte Schriften in zwei Bänden*, t. II, Verlag für Fremdsprachige Literatur, Moscú, 1950.

_____: «Grundsätze des Kommunismus», en Karl Marx y Friedrich Engels: *Kleine ökonomische Schriften*, Dietz-Verlag, Berlín, 1955.

_____: «Kritik des Erfurter Programm», en Karl Marx y Friedrich Engels: *Werke*, t. 22, Dietz-Verlag, Berlín, 1963.

MARX, KARL: *Das Kapital*, t. I, Hamburgo, 1890; t. II y III, Hamburgo, 1921.

_____: *Enthüllungen über den Kommunistenprozess zu Köln*, 4ta. ed., Buchhandlung Vorwärts, Berlín, 1914.

_____: «Kritische Randglossen zum Artikel: Der König von Preussen und die Sozial-reform», en Franz Mehring (ed.): *Aus dem literarischem Nachlass von Karl Marx und Friedrich Engels*, 3ra. ed., t. II, Dietz-Verlag, Stuttgart, 1920.

_____: *Das Elend der Philosophie* (Bernstein-Kautsky, eds.), 8va. ed., Dietz-Verlag, Stuttgart, 1920.

_____: «Pauperismus und Freihandel», en Karl Marx y Friedrich Engels: *Gesammelte Schriften, 1852-1862*, Dietz-Verlag, Stuttgart, 1920.

_____: *Zur Kritik der politischen Ökonomie*, Dietz-Verlag, Stuttgart, 1920.

_____: «Der Kommunismus und die Augsburger Allgemeine Zeitung», en Karl Marx y Friedrich Engels: *Historisch-kritische Gesamtausgabe*, vol. I, t. 1, Verlagsgesellschaft, Frankfurt/Main, 1927.

_____: «Debatten über das Holzdiebstahlgesetz», en Karl Marx y Friedrich Engels: *Historisch-kritische Gesamtausgabe*, vol. I, t. 1, Verlagsgesellschaft, Frankfurt/Main, 1927

_____: «Rechtfertigung des Korrespondenten von der Mosel», en Karl Marx y Friedrich Engels: *Historisch-kritische Gesamtausgabe*, vol. I, t. 1, Verlagsgesellschaft, Frankfurt/Main, 1927.

_____: «Kritik des Hegelschen Staatsrechts», en Karl Marx y Friedrich Engels: *Historisch-kritische Gesamtausgabe*, vol. I, t. 1, Verlagsgesellschaft, Frankfurt/Main, 1927.

_____: «Zur Judenfrage», en Karl Marx y Friedrich Engels: *Historisch-kritische Gesamtausgabe*, vol. I, t. 1, Verlagsgesellschaft, Frankfurt/Main, 1927

_____: «Zur Kritik der Hegelschen Rechtsphilosophie, Einleitung», en Karl Marx y Friedrich Engels: *Historisch-kritische Gesamtausgabe*, vol. I, t. 1, Verlagsgesellschaft, Frankfurt/Main, 1927.

_____: «Aus den Exerptheften, Anfang, 1844 Anfang, 1845, Paris», en Karl Marx y Friedrich Engels: *Historisch-kritische Gesamtausgabe*, vol. I, t. 3, Verlagsgesellschaft, Frankfurt/Main, 1927.

_____: «Exzerpthefte von Marx-Brüssel-Manchester, 1845-1847», en Karl Marx y Friedrich Engels: *Historisch-kritische Gesamtausgabe*, vol. I, t. 6, Verlagsgesellschaft, Frankfurt/Main, 1927.

_____: *Der Historische Materialismus, die Frühschriften*, Alfred Kroner Verlag, Leipzig, 1932.

_____: *Salaires, prix et profits*, Bureau d'Éditions, París, 1945.

_____: *Briefe an Kugelmann*, Dietz-Verlag, Berlín, 1949.

_____: «Kritik des Gothaer Programms», en Karl Marx y Friedrich Engels: *Ausgewählte Schriften in zwei Bänden*, vol. II, Verlag für Fremdsprachige Literatur, Moscú, 1950.

_____: *Grundrisse der Kritik der politischen Ökonomie*, 2 tt., Dietz-Verlag, Berlín, 1953.

_____: «Ökonomisch-philosophische Manuskripte», en Karl Marx y Friedrich Engels: *Kleine ökonomische Schriften*, Dietz-Verlag, Berlín, 1955.

_____: «Arbeitslohn», en Karl Marx y Friedrich Engels: *Kleine ökonomische Schriften*, Dietz-Verlag, Berlín, 1955.

_____: «Travail salarié et capital», en Karl Marx y Friedrich Engels: *Œuvres choisies en deux volumes*, t. I, Éditions du Progrés, Moscú, 1955.

_____: «Les luttes de classes en France (1848-1850)», en Karl Marx y Friedrich Engels: *Œuvres choisies en deux volumes*, t. I, Éditions du Progrés, Moscú, 1955.

_____: *Theorien über den Mehrwert*, Dietz-Verlag, Berlín, 1956 y 1959.

_____: *Theorien über den Mehrwert*, Dietz-Verlag, Stuttgart, [s. a.].

_____: «Die Handelskrise in England», en Karl Marx y Friedrich Engels: *Werke*, t. 12, Dietz-Verlag, Berlín, 1961.

_____: «Der Handel in China», en Karl Marx y Friedrich Engels: *Werke*, t. 13, Dietz-Verlag, Berlín, 1961.

_____: *Manuscrits de 1844*, Éditions Sociales, París, 1962.

MARX, KARL y FRIEDRICH ENGELS: *Das kommunistische Manifest*, Buchhandlung Vorwärts, Berlín, 1918.

_____: *Ausgewählte Werke*, t. II, Moscú, 1950.

_____: «Revue», en *Neue Rheinische Zeitung- Politisch-ökonomische Revue*, n.º 2, febrero de 1850.

_____: «Revue», en *Neue Rheinische Zeitung-Politisch-ökonomische Revue*, n.º 4, abril de 1850.

_____: «Revue-Mai bis Oktober», en *Neue Rheinische Zeitung- Politisch-ökonomische Revue*, nos. 5-6, mayo-octubre, 1850.

_____: *Historisch-kritische Gesamtausgabe*, Verlagsgesellschaft, Frankfurt/Main, 1927.

_____: *Die deutsche Ideologie*, Dietz-Verlag, Berlín, 1953.

_____: *Briefe über «Das Kapital»*, Dietz-Verlag, Berlín, 1954.

_____: *Ausgewählte Briefe*, Dietz-Verlag, Berlín, 1955.

_____: *Kleine ökonomische Schriften*, Dietz-Verlag, Berlín, 1955.

_____: *Œuvres choisies en deux volumes*, Éditions du Progrés, Moscú, 1955.

_____: «Die heilige Familie», en Franz Mehring (ed.): *Aus dem literarischen Nachlass von Karl Marx und Friedrich Engels*, t. II, [s. r.].

_____: *Gesammelte Schriften 1852-1862*, Dietz-Verlag, Stuttgart, [s. a.]

## Otras obras consultadas

ADHYA, G.L.: *Early Indian Economics*, Asia Publishing House, Bombay, 1966.

ADLER, MAX: *Marxistische Probleme*, Dietz Nachfolger, Fünfte Auflage, Stuttgart, 1922.

AGAZZI, EMILIO: «La formazione della metodologia di Marx», en *Rivista Storica del Socialismo*, n.º 23, septiembre-diciembre, 1964.

ALTHUSSER, LOUIS: «L'objet du Capital», en *Lire le Capital*, t. II, François Maspero, Paris, 1965.

_____: *Pour Marx*, François Maspero, París, 1965.

ANDRIEUX, A. y J. LIGNON: *L'ouvrier d'aujourd-hui*, Riviére, Paris, 1960.

ARENDT, HANNAH: *Condition de l'homme moderne*, Calmann-Lévy, 1961.

ARON, RAYMOND: *Dix-huit leçons sur la société industrielle*, Gallimard, 1962.

AVDIJEV, W.I.: *Geschichte des Alten Orients*, V.E.B. Verlag «Volk und Wissen», Berlín, 1953.

AXELOS, KOSTAS: *Marx, penseur de la technique*, Les Éditions de Minuit, Paris, 1961.

BAHRDT, HANS-PAUL et al.: *Gibt es noch ein Proletariat?*, Europäische Verlagsanstalt, Frankfurt, 1962.

BARAN, PAUL y PAUL M. SWEEZY: *Monopoly Capital*, Monthly Review Press, Nueva York, 1966.

BENDIX, REINHARD: *Work and Authority in Industry*, Harper and Row Publishers, Nueva York y Evanston, 1956.

BERNCHTAM, A.A.: *Sotsialnoekomitcheskii Stroj Orogono-Enisejskig*, t. VI-VIII, Moscú/Leningrado, 1946.

BIGO, R.P.: *Humanisme et économie politique chez Karl Marx*, PUF, Paris, 1953.

BLACKBURN, ROBIN: «Inequality and Exploitation», en *New Left Review*, n.º 42, marzo-abril, 1967.

_____: «The Unequal Society», en Robin Blackburn y Alexander Cockburn (eds.): *The Incompatibles: Trade Union Militancy and the Consensus*, Penguin Books, Harmondsworth, 1967.

BLAUNER, ROBERT: *Alienation and Freedom: The Factory Worker and his Industry*, University of Chicago Press, 1964.

BLOCH-LAINÉ, FRANCOIS: *Pour une réforme de l'entreprise*, Éditions du Seuil, 1963.

BOHM-BAWERK, EUGEN VON: *Karl Marx and the Close of his System*, Augustus M. Kelly, Nueva York, 1949.

BOITEAU, PIERRE: «Les droits sur la terre dans la société malgache précoloniale», en *La Pensée*, octubre, 1964.

BOLLHAGEN, PETER: *Soziologie und Geschichte*, V.E.B. Deutscher Verlag der Wissenschaften, Berlín, 1966.

BOTTIGELLI, EMILE: «Présentation», en Karl Marx: *Manuscrits de 1844*, Éditions Sociales, Paris, 1962.

_____: *Génése du socialisme scientifique*, Éditions Sociales, Paris, 1967.

BUHR, MANFRED: «Entfremdung», en *Philosophisches Wörterbuch*, V.E.B. Verlag Enzyklopädie, Leipzig, 1964.

———: «Entfremdung- Philosophische Anthropologie- Marx-Kritik», en *Deutsche Zeitschrift für Philosovhie*, a. 14, n.º 7, V.E.B. Deutscher Verlag der Wissenschaften, 1966.

CALVEZ, R.P. JEAN-YVES: *La pensée de Karl Marx*, Éditions du Seuil, Paris, 1956.

CHATTOPADHYAYA, DEBIPRASAD: *Lokayata. A Study in Ancient Indian Materialism*, People's Publishing House, Nueva Delhi, 1959.

COATES, KEN: «Wage Slaves», en *The Incompatibles*, Penguin Books, Londres, 1967.

CORNU, AUGUSTE: *Karl Marx, l'homme et l'oeuvre*, Librairie Félix Alcan, Paris, 1934.

———: *Karl Marx et Frédéric Engels*, t. 1, PUF, París, 1955.

———: *Karl Marx, Die ökonomisch-philosophische Manuskripte*, Deutsche Akademie der Wissenschaften zu Berlín, Vorträge und Schriften, n.º 57, Berlín, 1955.

———: *Karl Marx und Friedrich Engels*, t. II, Aufbau-Verlag, Berlín, 1962.

DAHRENDORF, ROLF: *Soziale Klassen und Klassenkonflikte in der industriellen Gesellschaft*, Ferdinand Enke-Verlag, Stuttgart, 1957.

DAWYDOW, J.N.: *Freiheit und Entfremdung*, V.E.B. Deutscher Verlag der Wissenschaften, Berlín, 1964.

DE MAN, HENDRIK: «Der neu entdeckte Marx», en *Der Kampf*, nos. 5 y 6, 1932.

DESAI, A.R.: *Rural Sociology in India*, The Indian Society of Agricultural Economics, Bombay, 1959.

DHUQUOIS, GUY: *Le mode de production asiatique* [manuscrito en mimeógrafo].

DUTT, ROMESH: *The Economic History of India*, vol. I, The Publication Division of the Government of India, Nueva Delhi, 1960.

ENZENSBERGER, HANS MAGNUS: *Culture ou mise en condition*, Julliard, Paris, 1965.

FALLOT, JEAN: *Marx et le Machinisme*, Éditions Cujas, Paris, 1966.

FANON, FRANZ: *Les damnés de la terre*, François Maspero, Paris, 1961.

FLAM, LEOPOLD: *Ethisch Socialisme*, Ontwikkeling, Amberes, 1960.

FLEISCHER, HELMUT: «Umrisse einer "Philosophie des Menschen"», en *Hochschul-Informationen der Zentralstelle für Gesamtdeutsche Hochschulfragen*, a. 18, n.º 2, 1967.

FOURASTIÉ, JEAN: *Le grand espoir du XX$^e$ siècle*, Presses Universitaires de France, Paris, 1952.

FRIEDAN, BETHY: *The Feminine Mystique*, Penguin Books, 1965.

FRIEDMANN, GEORGES y PIERRE NAVILLE: *Traité de sociologie du travail*, t. I, Librairie Armand Colin, Paris, 1961.

FROMM, ERICH: *Marx's Concept of Man*, Frederick Ungar Publishing Co., Nueva York, 1961.

_____: *The Sane Society*, Routledge and Kegan Paul, Londres, 1963.

GARAUDY, ROGER: *Dieu est mort*, PUF, París, 1962.

GEHLEN, ARNOLD: *Anthropologische Forschung*, Rowohlt Deutsche Enzyklopädie, Rowohlt-Verlag, Hamburgo, 1961.

GOBLOT, HENRI: «Dans l´ancien Iran, les techniques de l´eau et la grande histoire», en *Annales*, a. 18, n.º 3, mayo-junio, 1963.

GODELIER, MAURICE: «Bibliographie sommaire des écrits de Marx et de Engels sur le mode de production asiatique», en *La Pensée*, n.º 114, abril, 1964.

_____: *Rationalité et irrationalité en Economie*, François Maspero, Paris, 1966.

_____: «La notion de mode de production asiatique, et les schémas marxistes de l´évolution des sociétés», en *Cahier du C.E.R.M.*

GOLDMANN, LUCIEN: *Sciences humaines et philosophie*, PUF, Paris, 1952.

_____: *Recherches dialectiques*, Gallimard, Paris, 1959.

GRAMSCI, ANTONIO: «Il materialismo storico e la filosofía de Benedetto Croce», en *Quaderni dei Carcere*, I, Einaudi, Turín, 1964.

GROSSMANN, HENRYK: «Die Änderung des Aufbauplans des Marxschen „Kapital"», en *Archiv für Geschichte des Sozialismus*, 1929.

GUÉRIN, DANIEL: *L'anarchisme*, Éditions Gallimard, Paris, 1965.

HABERMAS, JÜRGEN: *Theorie und Praxis*, Luchterhand Verlag, Neuwied, 1963.

HANSEN, ALVIN H. y RICHARD V. CLEMENCE: *Readings in Business Cycles and National Income*, N.W. Norton y Co., Nueva York, 1953.

HARMATTA, JEAN: «La société des huns à l'époque d'Attila», en *Recherches Internationales á la Lumiére du Marxisme*, n.º 2, mayo-junio, 1957.

HARRINGTON, MICHAEL: *The Other America-Poverty in the United States*, Penguin Books, Harmondsworth, 1963.

HEGEL, G.W.F.: *Phänomenologie des Geistes*, Duncker und Humblot Verlag, Berlín, 1832.

_____: *Philosophie der Weltgeschichte*, t. II, Die Orientalische Welt, Felix Meiner-Verlag, Leipzig, 1919.

_____: *Die Wissenschaft der Logik*, Felix Meiner Verlag, Leipzig, 1948.

_____: *Aesthetik*, Aufbau-Verlag, Berlín/Weimar, 1965.

HEISE, WOLFGANG: «Über die Entfremdung und ihre Überwindung», en *Deutsche Zeitschrift für Philosophie*, n.º 6, 1965.

HILLMANN, GUNTHER: «Zum Verständnis der Texte», en Karl Marx: *Texte zu Methode und Praxis*, t. II, Rowohlt-Verlag, 1966.

HOBSBAWM, ERIC: *Introduction to Karl Marx: Pre-capitalist Economic Formations*, Lawrence and Wishart, Londres, 1964.

HOCHFELDS, JULIAN: *Studia o marksowkiej teorii spoleczinstwa*, Pastwowa Wydawnictwo naukowa, Varsovia, 1963.

HOMMES, JAKOB: *Der technische Eros*, Friburgo, 1955.

HOOK, SIDNEY: *From Hegel to Marx*, The Humanities Press, Nueva York, [s. a.].

HORVATH, BRANKO: *Towards a Theory of Economic Planning*, Yugoslav Institute of Economic Research, Belgrado, 1964.

HYPPOLITE, JEAN: *Études sur Marx et Hegel*, Librairie Riviére, Paris, 1955.

ILIENKOV, EVALD VASILIEVIC: *La dialettica dell'astratto e del concreto nel Capitale di Marx*, Feltrinelli, Milán, 1961.

JAHN, WOLFGANG: «Der ökonomische Inhalt des Begriffs der Entfremdung der Arbeit in den Frühschriften von Karl Marx», en *Wirtschaftswissenschaft*, n.º 6, 1957.

JAMES, ÉMILE: prólogo a Emiliane Mossé: *Marx et le problème de la croissance dans une économie capitaliste*, Armand Colin, Paris, 1956.

_____: *Histoire sommaire de la pensée économique*, 2da. ed. corregida y aumentada, Éditions Montchrestien, París, 1959.

KAEGI, PAUL: *Genesis des historischen Materialismus*, Europa-Verlag, Viena/Frankfurt/Zurich, 1965.

KLAUS, GEORG y MANFRED BUHR (eds.): *Philosophisches Wörterbuch*, V.E.B. Enzyklopädie Verlag, Leipzig, 1964.

KLAUS, GEORG: *Kybernetik in philosophischer Sicht*, Dietz-Verlag, Berlín, 1965.

KNIGHT, FRANK H.: «Value», en *Encyclopedia of Social Sciences*, vol. XV, Nueva York, 1935.

KOFLER, LEO: *Geschichte und Dialektik*, Kogge-Verlag, Hamburg, 1955.

_____: *Marxistischer oder ethischer Sozialismus*, Verlag Sozialistische Politik, Bovenden, 1955.

_____: *Staat, Gesellschaft und Elite zwischen Humamsmus und Nihilismus*, Schotola-Verlag, Ulm, 1960.

KORSCH, KARL: *Marxisme et philosophie*, Éditions de Minuit, Paris, 1964.

_____: *Karl Marx*, Europäische Verlagsanstalt, Frankfurt, 1967.

KOSAMBI, D.D.: *An Introduction to the Study of Indian History*, Popular Book Depot, Bombay, 1956.

KOSIC, KAREL: *Die Dialektik des Konkreten*, Suhrkamp Verlag, Frankfurt, 1967.

KUO MO-JO: «La société esclavagiste chinoise», en *Recherches Internationales à la Lumière du Marxisme*, n.º 2, mayo-junio, 1957.

LANDHUT y MAYER: «Vorwort», en Karl Marx: *Der Historische Materialismus, die Frühschriften*, Alfred Kroner Verlag, Leipzig, 1932.

LANGE, OSKAR: «Marxian Economics and Modern Economic Theory», en *The Review of Economic Studies*, junio, 1935.

LAPIN, N.I.: *Der junge Marx im Spiegel der Literatur*, Dietz-Verlag, Berlín, 1965.

LASSALLE, FERDINAND: «Offenes Antwortschreiben an das Zentralkomitee zur Berufung eines Allgemeinen Deutschen Arbeiterkongresses zu Leipzig», en *Gesammelte Reden und Schriften*, t. III, Berlín, 1919.

_____: *Nachgelassene Briefe und Schriften*, Deutsche Verlagsanstalt, Leipzig, 1922.

LEACH, E.R.: «Hydraulic Society in Ceylon», en *Past and Present*, n.º 15, abril, 1959.

LEEMANS, VICTOR: *De junge Marx en de marxisten*, Standaard-Boekhandel, Bruselas, 1962.

LEFEBVRE, HENRI: *Critique de la vie quotidienne*, Grasset, París, 1947.

_____: *Critique de la vie quotidienne*, t. I, L'Arche Editeur, Paris, 1958; t. II, 1961.

_____: *Introduction á la modernité*, Les Éditions de Minuit, Paris, 1962.

LENIN, VLADIMIR ILICH: *Œuvres choisies en deux volumes*, vol. II, Éditions Langues Étrangères, Moscú, 1947.

_____: *Œuvres complètes*, tt. 20 y 21, Éditions Sociales, Paris, 1959.

LEONTIEF, WASSILY: «The Significance of Marxian Economics for Present-day Economic Theory», en *American Economic Review*, vol. 28, n.º 1, suplemento, marzo, 1938.

LEVY, REUBEN: *The Social Structure of Islam*, Cambridge University Press, 1962.

LONGO, GINO: *Il metodo dell'economia politica*, Editori Riuniti, Roma, 1965.

LÖWITH, KARL: *Von Hegel zu Nietzsche*, W. Kohlhammer Verlag, Stuttgart, 1950.

LUKÁCS, GEORG: *Geschichte und Klassenbewusstsein*, Malik-Verlag, Berlín, 1923.

_____: *Der junge Hegel*, Europa-Verlag, Zurich/Viena, 1948.

LUXEMBURGO, ROSA: *Die Akkumulation des Kapitals*, Vereinigung Internationaler Verlags-anstalten, Berlín, 1923.

MANDEL, ERNEST: *Traité d'économie marxiste*, 2 tt., Julliard, Paris, 1962.

MARCHAL, ANDRÉ: *Systèmes et structures économiques*, PUF, Paris, 1959.

MARCHAL, JEAN: *Deux essais sur le marxisme*, Librairie de Médicis, Paris, 1955.

MARCUSE, HERBERT: *Reason and Revolution*, 2da. ed., The Humanities Press, Nueva York, 1954.

_____: «Les perspectives du socialisme dans la société industrielle développée», en *Revue Internationale du Socialisme*, a. 20, n.º 8, [s. a.].

MAUKE, MICHAEL: «Thesen zur Klassentheorie von Marx», en *Neue Kritik*, n.º 34, Frankfurt, febrero, 1966.

MAYO, ELTON: *The Human Problems of an Industrial Civilization*, The Viking Press,

Nueva York, 1960.

MEEK, RONALD L.: *Studies in the Labour Theory of Value*, Lawrence and Wishart, Londres, 1956.

MEHRING, FRANZ (Ed.): *Aus dem literarischen Nachlass von Karl Marx und Friedrich Engels*, Dietz-Verlag, Stuttgart, 1920.

_____: *Karl Marx, Geschichte seines Lebens*, Leipziger Buchdruckerei, Leipzig, 1920.

MEILLASSOUX, CLAUDE: *Anthropologie économique des Gouro de Côte d'Ivoire*, Mouton, París, 1964.

MELMAN, SEYMOUR: *Decision-Making and Productivity*, Basil Blackwell, Oxford, 1958.

MELSEN, A.G.M. VAN: *Natuurwetenschap en techniek*, Aula-Bocken, Utrecht/Amberes, 1960.

MILLS, C. WRIGHT: *The Marxists*, Dell Publishing Co., Nueva York, 1962.

MITFORD, JESSICA: *The American Way of Death*, Crest Book, Nueva York, 1963.

MORF, OTTO: *Das Verhältnis von Wirtschaftstheorie und Wirtschaftsgeschichte bei Karl Marx*, A. Francke Verlag, Berna, 1951.

MORIN, EDGAR: *L'esprit du temps*, Grasset, París, 1962.

MOSSÉ, ELIANE: *Karl Marx et le problème de la croissance dans une économie capitaliste*, Armand Colín, Paris, 1956.

NAVILLE, PIERRE: *La Chine future*, Les Éditions de Minuit, París, 1952.

_____: *De l'aliénation à la jouissance*, Librairie Marcel Riviére, Paris, 1957.

NOVACK, GEORGE (Ed.): *Existentialism versus Marxism*, Dell Publishing Co., Nueva York, 1966.

OISERMANN, T.I.: *Die Entfremdung als historische Kategorie*, Dietz-Verlag, Berlín, 1965.

OSSOWSKI, STANISLAW: *Klassenstruktur im sozialem Bewusstsein*, Luchterhand-Verlag, Berlín, 1962.

PACKARD, VANCE: *The Hidden Persuaders*, Pocket Book, Nueva York, 1958.

_____: *The Pyramid Climbers*, Crest Book, Fawcett Publications, 1964.

PAJITNOV, LEÓNIDAS: «Les manuscrits économico-philosophiques de 1844», en «Le jeune Marx», *Recherches Internationales á la Lumière du Marxisme*, n.º 19, 1960.

PAPPENHEIM, FRITZ: *The Alienation of Modern Man*, Monthly Review Press, 1959.

PARETO, WILFREDO: *Les systèmes socialistes*, Marcel Giard, Paris, 1926.

PARSONS, TALCOTT y NEIL J. SMELSER: *Economy and Society*, Routledge and Kegan Paul, Londres, 1957.

PERLMAN, FREDY: «Essay on Commodity Fetishism» [inédito].

PERROUX, FRANÇOIS: prólogo a Karl Marx: *Œuvres-Economie*, t. I, Bibliothèque de la Pléiade, N.R.F., Paris, 1963.

_____: «Aliénation et création collective», en *Cahiers de l'ISEA*, Institut de Science Économique Appliquée, n.º 150, junio, 1964.

PESIC-GOLUBOVIC, Z.: «What is the Meaning of Alienation», en *Praxis*, n.º 3, 1966.

PETROVIC, GAJO: «Man as Economic Animal and Man as Praxis», en *Inquiry*, vol. VI, 1963.

_____: «Marx´s Theory of Alienation», en *Philosophy and Phenomenological Research*, [s. r.].

PLEJANOV, GEORGE: *Introduction á l'histoire sociale de la Russie*, Éditions Bossard, París, 1926.

_____: *Les questions fondamentales du marxisme*, Éditions Sociales, Paris, 1941.

_____: «La signification de Hegel», en *La Revue Internationale*, abril-mayo, 1950.

PLENGE, JOHANN: *Marx und Hegel*, Verlag Der H. Laupp'schen Buchhandlung, Tubinga, 1911.

POPITZ, HEINRICH: *Der entfremdete Mensch*, Verlag für Recht und Gesellschaft, Basel, 1953.

POPOVIC, MILENTIJE: «Pour une revalorisation de la doctrine de Marx sur la production et les rapports de production», en *Questions Actuelles du Socialisme*, n.º 78, julio-septiembre, 1965.

RANCIÈRE, JACQUES: «La critique de l´économie politique des manuscrits de 1844 au Capital», en *Lire le Capital*, t. I, François Maspero, Paris, 1966.

RIAZANOV, D.: introducción a Karl Marx: «Über China und Indien», en *Unter dem Banner des Marxismus*, a. 1, n.º 2, 1925.

_____: introducción a Karl Marx y Friedrich Engels: *Historisch-kritische Gesamtausgabe*, tt. 1 y 2, Verlagsgesellschaft Frankfurt a/M, 1927.

_____: introducción a Karl Marx y Friedrich Engels: *Gesammelte Schriften 1852-1862*, Dietz-Verlag, Stuttgart, [s. a.].

RICARDO, DAVID: *The Works and Correspondance of David Ricardo*, Cambridge University Press, 1951.

ROBINSON, JOAN: *An Essay on Marxian Economics*, Mac Millan, Londres, 1949.

_____: «The Labour Theory of Value: A Discussion», en *Science and Society*, 1954.

RODINSON, MAXIME: «What happened in History», en *New Left Review*, n.º 35, enero-febrero, 1966.

_____: *Islam et capitalisme*, Éditions du Seuil, Paris, 1966.

ROSDOLSKY, ROMAN: «Das „Kapital" im Allgemeinen, und die „vielen Kapitalien"», en *Kyklos*, vol. VI, fascículo 2, 1953.

_____: «Der esoterische und der exoterische Marx», en *Arbeit und Wirtschaft*, noviembre 1957-enero 1958.

_____: «Joan Robinson´s Marx-Kritik», en *Arbeit und Wirtschaft*, Viena, 1958.

_____: «Ein neomarxistisches Lehrbuch der politischen Ökonomie», en *Kyklos*, vol. VXI, fascículo 4, 1963.

_____: «Friedrich Engels und das Problem der geschichtslosen Völker», en *Archiv für Sozialgeschichte*, t. 4, Verlag für Literatur und Zeitgeschichte, Hannover, 1964.

ROSENBERG, D.I.: *Die Entwicklung der ökonomischen Lehre von Marx und Engels in den vierziger Jahren des 19. Jahrhunderts*, Dietz-Verlag, Berlín, 1958.

RUBEL, MAXIMILIEN: *Karl Marx. Pages choisies pour une éthique socialiste*, Librairie Rivière, Paris, 1948.

_____: *Karl Marx. Essai de biographie intellectuelle*, Librairie Rivière, Paris, 1957.

_____: «Notes», en Karl Marx: *Œuvres–Economie*, t. I, Bibliothèque de la Pléiade, N.R.F., Paris, 1965.

RÜHLE, OTTO: *Karl Marx, Leben und Werk*, Avalun-Verlag, Dresden, 1928.

SCHAFF, ADAM: *Marxismus und das menschliche Individuum*, Europa-Verlag, Viena, 1966.

SCHMIDT, ALFRED: *Der Begriff der Natur in der Lehre von Marx*, Europäische Verlagsanstalt, Frankfurt a/M, 1962.

SCHUMPETER, JOSEF: *History of Economic Analysis*, Oxford University Press, Nueva York, 1954.

SMITH, ADAM: *Der Reichtum der Nationen; Wesen und Ursachen des Volkswohstands*, Prager, Berlín, 1905.

SOULE, GEORGE: *The Shape of To-Morrow*, Signet Key Book, 1958.

SRAFFA, PIERO: introducción a David Ricardo: *The Works and Correspondance of David Ricardo*, Cambridge University Press, 1951.

_____: *Production of Commodities by Means of Commodities*, Cambridge University Press, 1960.

SUPEK, RUDY: «Dialectique de la pratique sociale», en *Praxis*, n.º 1, 1965.

SURET-CANALE, JEAN: «Les sociétés traditionnelles en Afrique tropicale et le concept de mode de production asiatique», en *La Pensée*, octubre, 1964.

TEILHAC, ERNEST: *L'économie politique perdue et retrouvée*, Librairie Générale de Droit et de Jurisprudence, París, 1962.

THEIR, ERICH: *Das Menschenbild des jungen Marx*, Vanderbroek und Ruprecht Gottinga, 1957.

TOGLIATTI, PALMIRO: «De Hegel au Marxisme», en «Le jeune Marx», *Recherches Internationales á la Lumière du Marxisme*, n.º 19, Éditions Sociales, Paris, 1960.

TROTSKI, LEÓN: *Die russische Revolution 1905*, 2da. ed., VIVA Verlag, 1923.

_____: *The Permanent Revolution*, New Park Publications, Londres, 1962.

TUCKER, ROBERT C.: *Philosophy and Myth in Karl Marx*, Cambridge University Press, 1961.

TUGAN-BARANOWSKY, MICHAEL: *Studien zur Theorie und Geschichte der Handelskrisen in England*, G. Fischer-Verlag, Jena, 1901.

VIDAL-NAQUET PIERRE: «Avant-propos», en K.A. Wittfogel: *Le despotisme oriental*, Éditions de Minuit, París, 1964.

VOLPE, GALVANO DELLA: *Rousseau e Marx*, Editore Riuniti, Roma, 1964.

VORLÄNDER, KARL: *Kant und Marx. Ein Beitrag zur Philosophie des Sozialismus*, J.C.B. Mohr, Tubinga, 1911.

VRANICKI, PREDRAG: «La signification actuelle de l´humanisme du jeune Marx», *Annali dell Istituto Giangiacomo Feltrinelli*, a. 7, 1964-1965.

_____: «Socialism and the Problem of Alienation», en *Praxis*, nos. 2 y 3, 1965.

WEINSTOCK, HEINRICH: *Arbeit und Bildung*, Heidelberg, 1956.

WERNER, ERNST: *Die Geburt einer Grossmacht, die Osmanen*, Akademie-Verlag, Berlín, 1966.

WIENER, NORBERT: *Cybernétique et société*, Aditions des Deux-Rives, Paris, 1952.

WITTFOGEL, KARL A.: *Wirtschaft und Gesellschaft Chinas*, Verlag Hirschfeld, Leipzig, 1931.

_____: *Le despotisme oriental*, Éditions de Minuit, París, 1964.

ZIHERL, BORIS: «Sur les conditions objetives et subjetives de la désaliénation dans le socialisme», en *Questions Actuelles du Socialisme*, n.º 76, enero-marzo, 1965.

## Ediciones en español de obras de Carlos Marx y Federico Engels

ENGELS, FEDERICO: «Contribución a la historia de la liga de los comunistas», en Carlos Marx y Federico Engels: *Obras escogidas*, t. II, Ediciones en Lenguas Extranjeras, Moscú, 1955.

_____: «Ludwig Feuerbach y el fin de la filosofía clásica alemana», en Carlos Marx y Federico Engels: *Obras escogidas*, t. II, Ediciones en Lenguas Extranjeras, Moscú, 1955.

_____: «Cartas a Kugelmann», en Carlos Marx y Federico Engels: *Obras escogidas*, t. II, Ediciones en Lenguas Extranjeras, Moscú, 1955.

_____: «Principios del comunismo», en Carlos Marx y Federico Engels: *Escritos económicos varios*, Grijalbo, México D.F., 1962.

_____: *Anti-Dühring*, Grijalbo, México D.F., 1964.

_____: *La situación de la clase obrera en Inglaterra*, Futuro, Buenos Aires, 1967.

_____: *La ideología alemana*, Pueblos Unidos, Montevideo, 1959; Grijalbo,

México D.F., 1969.

MARX, CARLOS: «Trabajo asalariado y capital», en Carlos Marx y Federico Engels: *Obras escogidas*, t. I, Ediciones en Lenguas Extranjeras, Moscú, 1955.

_____: «La lucha de clases en Francia, 1848-1850», en Carlos Marx y Federico Engels: *Obras escogidas*, t. I, Ediciones en Lenguas Extranjeras, Moscú, 1955.

_____: «Crítica del programa de Gotha», en Carlos Marx y Federico Engels: *Obras escogidas*, t. II, Ediciones en Lenguas Extranjeras, Moscú, 1955.

_____: «Manuscritos económico-filosóficos», en Carlos Marx y Federico Engels: *Escritos económicos varios*, Grijalbo, México D.F., 1962.

_____: «Salario», en Carlos Marx y Federico Engels: *Escritos económicos varios*, Grijalbo, México D.F., 1962.

_____: *Crítica de la filosofía del derecho de Hegel*, Pueblos Unidos, Montevideo, 1964.

_____: *Historia crítica de la teoría de la plusvalía*, Cartago, Buenos Aires, 1966.

_____: *Crítica de la filosofía del Estado de Hegel*, Grijalbo, México D.F., 1967.

_____: *Sobre la cuestión judía*, Plus Ultra, Buenos Aires, 1967.

_____: *La miseria de la filosofía*, Editorial Progreso, Moscú, 1967.

_____: *Crítica de la economía política*, Editorial Política, La Habana, 1968.

_____: *Esbozo para una crítica de la economía política*, Fondo de Cultura Económica, México D.F., 1968.

_____: *El capital*, Fondo de Cultura Económica, México D.F., 1968.

_____: *Elementos fundamentales para la crítica de la economía política*, 3 vols., Siglo XXI Editores, Buenos Aires, 1971.

MARX, CARLOS y FEDERICO ENGELS: «El manifiesto comunista», en Carlos Marx y Federico Engels: *Obras escogidas*, t. I, Ediciones en Lenguas Extranjeras, Moscú, 1955.

_____: *Correspondencia entre F. Engels y C. Marx, 1844-1883*, Cartago, Buenos Aires, 1957.

_____: *La sagrada familia*, Grijalbo, México D.F., 1968.

_____: «Cartas sobre *El capital*», en Carlos Marx: *El capital*, apéndice, Fondo de Cultura Económica, México D.F., 1968; Edima, Barcelona, 1968.

## Ediciones en español de otras obras consultadas

ALTHUSSER, LOUIS: *La revolución teórica de Marx*, Siglo XXI Editores, México D.F., 1967.

_____: *Para leer El capital*, Siglo XXI Editores, México D.F., 1968.

ARON, RAYMOND: *Dieciocho lecciones sobre la sociedad industrial*, Seix Barral, Barcelona/Buenos Aires, 1966.

AXELOS, KOSTAS: *Marx, pensador de la técnica*, Fontanella, Barcelona, 1969.

BARAN, P. y P.M. SWEEZY: *El capital monopolista*, Siglo XXI Editores, México D.F., 1968.

BENDIX, REINHARD: *Trabajo y autoridad en la industria*, Eudeba, Buenos Aires, 1965.

BIGO, R.P.: *Humanismo y marxismo*, ZYX, Madrid, 1965.

CALVEZ, R.P. JEAN-YVES: *El pensamiento de Carlos Marx*, Taurus, Madrid, 1962.

CORNU, AUGUSTE: *Carlos Marx, el hombre y su obra*, Editorial Política, La Habana, 1968.

_____: *Carlos Marx y Federico Engels*, Editorial Política, La Habana, 1968.

DAHRENDORF, R.: *Las clases sociales y sus conflictos en la sociedad industrial*, Rialp, Madrid, 1967.

FANON, FRANTZ: *Los condenados de la tierra*, Fondo de Cultura Económica, México D.F., 1967.

FRIEDMANN, G. y P. NAVILLE: *Sociología del trabajo*, Fondo de Cultura Económica, México D.F., 1965.

FROMM, ERICH: *Marx y su concepto del hombre*, Fondo de Cultura Económica, México D.F., 1966.

_____: *Psicoanálisis de la sociedad contemporánea*, Fondo de Cultura Económica, México D.F., 1967.

GARAUDY, ROGER: *Dios ha muerto*, Editorial Platina, Buenos Aires, 1965.

GODELIER, MAURICE: *Racionalidad e irracionalidad en economía*, Siglo XXI Editores, México D.F., 1967.

GOLDMANN, LUCIEN: *Ciencias humanas y filosofía*, Editorial de la Universidad Central de Venezuela, Caracas, 1964.

_____: *Investigaciones dialécticas*, Editorial de la Universidad Central de Venezuela, Caracas, 1964.

GRAMSCI, ANTONIO: *El materialismo histórico y la filosofía de Benedetto Croce*, Lautaro, Buenos Aires, 1958.

GUERIN, DANIEL: *El anarquismo*, Proyección, Buenos Aires, 1967.

HABERMAS, JÜRGEN: *Teoría y praxis*, Sur, Buenos Aires, 1967.

HARRINGTON, MICHAEL: *La cultura de la pobreza en los Estados Unidos*, Fondo de Cultura Económica, México D.F., 1965.

HEGEL, G.W.F.: *Historia de la filosofía*, Fondo de Cultura Económica, México D.F., 1965.

_____: *La ciencia de la lógica*, Editorial Hachette, Buenos Aires, 1965.

_____: *La fenomenología del espíritu*, Fondo de Cultura Económica, México D.F., 1966.

HOBSBAWM, ERIC: «Introducción» a Karl Marx: *Formaciones económicas precapitalistas*, Ciencia Nueva, Madrid, 1966.

HOOK, SIDNEY: *Marx y los marxistas*, Editorial Paidós, Buenos Aires, 1965.

JAMES, EMILE: *Historia del pensamiento económico*, Editorial Aguilar, Madrid, 1966.

KAEGI, PAUL: *Génesis del materialismo histórico*, Península, Barcelona, 1974.

KOSIC, KAREL: *Dialéctica de lo concreto*, Grijalbo, México D.F., 1966.

LEFEBVRE, HENRI: *El marxismo*, Eudeba Buenos Aires, 1964.

_____: *Introducción a la modernidad*, Tecnos, Madrid, 1971.

_____: *Qué es la dialéctica*, Dédalo, Siglo XXI Editores, Buenos Aires, [s. a.].

LENIN, VLADIMIR ILICH: *Obras escogidas*, 2 tt., Ediciones en Lenguas Extranjeras, Moscú, 1960.

LONGO, GINO: *El método de la economía política*, Madrid, 1973.

LUKÁCS, GEORG: *El joven Hegel*, Grijalbo, México D.F., 1966.

_____: *Historia y conciencia de clase*, Grijalbo, Barcelona, 1969.

LUXEMBURGO, ROSA: *La acumulación de capital*, Grijalbo, México D.F., 1968.

MANDEL, ERNEST: *Tratado de economía marxista*, Editorial Era, México D.F., 1968.

MARCHAL, ANDRÉ: *Estructura y sistemas económicos*, Editorial Ariel, Madrid, 1964.

MARCUSE, HERBERT: *Razón y revolución*, Alianza Editorial, Madrid, 1971.

MAYO, ELTON: *Los problemas humanos de la civilización industrial*, Nueva Visión, Buenos Aires, 1973.

MEEK, RONALD L.: *Estudios de la teoría del valor trabajo*, Ariel, Barcelona, 1973.

MEHRING, FRANZ: *Carlos Marx*, Grijalbo, México D.F., 1960.

MILLS, C. WRIGHT: *Los marxistas*, Editorial Era, México D.F., 1964.

MORIN, EDGAR: *El espíritu del tiempo*, Tecnos, Madrid, 1969.

NAVILLE, PIERRE: *Hacia el automatismo social*, Fondo de Cultura Económica, México D.F., 1965.

OSSOWSKI, STANISLAW: *Estructura de clases y conciencia social*, Península, Barcelona, 1969.

PACKARD, VANCE: *Las formas ocultas de la propaganda*, Sudamericana, Buenos Aires, 1961.

_____: *Los trepadores de la pirámide*, Sudamericana, Buenos Aires, 1964.

PAPPENHEIM, FRITZ: *La enajenación del hombre moderno*, Editorial Era, México D.F., 1965.

PLEJANOV, GEORGE: «Cuestiones fundamentales del marxismo», en *Obras escogidas*, 2 tt., Editorial Quetzal, Buenos Aires, 1964.

RICARDO, DAVID: *Obras y correspondencia*, 8 tt., Fondo de Cultura Económica, México D.F., 1959.

ROBINSON, JOAN: *Introducción a la economía marxista*, Siglo XXI Editores, México D.F., 1968.

RODINSON, MAXIME: *Islam y capitalismo*, Siglo XXI Editores Argentina, Buenos Aires, 1973.

RUBEL, MAXIMILIEN: *Carlos Marx. Ensayo de biografía intelectual*, Paidós, Buenos Aires, 1970.

SCHAFF, ADAM: *La concepción del individuo en la filosofía*, Universidad Nacional Autónoma de México, México D.F., 1964.

_____: *El marxismo y el individuo humano*, Grijalbo, México D.F., 1967.

SCHMIDT, ALFRED: *La teoría de la verdad en el materialismo y el idealismo*, Lautaron, Buenos Aires, 1965.

SCHUMPETER, JOSEP: *Teoría del desenvolvimiento económico*, Fondo de Cultura Económica, México D.F., 1968.

_____: *Historia del análisis económico*, Ariel, Barcelona, 1973.

SMITH, ADAM: *Investigación sobre la naturaleza y causas de la riqueza de las naciones*, Fondo de Cultura Económica, México D.F., 1968.

SOULE, GEORGE: *Introducción a la economía contemporánea*, Fondo de Cultura Económica, México D.F., 1962.

SRAFFA, PIERO: introducción a David Ricardo: *Obras y correspondencia de David Ricardo*, Fondo de Cultura Económica, México D.F., 1959.

_____: *Producción de mercancías por medio de mercancías*, Oikuos-Tau, Barcelona, 1966.

TROTSKI, LEÓN: *Historia de la Revolución Rusa*, 2 tt., Editorial Tilcara, Buenos Aires, 1963; ZYX, Madrid, 1973.

VOLPE, GALVANO DELLA: *Rousseau y Marx*, Platina, Buenos Aires, 1967.

WIENER, NORBERT: *Cibernética y sociedad*, Sudamericana, Buenos Aires, 1969.

WITTFOGEL, K.A.: *El despotismo oriental*, Guadarrama, Madrid, 1967.

## Cronología mínima de Carlos Marx

1818. Nace el 5 de mayo en Tréveris, Alemania, en el seno de una familia judía conversa y de tradición liberal.

1841. Doctor en Ciencias Jurídicas en la Universidad de Jena. Su tesis de doctorado abordó el tema de la diferencia de la filosofía de la naturaleza de Demócrito y de Epicuro.

1841-1843. Participa en el Círculo de los hegelianos de izquierda, influido por la obra de Feuerbach.

1842-1843. Forma parte como redactor y más tarde como director de la *Gaceta del Rhin*, periódico radical de Colonia. Publica artículos en defensa del sufragio universal, la libertad de expresión, la propiedad privada.

1843-1845. El clima político en Alemania le impide desarrollar la actividad académica y periodística. Se traslada a París donde reside hasta 1845. En este tiempo funda, junto a Arnold Ruge, los *Anales Franco-Alemanes*, revista de la que se editó un solo número. Conoce a Federico Engels. Escribe la introducción a la *Crítica de la Filosofía del Derecho* de Hegel. Publica los *Manuscritos económico-filosóficos* en los que examina el fenómeno de la enajenación y la propiedad privada. Escribe las *Tesis sobre Feuerbach*, que expresan la génesis de una revolución teóricofilosófica. Junto a Engels escribe *La sagrada familia*, ataque crítico a los jóvenes hegelianos y ajuste de cuentas con su pasado filosófico.

1845-1848. Por sus actividades revolucionarias debe abandonar París y se instala en Bruselas hasta 1848. Desarrolla actividades organizativas con los núcleos obreros. Formula las tesis esenciales del materialismo histórico que se reflejarán en *La ideología alemana* (1845). Publica su libro *Miseria de la filosofía* (1847), crítica al texto de Proudhon, *La filosofía de la miseria*. En su obra aparece la teoría económica marxista del valor-trabajo. A solicitud de la Liga de los Comunistas, junto con Engels, escribe el célebre *Manifiesto del Partido Comunista* (1848). Aquí se expone científicamente la concepción de la historia sustentada en la lucha de clases y se considera que la clase obrera es el auténtico sujeto de la historia en la sociedad capitalista. Al crearse una situación revolucionaria en Alemania y otros países europeos (1848) Marx regresa a su patria. Funda junto a Engels la *Nueva Gaceta Renana*.

1849. Marx se traslada a Londres. En Inglaterra vivirá el resto de sus días.

1850-1858. Su estancia en Londres será marcada por una situación económica precaria. Vetado todo trabajo, él y su familia subsisten gracias a la generosa ayuda de Engels y a los artículos que escribe para periódicos de izquierda, especialmente el *New York Tribune*, el *Free Press* y el *Das Volk*. Publica «La lucha de clases en Francia». Comienza a escribir *El capital*. Publica *El dieciocho Brumario de Luis Bonaparte*. Estos textos, junto a *La guerra civil en Francia* (1871), donde analiza las experiencias de la Comuna de París, constituyen magistrales análisis de perfil político de la sociedad de la época y representan una novedosa forma de estudiar la historia.

1859. Con la *Contribución a la crítica de la economía política*, Marx sienta las bases de su obra mayor, *El capital*, que culminará en 1865.

1864. Funda y preside la Asociación Internacional de Trabajadores, que sería conocida mundialmente como la I Internacional.

1867. Publica el primer volumen de *El capital*, a partir de los famosos textos preparatorios, *Die Grundrisse*.

Los volúmenes segundo y tercero los publicará póstumamente Engels y los materiales para la redacción del cuarto volumen los publicará posteriormente Kautsky.

1875. En la *Crítica del programa de Gotha* somete a riguroso análisis crítico la obra de Ferdinand Lassalle, defiende la tesis de la dictadura revolucionaria del proletariado como forma de transición al socialismo.

1883. El 14 de marzo fallece Carlos Marx, el pensador y revolucionario que más ha influido en la teoría social y en las revoluciones en los últimos cien años. De su enciclopédica y genial obra nunca se podrá hablar en términos de pasado.

ERNEST EZRA MANDEL (Frankfurt, 5 de abril de 1923-Bruselas, 20 de julio de 1995). Revolucionario y filósofo marxista de origen alemán.

Como consecuencia de la irrupción del nazismo en Alemania, sus padres, Henri y Rosa Mandel —judíos emigrados de Polonia—, se vieron forzados a trasladarse a Bélgica. Allí, pocos años después, el joven Ernest ingresó a la Liga Revolucionaria Comunista (sección belga de la IV Internacional). Terminó sus estudios universitarios y se graduó en la actual École Pratique des Hautes Études, en París, 1967. Desde entonces y hasta el momento de su muerte en 1995, desplegó una intensa actividad política dentro del movimiento trotskista internacional, que lo hizo convertirse en uno de los dirigentes revolucionarios y teóricos más prominentes de esta organización a nivel mundial.

Muchos de sus artículos científicos aparecieron firmados bajo seudónimos, hasta que, a partir de la publicación de su libro *Teoría económica marxista*, editado en Francia en 1962, comenzó a ser reconocido, no solo como figura política, sino como pensador y teórico marxista fuera de las fronteras franco belgas. Políglota e incansable investigador, a lo largo de su vida llegó a publicar alrededor de 2 000 artículos y cerca de 30 libros en alemán, holandés, francés e inglés, que fueron a su vez traducidos a numerosos idiomas.

El núcleo fundamental de su trabajo teórico tiene sus bases fundamentales en una reapropiación antidogmática y humanista de los postulados principales de la obra de Carlos Marx y Federico Engels. Así ocurre con trabajos como *Teoría económica marxista* (Francia, 1962), *La formación del pensamiento económico de Carlos Marx* (1968) y las introducciones a los tres volúmenes de *El capital*, editados por Penguin en los años setenta.

Es considerado como uno de los más importantes intérpretes modernos de la teoría económica de Marx. Fue, según plantea Perry Anderson en sus *Consideraciones acerca del marxismo occidental*, el responsable y autor del «primer análisis teórico del desarrollo global del modo de producción capitalista a partir de la Segunda Guerra Mundial, elaborado dentro del marco de las categorías clásicas del marxismo».

Seven Stories Press
Jon Gilbert
140 Watts Street
US-NY, 10013
US
https://www.sevenstories.com
jon@sevenstories.com
210-306-6987

The authorized representative in the EU for product safety and compliance is

Easy Access System Europe
Teemu Kontttinen
Mustamäe tee 50
CZ, 10621
EE
https://easproject.com
gpsr.requests@easproject.com
358 40 500 3575

ISBN: 9781925019629
Release ID: 153519522

www.ingramcontent.com/pod-product-compliance
Lightning Source LLC
Chambersburg PA
CBHW031347230426
43670CB00006B/458